ABRÉGÉ
DE L'HISTOIRE
DE LA
JURISPRUDENCE ROMAINE.

ABRÉGÉ
DE L'HISTOIRE
DE LA
JURISPRUDENCE ROMAINE,

D'ANTOINE TERRASSON,

POUR SERVIR D'INTRODUCTION

A L'ÉTUDE DU DROIT ROMAIN;

PAR J.-J. FUZIER,
AVOCAT AU TRIBUNAL CIVIL DE BEZIERS.

BEZIERS,
IMPRIMERIE DE JEAN-JOSEPH FUZIER.

1823.

Je déclare qu'ayant rempli les formalités de la loi, je poursuivrai tous débitants d'Exemplaires qui ne seraient pas revêtus de ma signature.

AVERTISSEMENT.

L'HISTOIRE DU DROIT ROMAIN est une connaissance préliminaire que doivent acquérir ceux qui se destinent à la carrière du Barreau. Cette étude essentielle prépare les progrès les plus rapides dans l'intelligence des lois anciennes, dont une grande partie se trouve en harmonie avec le Droit qui régit encore la France au dix-neuvième siècle.

Mais une étude préliminaire ne doit pas absorber trop de temps; et celle dont je viens de parler en demanderait beaucoup, si l'on voulait connaître tous les auteurs qui ont écrit sur cette matière.

L'histoire que M. TERRASSON en a donnée est généralement estimée; mais elle forme un volume in-folio, et les in-folio effraient la plupart des jeunes gens.

Cette réflexion, que M. CAMUS avait faite avant moi, dans ses lettres sur la profession d'Avocat, m'a donné l'idée de travailler à l'abrégé de cette excellente histoire.

Après en avoir élagué tout ce qui peut fatiguer inutilement la mémoire et les longueurs qui entravent sa marche, cet ouvrage se trouve réduit à un simple volume in-octavo.

J'aurais pu l'accourcir encore en supprimant les notices des Jurisconsultes qui ont écrit sur le Droit Romain; mais, en pensant au désir que l'on éprouve, quand on lit un ouvrage, de connaître la vie de celui qui l'a écrit et l'estime qu'on en fait, je n'ai point hésité à les y conserver.

Je ne me suis écarté du plan tracé par l'auteur qu'en deux endroits : 1.º en mettant en tête de l'ouvrage, par forme d'introduction, les paragraphes dans lesquels il est parlé des Écoles de Droit établies par Justinien, la manière dont on étudiait les lois du temps de cet Empereur, ainsi que le paragraphe qui contient l'analyse des Institutes ; 2.º et en supprimant le texte et les paraphrases des lois des Douze Tables, qui sont consignées dans une infinité de recueils.

En me décidant à publier aujourd'hui cet Abrégé, je n'ai d'autre but que d'être utile aux Étudiants en Droit; puissent-ils l'accueillir avec autant de bienveillance que j'éprouve de plaisir à le leur présenter.

ÉCOLES DE DROIT

ÉTABLIES

PAR JUSTINIEN,

Et manière dont on étudiait les Lois, du temps de cet Empereur.

Justinien n'ayant pas trouvé que les études du Droit, telles qu'on les faisait avant lui, fussent suffisantes ni assez méthodiques pour qu'on pût en attendre quelque utilité, jugea à propos d'en changer entièrement le plan, et travailla à étendre la science du Droit dans les différentes provinces de l'Empire. Pour cet effet, il établit trois écoles ou académies dans les trois principales villes, qui étaient Rome, Constantinople et Béryte.

Afin d'encourager les professeurs à donner tous leurs soins à l'instruction de la jeunesse, et pour engager en même temps les étudiants en droit à respecter leurs maîtres, Justinien fit

participer ces professeurs aux grandes dignités
de l'Empire.

L'ordre et l'arrangement que Justinien crut
devoir donner à l'étude de la jurisprudence,
se trouvent dans la constitution que cet Empereur adressa aux professeurs qu'il venait de
nommer (*).

D'après cette constitution, nous voyons que
le cours d'étude de la jurisprudence devait durer
cinq années.

Pendant la première, on enseignait aux écoliers les institutes ; mais comme l'ardeur avec
laquelle ils apprenaient ces éléments de la jurisprudence, était cause qu'ils les savaient au bout
de six mois, on employait le reste de cette année
à leur expliquer les quatre livres du Digeste.
Ce qui peut-être ne contribuait pas peu à
exciter l'émulation des jeunes-gens, est l'espérance qu'ils avaient d'être bientôt nommés les
nouveaux Justiniens, *Justiniani novi*, titre que
l'Empereur leur avait assuré à la fin de la
première année de leurs études. Ce titre était

(*) On ignore le nom des Professeurs que Justinien plaça à
Rome ; mais ils doivent nécessairement être quelques-uns de ceux
que, dans la Constitution, cet Empereur nomme *Théodore*, *Isidore*,
Thalaleus et *Salaminius*. On sait que *Dorothée* et *Anatolius* professèrent à Béryte, comme *Théophile* et *Cratinus* à Constantinople.

d'autant

d'autant plus flatteur pour eux, qu'il était bien différent de celui de *Dupondii* (*), dont ils avaient été seulement qualifiés sous les précédents Empereurs. Or, Justinien en leur ôtant ce nom vil et méprisable, pour leur donner son propre nom, les honora par-là d'une prérogative d'autant plus singulière, que ceux qui étudiaient les autres sciences ne la partageaient point avec eux. Ainsi, il n'est pas surprenant qu'une pareille distinction engageât beaucoup de personnes à se mettre sur les rangs pour la mériter.

La seconde année était employée à étudier les sept livres *de Judiciis*, ou les huit livres *de Rebus* ; et l'Empereur ordonna expressément que celle de ces deux parties du Droit, que les professeurs choisiraient pour en faire la matière de leurs leçons pendant la seconde année, fût enseignée de suite, sans en omettre aucuns titres. Justinien voulut aussi qu'on associât à cette étude celle des livres du Digeste, où il est parlé de la Dot, des Tutelles et Curatelles, des Testaments et des Legs. A la fin de cette seconde année, les écoliers prenaient le nom d'*Edictales*.

_____

(*) *Dupondii*, c'est-à-dire, gens qui ne valaient encore que deux dragmes.

Pendant la troisième année, on repassait tout ce qu'on avait vu dans le cours de la seconde. On entrait ensuite dans l'explication des vingt et vingt-unième livres du Digeste, et d'un autre livre faisant partie des huit qui traitent *de Rebus*. Mais, afin de ne pas laisser perdre aux étudiants le souvenir du célèbre Papinien, en mémoire duquel ils étaient dans l'usage de célébrer un jour de fête et de réjouissance, on leur expliquait le livre des Hypothèques, qui renferme un grand nombre de réponses de ce jurisconsulte ; et les écoliers de cette troisième année prenaient le nom de *Papinianistæ.*

Dans la quatrième année, on leur expliquait les réponses du jurisconsulte Paul, et les livres qui composaient la quatrième et la cinquième partie du Digeste, suivant la division que Justinien avait faite de cette collection en sept parties ; et comme, pendant cette quatrième année, on leur avait fait faire des exercices dans lesquels ils avaient répondu sur les questions qui leur étaient proposées, on leur donnait le nom de Λύται, ou (suivant la correction de Turnèbe) Λύτη, c'est-à-dire, gens qui sont en état de résoudre les questions de Droit.

Enfin, pendant la cinquième année, les professeurs expliquaient le Code à leurs dis-

ciples; et à la fin de cette année, qui terminait
le cours des études du Droit, les écoliers
prenaient le titre de Προλύται, c'est-à-dire
gens qui sont en état d'enseigner les autres.

———————

Ce détail achève de faire connaître que
Justinien ne négligea rien de tout ce qui
pouvait contribuer aux progrès de la jurisprudence. Les soins qu'il s'était donnés pour faire
rassembler les anciennes lois ; la manière dont
il y avait suppléé, et dont il en avait corrigé
plusieurs par les Constitutions et par les Novelles
dont il fut l'auteur ; le zèle qu'il marqua pour
l'étude des lois, soit en faisant rassembler en
quatre livres les éléments de la jurisprudence,
soit en établissant des écoles de Droit dans les
principales villes de l'Empire, soit en réglant
lui-même l'étude de cette science, soit, enfin,
en encourageant les professeurs et les disciples
par les priviléges les plus distingués ; tout semblait devoir attirer à cet Empereur un peu plus
de reconnaissance que la postérité n'en a témoigné
pour sa mémoire. Mais on cessera d'être surpris
de l'affectation avec laquelle nos auteurs modernes ont voulu diminuer le mérite des ouvrages
de Justinien, lorsqu'on saura que quelques-uns

même des successeurs de ce Prince se sont fait une occupation de ternir sa gloire, et d'anéantir ses lois.

DES INSTITUTES

ET

DE LEUR DIVISION.

Les Institutes sont un abrégé des principes du Droit, en faveur des personnes les moins instruites de la science des lois, et qui voudraient se préparer à les étudier plus particulièrement dans la suite.

La composition de cet ouvrage fut confiée à Tribonien, à Théophile et à Dorothée, qui le tirèrent de ce qu'ils trouvèrent de meilleur dans les écrits que plusieurs anciens jurisconsultes avaient composés sous le titre d'Institutes.

Justinien ordonna qu'il fût divisé en quatre livres; et après que les Institutes lui eurent été présentées, il leur donna force de loi dans tout l'Empire. Cet ouvrage fut publié à Constantinople, le 11 des calendes de décembre de l'année 533.

Les Institutes commencent par un *Proœmium*, ou préambule, qui en contient le dessein, la division en quatre livres, et la confirmation. En suite de ce préambule, sont les quatre livres, dont chacun est divisé en différents titres ; et chaque titre renferme plusieurs parties. On appelle la première *Principium*, comme étant le commencement du titre, et celles qui suivent sont nommées Paragraphes.

Avant que d'entrer dans le détail des titres de cet ouvrage, il est à propos de remarquer que le Droit considère trois objets ; savoir : les personnes, les choses, les actions ; et ces trois objets font la matière des quatre livres des Institutes. Le premier livre traite du Droit des personnes ; le second, le troisième et les cinq premiers titres du quatrième livre traitent des choses ; et depuis le titre six du quatrième livre jusqu'à la fin, il est traité des actions.

Le premier livre des Institutes contient vingt-six titres, commençant par celui *de Justitiâ et Jure*, et finissant par celui *de suspectis Tutoribus et Curatoribus*. Ce livre traite du Droit des personnes ; mais ce n'est que depuis le troisième titre ; car les deux premiers qui servent de préliminaires, expliquent ce que c'est que la Justice, la Jurisprudence et le Droit : après quoi, le droit ou l'état des personnes est expliqué sous deux divisions dans le reste de ce premier livre. La première division des personnes commence donc au troisième titre ; et, suivant cette division , les hommes sont libres ou esclaves. Les hommes libres tirent leur liberté de deux causes, savoir : de la naissance ou de l'affranchissement. Il n'en est pas de même des esclaves, dont la condition est une, tant qu'ils ne changent point d'état. La seconde division des personnes commence au huitième titre du premier livre : elle est composée des personnes indépendantes, et de celles qui sont sous la puissance d'autrui ; et ces dernières sont sous la puissance de leurs maîtres, ou sous celle de leurs pères. Justinien parle d'abord de la puissance des maîtres sur leurs esclaves, et ensuite de celle des pères sur leurs enfants : après quoi, il explique les moyens par lesquels on acquiert la puissance paternelle , c'est-à-dire, par le mariage , par la légitimation et par l'adoption. Il fait ensuite l'énumération des moyens qui détruisent cette même puissance. De là il passe à ce qui concerne un certain genre de personnes qui, quoiqu'elles ne soient ni sous la puissance d'un père , ni sous celle d'un maître , ne sont cependant pas jouissantes de leurs droits : ces personnes sont les pupilles qui sont en tutelle, et les mineurs qui sont en curatelle. Après cela, il parle des majeurs, qui, étant libres, jouissent pleinement de tous leurs droits; et c'est la raison pour laquelle, depuis le treizième titre jusqu'à la fin de ce livre, il est toujours fait mention des tutelles et des curatelles; parce que, parmi les personnes libres, les unes sont sous la tutelle ou curatelle, les autres peuvent exercer les emplois de tuteur ou de curateur, et d'autres, enfin, peuvent nommer des tuteurs ou des curateurs. A ce sujet, l'Empereur explique principalement trois choses qui concernent les tutelles. La première est la définition et la division de la tutelle en testamentaire, légitime et dative. La seconde est l'effet de la tutelle, qui est de mettre tellement le pupille sous la garde de son tuteur, que ce pupille ne puisse rien faire qui l'oblige, à moins que l'autorité du tuteur ne soit intervenue au moment que l'acte a été passé par le pupille. Enfin, la troisième chose concerne les moyens par lesquels finit la tutelle. Ce livre traite ensuite, dans le vingt-troisième titre, de ce qui regarde les curateurs. Après quoi, dans les trois derniers titres, il parle de trois choses communes aux tuteurs et aux curateurs, savoir : la caution

qu'ils doivent donner pour l'indemnité des pupilles ou des mineurs, les causes légitimes qui
dispensent de la tutelle ou de la curatelle, enfin,
les causes pour lesquelles les tuteurs ou les
curateurs peuvent être destitués de ces emplois.

Le second livre des Institutes contient vingt-
cinq titres, dont le premier traite *de rerum
divisione*, *et acquirendo ipsarum dominio*, et
dont le dernier est celui *de Codicillis*. L'Empereur
Justinien, après avoir parlé du Droit des personnes dans le premier livre de ses Institutes,
commence à expliquer dans le second ce qui
concerne les choses; et ce qu'il dit sur cette
matière comprend depuis le premier titre du
second livre, jusqu'au sixième titre du quatrième livre. Il explique trois points au sujet
des choses, savoir : leurs différentes divisions,
les diverses manières de les acquérir, et les
obligations qui sont les moyens par lesquels les
choses nous sont dues. Mais ce dernier article,
c'est-à-dire, celui qui parle des obligations,
n'étant traité que dans la dernière moitié du
troisième livre, il ne s'agit dans le second que
des différentes divisions des choses, et des diverses manières de les acquérir. Pour ce qui
est d'abord des divisions des choses, l'Empereur
en expose deux principales. Suivant la première,
les

les choses sont, ou dans le commerce, ou hors
du commerce : selon l'autre, elles sont corporelles ou incorporelles. A l'égard du second
article, nous observerons qu'on acquiert la
propriété des choses, ou par le droit des gens,
ou par le droit civil. Les manières d'acquérir,
introduites par le droit des gens, sont expliquées
dans le premier titre du second livre. Le second
titre explique la seconde division des choses, qui
sont, ou corporelles, ou incorporelles; et l'Empereur prend de là occasion de traiter des
servitudes, tant réelles que personnelles, attendu
que ce sont des choses incorporelles. Il passe de
là aux manières d'acquérir, qui ont été introduites par le droit civil: sur quoi il faut remarquer que l'on acquiert la propriété des choses
par le droit civil, ou à titre particulier, ou à
titre universel. Les moyens d'acquérir par le
droit civil à titre particulier, sont l'adjudication,
l'usucapion ou prescription, et la disposition
précise de la loi, qui transfère de plein droit la
propriété d'une chose, comme la donation à cause
de mort, qui est semblable aux legs, et qui fait
que la propriété de la chose donnée à cause de
mort, passe en la personne du donataire, quoiqu'on ne lui en ait pas encore transmis la possession. Ainsi l'Empereur traite, dans le sixième

titre, de l'usucapion et des conditions qu'elle
requiert; et le septième titre embrasse la matière
des donations. Après cela, Justinien passe aux
personnes qui peuvent aliéner, et à celles par
qui nous pouvons acquérir. Les moyens d'acquérir la propriété des choses par le droit civil
à titre universel, sont l'hérédité, la succession
prétorienne appelée *bonorum possessio*, l'acquisition par adrogation, l'adjudication des biens
d'un défunt, pour la conservation de la liberté
accordée aux esclaves, la succession par ventes
publiques et solennelles, et la succession appelée
misérable ou malheureuse. Mais il n'est parlé
dans le second livre que du premier de ces six
moyens, c'est-à-dire, de celui d'acquérir la propriété des choses par l'hérédité. Or, l'hérédité
étant testamentaire ou légitime, et l'hérédité
légitime n'ayant lieu qu'au défaut de la testamentaire, la matière des testaments est expliquée
depuis le dixième titre du second livre, jusqu'à
la fin du même livre, et l'on peut réduire cette
matière à trois principaux articles. Le premier
regarde les quatre conditions requises pour
rendre un testament valable : premièrement,
il faut qu'il soit fait selon les formalités
introduites par les lois, auxquelles formalités
néanmoins le testament militaire n'est pas assu-

jetti : secondement, il est nécessaire que le testateur ait le pouvoir et la faculté de tester : troisièmement, le testateur doit instituer ou déshériter les enfants qu'il a sous sa puissance : quatrièmement, il faut qu'il institue un héritier, parce que sans cette institution il n'y a point de testament. Or, l'institution se fait au premier degré, ou au second, ou à un degré plus éloigné. L'institution au premier degré est appelée proprement institution : celle qui se fait au second ou autre degré, est nommée substitution; et elle se divise en vulgaire, pupillaire, et exemplaire ou justinienne. Le second article explique en combien de manières un testament valable par lui-même, peut être infirmé dans la suite, et cela fait la matière des titres dix-sept et dix-huit du second livre. Le troisième article fait voir comment un testament revêtu des formes prescrites par le droit, et qui n'a point été infirmé, peut avoir son exécution : cela s'opère par l'acquisition que l'héritier fait de l'hérédité. Or, cette acquisition se fait de différentes manières, suivant la différente qualité de l'héritier; car, parmi les héritiers, les uns sont héritiers nécessaires, d'autres sont héritiers siens et nécessaires; et enfin, il y en a qui sont héritiers étrangers. L'acquisition que l'héritier fait de l'hérédité, le

rendant non-seulement sujet aux dettes du défunt,
mais encore à la délivrance des legs et des fidéicommis ; c'est la raison pour laquelle il est parlé
des legs et des fidéicommis, depuis le vingtième
titre jusqu'à la fin du second livre. Pour donner
l'intelligence de cette matière, l'Empereur commence par expliquer ce que c'est qu'un legs ;
quelles actions un légataire peut avoir pour raison
du legs qui lui est fait ; quelles choses on peut
léguer, et à qui. Il montre ensuite comment les
legs peuvent être révoqués, et transportés à
d'autres personnes ; et enfin qu'elle diminution
ils reçoivent par la détraction de la falcidie. Pour
ce qui est des fidéicommis, Justinien en parle
dans deux différents titres, savoir : dans le vingt-
troisième et dans le vingt-quatrième. Dans le
vingt-troisième titre il explique la nature du
fidéicommis universel, lequel est appelé hérédité
par fidéicommis ; et dans l'autre il explique ce
que c'est qu'un fidéicommis particulier. Il finit
par parler des codicilles dans le vingt-cinquième
titre, qui est le dernier du second livre.

Le troisième livre des institutes contient trente
titres, dont le premier traite *de hæreditatibus
quæ ab intestato deferuntur;* et dont le dernier
est celui *quibus modis tollitur obligatio.* Les hérédités testamentaires ayant été expliquées dans les

quinze derniers titres du second livre, les premiers titres du troisième livre sont employés à
expliquer ce qui regarde les hérédités légitimes,
qui n'ont lieu qu'au défaut des testamentaires.

Il n'y avait, suivant le droit ancien, que deux
ordres d'héritiers légitimes ; car selon la disposition de la loi des douze tables, l'hérédité légitime
ou *ab intestat* n'était déférée qu'à deux sortes
d'héritiers, qui étaient en premier lieu les héritiers siens, et à leur défaut les agnats, ce qui
fait le sujet des deux premiers titres de ce livre.
Il y eut dans la suite un autre genre d'hérédité
légitime, qui fut déférée par les sénatus-consultes
Tertyllien et Orphitien, dont il est parlé dans
les troisième et quatrième titres. Le cinquième
traite de la succession qui était déférée *ab intestat*
aux cognats par le droit du Préteur, chacun
suivant la prérogative des degrés de parenté : ce
qui donne lieu à l'Empereur d'expliquer dans
le sixième titre les degrés de cognation. Il parle
ensuite de ceux qui étaient exclus de cette succession prétorienne, parce qu'ils n'étaient parents
au défunt qu'en conséquence d'une cognation
servile. La succession des affranchis fait le sujet
du septième titre, et l'assignation des affranchis
fait le sujet du huitième. l'Empereur après avoir
expliqué ce qui regarde l'hérédité, qui est le

premier moyen d'acquérir la propriété des choses
par le droit civil, à titre universel, passe aux
cinq autres moyens d'acquérir cette propriété de
la même manière; et ces moyens sont la succession prétorienne nommée *bonorum possessio*,
l'acquisition par l'adrogation, l'adjudication des
biens d'un défunt pour la conservation de la
liberté qu'il a laissée à ses esclaves, la succession
par ventes publiques et solennelles, et la succession appelée malheureuse ou misérable : c'est
ce qui est traité depuis le neuvième titre, jusqu'au titre quatorze. L'Empereur passant ensuite
au troisième et dernier point qui concerne les
choses, parle des obligations, qui sont des moyens par lesquels les choses nous sont dues. Il
expose d'abord ce que c'est qu'obligation, et les
causes d'où provient une obligation mixte, c'est-
à-dire, qui est en même-temps civile et naturelle.
Ces causes sont le contrat, le *quasi*-contrat, le
délit et le *quasi*-délit. Pour ce qui est d'abord
des contrats, il y en a qui sont appelés contrats
nommés, c'est-à-dire, ceux qui sont connus sous
certains noms qui leur sont propres, noms que
la loi autorise, et à qui elle attribue une action
particulière : d'autres contrats sont appelés innom-
més, parce qu'ils ne sont désignés par aucun nom
particulier, et qu'ils ne se forment que par l'ac-

complissement de la convention de la part de l'une
des parties. Les contrats nommés se forment de
quatre manières : par la tradition de la chose,
par des paroles solennelles, par des écrits, et
enfin par le seul consentement des parties contractantes. Les contrats nommés qui se forment
par la tradition de la chose, sont le prêt mutuel,
le dépôt et le gage, dont il est traité dans le
titre quinzième. Les contrats qui se forment par
des paroles formelles, sont appelées stipulations.
L'Empereur Justinien en développe d'abord les
principes généraux, pour préparer aux principales
divisions qu'il donne ensuite de cette sorte de
contrats. La première de ces divisions se fait en
stipulation passée entre la personne qui demande
et celle qui promet, et en stipulation qui se fait
entre plusieurs stipulants ou promettants : la seconde division est en stipulations faites, ou par des
personnes libres, ou par des esclaves : troisièmement, les stipulations se divisent en judicielles,
prétoriennes, communes ou conventionnelles :
La quatrième division est en stipulations utiles
et valables, et en stipulations inutiles : enfin les
stipulations se divisent en principales et acces-
soires, et ces dernières sont appelées fidéjussions
ou cautionnements. Dans le titre vingt-deux il
est parlé des contrats qui se forment par écrit.

Les cinq titres suivants expliquent les contrats
qui se forment par le seul consentement des
parties contractantes ; tels sont le contrat d'a-
chat , le contrat de louage , le contrat de
société, et le mandat. Le titre vingt-huit traite
des *quasi*-contrats. Le suivant fait voir par qui
l'on peut acquérir des obligations. Enfin le dernier
titre du troisième livre explique les différentes
manières par lesquelles les obligations s'étei-
gnent.

Le quatrième et dernier livre des institutes
est composé de dix-huit titres, dont le premier
est celui *de obligationibus quæ ex delicto nas-
cuntur*, et le dernier est celui *de publicis judiciis*.
L'Empereur Justinien, après avoir parlé des
obligations qui naissent des contrats , et des
quasi-contrats , dans le troisième livre , traite
dans les cinq premiers titres du quatrième livre
des obligations qui naissent des délits et des
quasi-délits. Après cela le titre six et ceux qui
suivent jusqu'au seizième titre , sont employés
à traiter des actions. Justinien commence par
donner la définition de l'action en général ; et il
entre ensuite dans les divisions particulières des
actions, lesquelles divisions sont expliquées dans
le sixième titre. Selon la première et la principale
division , les actions sont personnelles, réelles ou
mixtes.

mixtes. La seconde division des actions est de celles qui descendent du droit civil, et de celles qui viennent du droit de Préteur. Par la troisième division des actions, les unes sont celles par lesquelles le demandeur poursuit simplement le recouvrement de la chose qui lui appartient, ou qui lui est due; les autres sont celles par lesquelles on poursuit uniquement la peine du délit; et il y a aussi des actions par lesquelles on se forme des demandes l'un à l'autre. La quatrième division des actions est de celles par lesquelles on demande le simple ou le double, le triple ou le quadruple de la chose dont on poursuit le recouvrement. Selon la cinquième division des actions, les unes sont de bonne foi, les autres sont de droit étroit; il y en a aussi qui sont arbitraires. Sixièmement, les actions se divisent en celles par lesquelles on poursuit la totalité de la chose due; et en celles par lesquelles on n'en poursuit et l'on n'en obtient qu'une partie, conformément aux facultés du débiteur. Ces divisions ayant été ainsi expliquées dans le sixième titre, le septième contient l'énumération de quelques actions accordées par le Préteur; lesquelles actions proviennent des choses dont on a traité avec ceux qui sont sous la puissance d'autrui, tels que les esclaves et les fils de famille.

4

Le huitième titre parle des actions noxales, c'est-à-dire, de celles qui sont accordées contre les maîtres, pour raison des délits commis par leurs esclaves. Le neuvième titre traite de l'action qui est donnée contre les maîtres d'une bête qui a causé quelque dommage. Le dixième enseigne par quelles personnes nous pouvons exercer les actions qui naissent des choses et des contrats dont il a été ci-devant parlé. Le titre onzième traite des cautions que les plaideurs, ou ceux qui comparaissent pour eux, sont obligés de donner. Le douzième titre expose ce que c'est que les actions perpétuelles et temporelles : après quoi, il parle de celles qui sont données aux héritiers ou contre eux : il explique aussi quelles sont les actions qui sont accordées aux héritiers, et non contre les héritiers; et enfin quelles sont celles qui ne sont données ni aux héritiers ni contre eux. Le treizième titre parle des exceptions; et le quatorzième, des répliques. Le quinzième traite des interdits ou actions possessoires. Le seizième déclare quelles peines encourent ceux qui plaident témérairement. Le dix-septième titre prescrit le devoir des juges, dans les différentes actions qu'on intente devant eux. Enfin, le dix-huitième et dernier titre parle des jugements publics, dont la poursuite était ou-

verte à chacun, et dont la peine était établie
par les lois appelées *judiciorum publicorum leges.*

Telles sont les matières qui sont traitées dans
les quatre livres d'institutes, que Justinien n'avait
d'abord fait composer qu'en faveur de la jeunesse
qui voudrait s'appliquer à l'étude de la jurisprudence : mais cet Empereur, voyant qu'on
trouvait cet ouvrage si beau et si bien digéré,
qu'on le préférait aux autres collections qui
avaient été faites par ses ordres, donna force de
loi aux institutes, par la constitution qui depuis
ce temps-là leur a servi de préface.

En effet, les institutes de Justinien sont un
ouvrage dont on ne saurait parler avec trop
d'éloges, puisqu'il est la clef de tout le Droit
Romain.

Sans les définitions qui y sont contenues, on
aurait de la peine à entendre plusieurs endroits
du code et du digeste. L'ordre qui est observé
dans les institutes, nous présente et nous développe tout le système de la jurisprudence des
Romains. On peut regarder, en un mot, les
quatre livres des institutes comme un chef-d'œuvre
d'autant plus précieux, que par leur secours on
peut non-seulement se préparer à pénétrer les

grands mystères du droit, mais encore se les rappeler et les rapprocher sous un point de vue également clair et facile.

On ne doit donc pas être surpris que Cujas et plusieurs autres célèbres Jurisconsultes aient regardé les institutes comme un ouvrage qui n'avait pas besoin de Commentaires pour être entendu. Cet éloge ne doit cependant pas être pris entièrement à la lettre; car les Commentaires que nous avons sur les institutes, ayant été composés par des gens habiles dans la science du Droit, ne peuvent manquer de faciliter l'intelligence du texte.

ABRÉGÉ
DE L'HISTOIRE
DE LA
JURISPRUDENCE ROMAINE.

PREMIÈRE PARTIE,

Contenant l'origine et le progrès des Lois, depuis le commencement du monde jusqu'à l'expulsion des Rois de Rome.

SOMMAIRES.

I. De l'objet des Lois : de leur origine, et de leur progrès chez les peuples qui ont précédé les Romains.

II. Fondation de Rome : création du Sénat, des Magistrats et des Prêtres : Lois de Romulus, de Numa Pompilius et de Tullus Hostilius.

III. Zoroastre, Législateur des Perses : Dracon et Solon, Législateurs d'Athènes : autres Législateurs des différents peuples de la Grèce.

IV. Les trois derniers Rois de Rome : histoire du code Papyrien.

V. Observations sur l'ancienne langue Latine.

VI. Expulsion des Rois.

Pour parvenir à connaître *l'histoire des Lois Romaines*, il est nécessaire non-seulement de remonter jusqu'à la fondation de Rome, mais encore d'examiner l'objet des Lois, d'en approfondir l'origine, et de suivre leur progrès chez les différents peuples qui ont précédé les Romains.

I.

De l'objet des Lois : de leur origine, et de leur progrès chez les peuples qui ont précédé les Romains.

DE toutes les sciences qui peuvent faire l'objet de nos études, il n'y en a peut-être aucune qui nous soit plus nécessaire que celle des Lois. C'est cette science qui *nous apprend la manière dont nous devons nous conduire envers Dieu et à l'égard des hommes : elle fixe notre discernement sur les choses qui sont légitimes, et sur celles qui sont injustes :* c'est elle enfin qui grave dans nos cœurs les principes de la justice qui doivent régler toutes nos actions.

La jurisprudence présente trois objets : le *droit naturel,* le *droit des gens,* le *droit civil.*

Aussitôt qu'Adam fut créé, la loi naturelle lui inspira *d'abord d'adorer son créateur.* Ève lui ayant été donnée pour compagne, Dieu fit naître en eux un sentiment qui leur apprit à *s'aimer réciproquement.* Cette liaison produisit des enfants :

la reconnaissance de l'éducation fut la source de
la puissance paternelle. Lorsque ces enfants
formèrent une société entre eux, ils trouvèrent
la règle de leur conduite dans la loi naturelle.
*Vivre avec honneur, n'offenser personne, donner
à chacun ce qui lui appartient* : telle fut la jurisprudence des premiers hommes.

Leur nombre augmenta : un seul pays ne
put leur suffire. Ils se répandirent dans les autres
parties de la terre. Mais ils avaient été créés
pour la société; et chaque terre ne donnant pas
les mêmes productions, ils furent contraints
d'entretenir un *commerce d'échanges*, les uns
avec les autres. Ce commerce, devenu nécessaire
à tous les peuples, donna naissance à ce qu'on
appelle *droit des gens*, c'est-à-dire, *les lois qui
sont communes à toutes les nations.*

Mais, dans le partage que les hommes avaient
fait entre eux des différentes parties de la terre,
il se trouva des pays stériles qui ne pouvaient
fournir à la nourriture de ceux qui les habitaient.
Ceux-ci, pour se procurer ce qui est nécessaire
aux besoins de la vie, ne purent offrir en échange
que des services corporels : ils engagèrent leurs
personnes, et achetèrent leur subsistance aux
dépens de leur liberté. Telle fut l'origine de la
subordination et de l'esclavage.

Des hommes eurent donc d'autres hommes en leur pouvoir. L'ambition des uns, la soumission des autres multiplièrent le nombre des esclaves. Ces premiers tyrans voulurent réunir leurs domaines et leurs esclaves ; ils entourèrent d'une seule enceinte de murs plusieurs biens usurpés, et y enfermèrent ceux qui en avaient été les propriétaires. C'est ainsi que Thésée contraignit les Athéniens de quitter les campagnes, pour les renfermer dans une ville.

L'habitude de vivre ensemble rendit les citoyens moins sauvages. Quand il se fut formé plusieurs républiques, la puissance et les richesses des unes occasionnèrent les guerres et les pillages. Les plus forts cherchèrent des ennemis à vaincre ; les plus faibles se ménagèrent des alliés ; on reçut poliment les Ambassadeurs, parce qu'on les regarda comme les ministres de la paix. Ces alliances, ce droit d'hospitalité, ce commerce, furent ce qu'on appela *droit des gens*.

Mais, si une ville était en repos de la part des étrangers, elle n'en était pas quelquefois plus tranquille. Des esprits séditieux y allumaient des guerres intestines ; on se faisait impunément des insultes ; on se vengeait soi-même des insultes qu'on avait reçues ; chacun exerçait la justice dans sa propre cause ; la passion et l'animosité tenaient

tenaient lieu de lois à chaque citoyen. Il fallut
donc faire des règlements pour réprimer tous
ces désordres ; et *ces règlements qui regardaient
chaque peuple en particulier*, furent ce qu'on
appela *droit civil*.

Le soin de réformer le gouvernement, de régler
la police, en un mot, de faire des lois prises dans
le droit naturel et le droit des gens, et conformes
au génie du peuple pour qui elles étaient faites,
fut confié aux hommes qui s'étaient distingués
par la pureté de leurs mœurs et par l'équité de
leurs jugements. Voyons quels furent les grands
hommes à qui chaque nation doit l'établissement
de ses premières lois.

Si l'on en croit les Athéniens, on doit les
regarder comme les auteurs des premières lois.

Les Égyptiens soutiennent, au contraire, qu'Isis
et Osiris furent les premiers législateurs.

Ces idées n'ont leur source que dans la vanité
de chaque nation. On ne peut refuser aux Juifs
la gloire d'avoir reçu de l'Auteur même de la
nature ces principes de justice qui doivent servir
de règle à tout le monde. Moïse fut envoyé de
Dieu à cet effet. N'entrons pas dans le détail des
lois relatives à la religion, et particulières à la
nation Judaïque : rapportons seulement quelques-
unes de celles qui, faisant partie de la politique,

5

peuvent convenir à tous les peuples. Il s'en présente une singulière pour un ministre du vrai Dieu : c'est la *défense de mal parler des Dieux que les autres nations révèrent, et de piller leurs temples.* Moïse avait raison ; s'il n'eût rendu cette loi, l'univers entier, qui était imbu du paganisme, serait venu fondre sur la Judée, qui serait devenue en proie à l'idolâtrie. Une autre loi, non moins extraordinaire, celle qui *en défendant aux Juifs de se prêter de l'argent à usure les uns aux autres, leur permet et même leur ordonne d'exiger des intérêts usuraires de la part des étrangers.* Cette loi fut dictée par une admirable politique. Les Juifs avaient du penchant à l'idolâtrie et au luxe : il fallait les priver de tout commerce avec les autres nations. Il défendit encore aux hommes libres d'épouser des esclaves ou des femmes dont la conduite serait décriée, parce que les enfants qui naissent d'une alliance honteuse et de parents peu vertueux, sont rarement propres à contribuer au bonheur d'un état. Pour prévenir le libertinage, il obligea les citoyens à se marier aussitôt que leur âge le leur permettrait, et il ne voulut pas qu'un homme veuf, encore en âge d'avoir des enfants, se dispensât du mariage. Mais les passions sont si fortes, que souvent elles font passer par-dessus les pré-

ceptes, à moins que la crainte des châtiments
ne les retienne. Moïse eut donc recours aux lois
pénales. La fille fiancée, infidelle à celui qui lui
était destiné pour mari, fut punie de mort ainsi
que son corrupteur. Il prononça la même peine
contre quiconque aurait fait violence à une
fille. Le suborneur d'une fille, non encore promise, était forcé de l'épouser, à moins que le
père de la fille ne s'y opposât; et dans le cas
de cette opposition, le séducteur fut condamné
à payer cinquante sicles au père de la fille. De
pareilles lois rendirent la jeunesse Judaïque très-
vertueuse, et l'objet de l'admiration des étrangers.
Moïse ordonna que les enfants qui mépriseraient
leurs pères et mères, ou qui ne leur rendraient
pas le respect qui leur est dû, seraient lapidés en
présence du peuple. Il prononça la peine de
mort contre les assassins et les empoisonneurs,
et mit en vigueur la loi du Talion.

Parmi les peuples qui tirèrent une partie de
leurs lois de celles de Moïse, nous placerons
d'abord les Egyptiens, qui sont une des plus
anciennes nations policées. Ils prétendent avoir
eu pour législateurs deux Mercures. Le premier
sous le nom de Theut, régna à Thèbes, après la
mort de son père Mènes. Il inventa plusieurs arts,
et perfectionna ceux dans lesquels il avait été

instruit par son père : il initia les Égyptiens dans les mystères des sciences et des lois. Le second est celui qui succéda au Roi Mœris. Il cultiva les arts que le premier avait inventés ; il rassembla dans quarante-deux livres tout ce qui regardait la Religion et les lois civiles, rétablit les anciens règlements, et en fit de nouveaux. Le second Mercure vivait un peu après Moïse, environ cinquante ans après que les Israélites furent sortis d'Égypte. Ses lois furent observées jusqu'au temps des Rois pasteurs.

La justice se rendait à Thèbes, Memphis et Héliopolis. Cette dernière ville ayant été délivrée de la domination des Rois pasteurs, Amasis fut le premier des Égyptiens qui y régna et y introduisit de nouvelles lois. Il créa un tribunal composé de trente Magistrats, dont on en prit dix dans chacune des trois villes. L'un d'eux présidait aux conseils avec un habillement distingué. Il portait une image de la vérité suspendue à son cou avec une chaîne d'or et ornée de pierreries ; mais son autorité le distinguait encore davantage. Ils suivaient les lois d'Amasis, renfermées en huit livres. Parmi ces lois, les unes regardaient la Religion, et les autres avaient pour but les affaires civiles et criminelles. Ces dernières prononçaient la peine de mort contre le meurtrier

volontaire, le parjure, le calomniateur; aussi bien
que contre ceux qui pouvant secourir un homme
attaqué, le laissaient expirer sous les coups des
assassins. Les Rois d'Égypte s'étaient eux-mêmes
soumis à certaines lois, qu'ils ne pouvaient enfreindre impunément. Persuadés que la vie n'était
qu'un passage qui conduit à l'immortalité, ces
Rois ne craignaient rien tant que d'être privés
de la sépulture de leurs ancêtres, où ils n'étaient
jamais placés, si leur vie avait été souillée par
des crimes ou par une administration tyrannique.

.Les célèbres lois de Crète, faites à peu près
dans le même temps que les premières lois d'É-
gypte, ne nous ont pas été conservées dans un
si grand détail. On prétend qu'il y eut deux
Minos qui régnèrent dans l'île de Crète. Nous
ne parlerons que du premier, qui est celui qui
occupa le trône, après la mort de Jupiter Astérius,
son père. Ce Prince s'étant rendu paisible possesseur de son royaume, y établit des lois qui
ne sont pas à la vérité parvenues jusqu'à nous
dans leur entier; mais dont on peut néanmoins
conserver une grande idée, s'il est vrai qu'elles aient
été tirées de celles de Moïse, ainsi que plusieurs
auteurs l'ont avancé. Il paraît cependant que le
législateur de Crète ne se conforma pas en tout
aux lois de Moïse, puisqu'il établit la commu-

nauté des tables et des repas, et qu'il voulut que les enfants fussent élevés ensemble, chose que l'on ne voit pas qui ait été pratiquée chez les Juifs. Mais Minos imita Moïse, en ce qu'il écarta de son royaume l'oisiveté et le luxe, et qu'il y introduisit un grand respect pour la divinité, aussi bien que pour les maximes fondamentales de l'état. Au reste, Minos donna à ses lois un air de mystère, afin que le peuple les reçût avec plus de vénération; car, afin de faire croire que Jupiter les lui dictait, il se retirait, une fois tous les neuf ans, dans une caverne, où il se vantait de recevoir les inspirations de ce dieu.

Quelques siècles après, on vit paraître le fameux Licurgue, qui, quoique fils d'un des deux Rois de Sparte, renonça volontiers au droit qu'il avait au trône, pour ne s'appliquer qu'à réformer, comme concitoyen, ceux auxquels il auroit pu commander comme Roi. Une entreprise aussi grande que l'était celle de changer l'ancien Gouvernement de Lacédémone, engagea Licurgue à aller s'instruire des lois des peuples les plus policés. Il voyagea, pour cet effet, en Crète, où l'on observait encore celles que Minos y avait établies. Il parcourut l'Asie, et principalement l'Égypte; et revint ensuite à Lacédémone, où il s'acquit une estime si générale, que les principaux de la

ville lui aidèrent eux-mêmes à faire recevoir ses
lois, dont la plus grande partie avait été tirée de
celles de Crète. En effet, c'est d'après Minos que
Licurgue avait institué les repas publics, et l'éducation publique de la jeunesse. Mais, comme ce
n'était point par ambition que Licurgue avait
entrepris la réforme de Lacédémone, il fut le
premier à consentir l'établissement d'un sénat qui
tempérât la puissance trop absolue des Rois, par
une autorité au moins égale à la leur. Entre toutes
les ordonnances de ce législateur, il y en a deux
entr'autres, qui ont contribué à éterniser sa
mémoire. L'une est celle par laquelle il voulut
que les terres fussent partagées, afin de mettre
entre les citoyens une égalité qui serait la source
de l'union entre tous les membres de la République. La seconde eut pour objet d'empêcher
que l'ambition et la cupidité des richesses ne
vinssent à troubler cette union si nécessaire entre
les citoyens. Pour cet effet, il défendit l'usage des
monnaies d'or et d'argent, sentant bien que
personne ne serait tenté d'accumuler la monnaie
de fer, à laquelle il mit une valeur si basse, que
la grande quantité de cette monnaie serait plus
capable d'embarrasser que d'enrichir ceux qui la
posséderaient.

II.

Fondation de Rome : Création du Sénat, des Magistrats et des Prêtres : Lois de Romulus, de Numa Pompilius et de Tullus Hostilius.

ROMULUS et RÉMUS naquirent vers le temps de la mort de Licurgue, et formèrent, dans la suite, le projet de bâtir une ville dans le lieu même où ils avaient été nourris. Mais le nom qu'on donnerait à cette ville, et la grandeur des fossés dont on l'entourerait, ayant excité une dispute entre ces deux fondateurs, Romulus tua son frère, et ainsi demeura seul maître tant du terrain que du nom qu'il lui donnerait. Lorsque cette ville fut construite, et qu'il lui eut donné le nom de *Roma*, il ouvrit un asile en faveur des étrangers, et Rome devint en peu de temps très-peuplée. Mais, comme ces nouveaux habitants avaient été rassemblés de différentes nations, Romulus eut encore plus de peine à les ranger sous une même loi, que Licurgue n'en avait eu à policer les peuples de Lacédémone. Pour disposer donc les habitants de Rome à recevoir une forme de gouvernement civil, il commença par les dé-
livrer

livrer des ennemis qui les inquiétaient. Après plusieurs guerres, il obligea les rebelles à faire alliance avec lui, et s'appliqua à régler le culte des Dieux, l'exercice de la religion, et l'administration de la justice.

Pour commencer par le culte des Dieux, Romulus voulut qu'on adorât ceux dont le culte était déjà reçu, et qu'on n'observât aucune des cérémonies superstitieuses en usage chez les autres peuples. Il ordonna qu'on n'entreprendrait rien d'important, sans avoir auparavant consulté la volonté des Dieux, par le ministère des Augures et des Aruspices, dont il forma un collège à Rome. Il créa plusieurs autres Prêtres, qui eurent chacun des fonctions différentes dans la célébration des sacrifices que l'on faisait pendant le jour ; car il défendit les dévotions nocturnes, parce qu'il les regarda comme des occasions de débauche et de sédition. Il voulut que les murs de la ville de Rome fussent regardés comme sacrés et inviolables, à cause des cérémonies qu'il avait fait observer lors de la fondation de cette ville. Enfin, il ordonna que le commun du peuple, et ceux même qui ne seraient pas de race noble, ne pourraient point participer aux dignités du Sacerdoce.

Pour fixer les droits du Peuple, et créer des

6

Magistrats, Romulus partagea ses sujets en différentes classes. Les Nobles, ou *Patriciens*, purent
seuls aspirer à la magistrature : en revanche,
les roturiers, ou *Plébéiens*, furent gratifiés de
plusieurs priviléges. Le Peuple eut le droit de
donner son suffrage dans les affaires publiques,
et de se choisir lui-même ses Magistrats dans
l'ordre des Patriciens. On n'entreprenait aucune
guerre, on ne concluait aucune paix sans le
consentement du Peuple, à qui Romulus permit
de faire des lois, lorsqu'il serait assemblé dans
la grande place. Ces assemblées, nommées *Comitia*,
étaient composées de trois tribus, qui compre-
naient trente curies. Pour éviter les longueurs,
on prenait la voix de chaque curie; et ces Comices
prirent le nom de *Comitia Curiata*. Romulus
permit à chaque Plébéien de se choisir dans
l'ordre des Patriciens un Patron, qui serait obligé
de le protéger, et de faire valoir ses droits, chaque
fois qu'il aurait besoin de son secours; et comme
les fréquents démêlés qui survinrent dans la suite
entre ces deux ordres, n'auraient pas manqué de
faire cesser l'exercice du patronage, Romulus
permit à tout citoyen de tuer un patron qui
aurait trahi les intérêts de son client.

Romulus, ayant ainsi fixé les prérogatives des
différents ordres du Peuple romain, procède à

l'élection de plusieurs Magistrats , avec qui il
partage son autorité , afin de les intéresser eux-
mêmes au progrès de sa puissance et à l'agrandis-
sement de son royaume. Il fait approuver par le
Peuple la création de ces Magistrats, dont les uns
s'occupèrent des affaires civiles, et les autres de
la discipline militaire. Romulus les obligea à
rendre compte de leur administration à un Sénat ,
composé de cent des plus nobles et des plus sages
d'entre les citoyens, à qui il donna l'inspection
générale des affaires publiques. Il laissa à ses sujets
la liberté de choisir les personnages , se réservant
de nommer un Sénateur , à qui tous les citoyens
convinrent de donner la première place dans le
Sénat. Les trois Tribus nommèrent trois Sénateurs ; et les trente Curies, qui formaient ces trois
Tribus , fournirent aussi chacune trois personnes habiles et expérimentées. De cette manière,
le Sénat se trouva composé de cent Sénateurs.
Pour en imposer au Peuple, Romulus leur donna
un habillement distingué de celui des autres
citoyens. Il consistait en une tunique appelée
Laticlavium, ou *Tunica Clavata,* ou enfin *Tunica
Recta* ; noms qui lui furent donnés , parce qu'elle
était longue, large, et parsemée de boutons qui
ressemblaient à des têtes de clous. Ils portaient
en outre des souliers faits par le bout en forme

de croissant, et représentant un C, pour désigner
le nombre de cent personnes, dont cette compagnie fut alors composée ; car on en compta
jusqu'à mille après la mort de Jules-César. Ils
eurent en outre, en différents temps, plusieurs
prérogatives ; ils occupaient les premières places
dans les cérémonies de la religion, et il n'y eut
aucuns repas publics, auxquels ils ne fussent
invités.

Romulus, après avoir fixé les fonctions et les
droits des Sénateurs et des autres Magistrats, fit
plusieurs lois civiles et politiques, dont le sens
nous a été transmis par les auteurs, et que nous
aurons occasion de détailler, lorsque nous parlerons du Code Papyrien. Voici le sens de celles
qui paraissent les plus importantes.

Une première loi ordonnait qu'une femme qui
aurait été liée avec un homme par le sacrifice
appelé *Confarréation* (*), entrerait avec lui en
participation des mêmes Dieux et des mêmes
biens. Mais, de peur que ce privilége, accordé
aux femmes, ne fût pour elles un prétexte de

_____

(*) La *Confarréation* était la plus sacrée des trois manières de
contracter le mariage chez les Romains ; elle consistait en ce que le
Grand Pontife, et le Flamen Dialis (*Prêtre de Jupiter*) unissaient
joignaient, mariaient l'homme et la femme avec du froment et un
gâteau salé dont ils mangeaient l'un et l'autre.

donner dans les excès les plus condamnables; Romulus permit en même temps aux hommes de les répudier, et même de les faire mourir, après avoir pris l'avis de leurs parents, supposé qu'elles fussent convaincues d'adultère, de poison, ou seulement d'avoir bu du vin. Alors, si le mari prenait seulement le parti de se séparer de sa femme par la voie du divorce, il reprenait les clefs de la maison, qu'il lui avait confiées lors de son mariage, et il la congédiait en lui rendant ce qu'elle avait apporté. Les lois que fit Romulus sur la puissance paternelle, sont encore plus sévères. Il donna aux pères un pouvoir si absolu sur les biens et sur la personne de leurs enfants, qu'il leur permit de les vendre, de les faire mourir, et de les mettre dans l'esclavage, sans que l'âge et les dignités pussent les en garantir. Romulus voulut aussi qu'on dévouât aux Dieux infernaux un fils qui aurait battu son père, ou quelqu'un de ses parents. Mais rien ne prouve mieux la politique de ce Prince, que deux lois dont il fut l'auteur, et qui méritent d'être rapportées. Par l'une de ces lois, il défendit l'exercice de tous les arts tranquilles et sédentaires qui entretiennent le luxe et la mollesse; et par l'autre, il défendit de tuer, ni même de vendre un ennemi qui se rendrait.

Numa Pompilius, son successeur, trouvant un royaume tranquille, et qui avait déjà un commencement de lois, s'appliqua, pendant tout son règne, à perfectionner l'ouvrage de son prédécesseur. Il augmenta d'abord le nombre des Prêtres et des temples; il rendit les cérémonies de la religion plus pompeuses, et il y mit plus d'extérieur, afin qu'elles fussent à la portée du Peuple. Enfin, il partagea l'année en douze mois, il fixa le calendrier, et il détermina les jours de fêtes, aussi bien que les différentes espèces de sacrifices.

Entre plusieurs lois que fit Numa Pompilius, il y en avait une qui défendait de faire aucune statue ni aucune image qui représentât la Divinité, parce que c'était un crime de croire que Dieu puisse avoir la figure d'une bête et même d'un homme. Une autre loi défendait de relever et inhumer le corps d'une personne qui aurait été tuée ou blessée par le feu du ciel. Une autre loi, que l'on attribue à Numa, ordonnait que, quand dans une bataille on aurait tué et dépouillé le Général de l'armée ennemie, on vînt, en actions de grâces, offrir cette dépouille aux Dieux. Par une autre loi, Numa défendit que, quand une femme mourrait étant enceinte, on l'enterrât avant que d'avoir tiré son enfant, qui peut-être serait encore en vie. Numa fit encore des lois contre les homicides, contre ceux qui empiéteraient sur le territoire de leurs voisins, et contre le concubinage. Enfin, il retrancha la prodigalité dans les sacrifices et dans les repas sacrés, et il modéra la trop grande somptuosité dans les funérailles. Mais, quelque respectables que ces pieuses institutions fussent par elles-mêmes, Numa, pour leur attirer plus de vénération, les mit sous la protection de la Nymphe Égérie, de qui il disait les avoir reçues. Toutes ses lois furent insérées dans le Code Papyrien, et transportées ensuite, pour la plupart, dans les douze tables.

Tullus Hostilius, successeur de Numa, fit plusieurs lois sur les contrats; mais sa principale occupation fut d'étendre son royaume par les guerres et les victoires. Il transféra à Rome les habitants d'Albe, après les avoir vaincus. Mais, afin de prévenir les révoltes de ce peuple, il lui donna non-seulement tous les priviléges des citoyens Romains, mais il admit encore les plus nobles d'entre les Albins dans le Sénat.

Ancus Marcius, quatrième Roi de Rome, et petit-fils de Numa, tâcha d'imiter son aïeul par la sagesse de ses établissements. Il subjugua les Latins; il étendit le territoire de Rome jusques par-delà le mont Aventin et le Janicule, qu'il

enferma dans la ville. Il voulut que, quand on
serait sur le point de déclarer la guerre, on
commençât par faire des sacrifices, afin de
s'attirer la protection des Dieux. Après cela, il
s'adonna tout entier à la réformation de la police
intérieure de la ville, au milieu de laquelle il
fit construire une prison pour y renfermer les
criminels. Mais les Romains, qui avaient été
habitués à la guerre par Tullus Hostilius, ne
purent s'accoutumer au règne pacifique d'Ancus
Marcius ; et celui-ci se rendit méprisable par
les mêmes vertus qui avaient fait respecter Numa,
son aïeul.

III.

*Digression sur Zoroastre, Législateur des Perses:
sur Pythagore et ses disciples : sur Dracon et
Solon, Législateurs d'Athènes : et sur quelques
autres Législateurs des différents peuples de
la Grèce.*

PENDANT que les premiers Rois de Rome jetaient
les fondements de cette jurisprudence, qui est
devenue si célèbre dans la suite, l'usage des
lois s'introduisit chez plusieurs autres nations,
qui jusqu'alors n'avaient point été policées. Nous
avons

avons vu qu'avant la fondation de Rome, les lois
s'étaient déjà répandues chez plusieurs peuples.
Les Juifs les tenaient de Moïse ; les Égyptiens
les avaient reçues des deux Mercures et de leur
Roi Amasis ; les Crétois en étaient redevables à
Minos ; et les Lacédémoniens les tenaient de
Licurgue, qui précéda immédiatement la nais-
sance de Romulus.

Environ un siècle après, on vit paraître le
fameux ZOROASTRE, qui s'est rendu si illustre
dans l'empire des Perses, chez qui sa doctrine
trouve encore aujourd'hui des sectateurs. Ce
Zoroastre était d'une naissance obscure. On prétend qu'il fut disciple de Daniel, auprès duquel
il s'instruisit parfaitement des lois Judaïques,
dont on convient communément que les siennes
sont tirées. Ses lois, dans lesquelles il fit revivre
l'ancienne religion des Mages, furent exactement
observées pendant l'espace de onze cents cinquante
ans, c'est-à-dire, depuis le règne de Darius Hys-
daspe jusqu'à la mort d'Iasdegerd, qui est le
dernier Roi des Perses qui ait suivi la religion
des Mages. On ignore quelles sont les lois civiles
dont Zoroastre fut l'auteur. Les historiens nous
apprennent seulement qu'elles étaient fort judi-
cieuses.

Les lois d'Amasis, de Minos et de Zoroastre,

7

étaient trop sages pour ne servir de règle qu'à
chacun des peuples pour qui elles avaient été
faites. Pythagore, dans ses voyages, en entendit
faire l'éloge par ceux dont elles faisaient le
bonheur. Il s'instruisit de ce qu'elles contenaient,
et les porta chez les Crotoniates. Comme ce
philosophe eut beaucoup de disciples, deux des
plus célèbres, nommés Charondas et Zaleucus,
portèrent les mêmes lois chez différents peuples.
Les Thuriens les reçurent de Charondas, et les
Locriens de Zaleucus. Ces deux disciples devenus
eux-mêmes législateurs, eurent cela de commun
qu'ils voulurent que l'on condamnât à mort ceux
qui proposeraient des lois nouvelles, à moins
que l'utilité de ces lois ne s'étendît sur tous les
citoyens en général. Enfin, Zaleucus s'acquit une
si grande réputation, que dès son vivant on lui
offrit des sacrifices, après l'avoir mis au rang
des Dieux par ordre de l'Oracle. Les Scytes
en usèrent de la même manière envers leur
législateur Zamolxis, qui, ayant aussi suivi
Pythagore dans ses voyages, lui avait également
dérobé ses lois.

L'antiquité nous présente ensuite deux législateurs philosophes, qui fournirent des lois non-
seulement à la Grèce, mais encore au peuple
romain. Le premier, nommé Dracon, qui vivait

vers la fin du règne d'Ancus Marcius, avait
trouvé la république d'Athènes ag' 'e de troubles
et de séditions. Cette ville, qui devint par la
suite l'école de l'éloquence et de la politesse,
avait chassé ses Rois, qui ne suivaient d'autre
règle que leur volonté. Dracon entreprit une
réforme générale chez les Athéniens. Pour s'accommoder au naturel féroce de ce peuple, il
établit les mêmes peines pour les fautes légères
comme pour les crimes les plus atroces. C'est ce
qui fit dire à Demadès que *les lois de Dracon
n'avaient pas été écrites avec de l'encre, mais
avec du sang.* Plutarque dit que *lorsqu'on
demanda un jour à Dracon pourquoi il avait
décerné indifféremment la peine de mort pour
toutes sortes de crimes, il répondit que c'est
qu'il estimait les moindres crimes dignes de mort;
et que s'il n'avait pas ordonné de plus cruels
supplices pour les plus grands crimes, c'est qu'il
n'avait point trouvé de peines qui fussent au-
dessus de la mort.* Suivant ce principe, celui qui
avait volé des fruits ou des légumes fut puni
de mort, comme celui qui se serait rendu
sacrilége en pillant les temples.

Dracon avait voulu qu'on regardât comme un
voleur, tout homme qui se serait servi d'un
cheval sans la permission du maître. Il condamnait

à mort tous ceux qui seraient convaincus de
passer leur vie dans l'oisiveté et dans la mollesse.
Il avait permis à tout citoyen de tuer ou de
dénoncer au juge un meurtrier qu'il aurait trouvé
sur ses terres, ou un exilé revenu dans sa
patrie avant que le temps de son exil fût expiré.
Une autre loi portait que quand quelqu'un aurait
été assassiné, sans que l'on connût l'auteur du
meurtre, alors il faudrait se saisir de trois des personnes soupçonnées d'y avoir eu part, ou d'en
avoir connaissance. S'il était prouvé que le
meurtrier n'avait tué un citoyen qu'à son corps
défendant, on le renvoyait absous. Il n'en était
pas de même à l'égard des assassinats prémédités.
Celui qui s'était rendu coupable de ce crime
devenait proscrit; chaque citoyen était en droit
de le tuer. Mais, Dracon ne voulut pas que l'on
comprît dans ce nombre ceux qui, par imprudence, et sans mauvaise intention, tueraient
quelqu'un de leurs concitoyens dans les jeux ou
dans une bataille; non plus que ceux qui, dans
un premier mouvement de colère, auraient tué
quelque homme qu'ils auraient trouvé en mauvais commerce avec leurs femmes, leurs mères,
leurs sœurs, leurs filles ou leurs concubines. Il
ordonna qu'on mettrait à mort ou qu'on enver-
rait en exil un animal qui aurait tué ou blessé

quelqu'un, comme si c'était un homme qui eût
commis le crime. Enfin, une de ses lois s'éten-
dait jusqu'aux choses inanimées; de sorte que si
un vase précieux, ou une statue d'un grand prix,
blessaient ou tuaient quelqu'un en tombant,
alors on cassait le vase et l'on brisait la statue,
afin d'apprendre aux propriétaires à placer si
solidement les ornements de leurs maisons, que
chaque personne qui y entrait pût satisfaire sa
curiosité, sans avoir rien à appréhender pour
sa vie.... Ces lois ne survécurent pas à leur
auteur.

Après Dracon, Solon fut nommé archonte par
les habitants d'Athènes, environ dans le temps
que Tarquin l'ancien, dont nous n'avons aucune
loi, finissait à Rome un règne peu florissant. Solon,
pour s'attirer la bienveillance des Athéniens, commença par renverser tous les établissements de son
prédécesseur. Il modéra d'abord les richesses excessives des grands : il fit un dénombrement des
citoyens, et il les distribua en plusieurs classes. Ce
législateur établit des tribunaux, et créa des magistrats dont il fixa le nombre et le département.
Il ne se contenta pas d'ajouter quelques lois nouvelles pour servir de supplément à celles déjà reçues ; il supprima toutes les anciennes, et fit un
nouveau corps de lois, dans lesquelles il jugea à

propos de se conformer quelquefois à celles de
Dracon, afin de faire voir que s'il changeait
l'ancienne jurisprudence, ce n'était pas par haine
contre le législateur qui l'avait précédé. Quoi
qu'il en soit, les lois de Solon ont été perdues,
comme celles des autres anciens législateurs; et
si nous sommes en état d'en produire quelques
unes, nous en avons l'obligation à Pardulphus
Prateïus et à Samuël Petit, qui se sont donnés
la peine de rassembler celles qui étaient rappelées dans divers auteurs. Parmi ces lois il y en
avait une qui voulait qu'un enfant qui avait du
bien, ou qui était en état d'en gagner, fût
couvert de honte et d'infamie, s'il ne nourrissait
pas ses père et mère qui étaient dans l'indigence;
mais ceux-ci étaient obligés de donner un métier
à leurs enfants, et il leur était défendu de faire
passer leurs biens à des étrangers, ils devaient
être partagés entre les enfants, avec une parfaite
égalité. Les magistrats furent obligés de veiller
à la conservation des biens des orphelins et des
veuves, et même de les nourrir, si le défunt
n'avait rien laissé. Il fut défendu à l'héritier
présomptif des enfants d'être leur tuteur, et
celui-ci ne pouvait épouser la veuve. Afin qu'on
ne se mariât pas par désir d'avoir des richesses,
il était défendu à toute femme d'apporter en dot

autre chose que trois habits pour son usage. Le
mari pouvait tuer sur le champ celui qu'il trouvait
commettant l'adultère avec sa femme, et la loi no-
tait d'infamie tout homme qui aurait continué
d'habiter avec sa femme, lorsqu'il l'aurait surprise
dans le crime. Parmi les lois de Solon qui
concernent l'ordre public et la politique, il
convient de remarquer qu'il emprunta de son
prédécesseur celle qui regarde les gens oisifs et
les fainéans de profession. Outre qu'ils étaient
notés d'infamie, il était permis à tout citoyen de les accuser et de les poursuivre en
justice. Il enjoignit à la jeunesse d'Athènes de
respecter les vieillards, et de se tenir debout en
leur présence. Quoique ce respect s'étendît jusqu'aux chefs de la république et à ceux qui
remplissaient les charges de la magistrature, Solon
permit à tout citoyen de tuer un magistrat qu'il
aurait trouvé ivre. Il ne fit en cela qu'imiter
Moïse et Minos, qui regardaient l'ivresse comme
un très-grand crime dans toutes sortes de personnes, et principalement dans celles qui, par
leur dignité, sont responsables de leur conduite
à tous les citoyens. Il eut soin que chaque citoyen
eût de quoi subsister avec sa famille, et voulut
que l'on regardât avec indignation et avec mépris
toute personne qui aurait consumé son patrimoine

soit par de folles dépenses, soit par une mauvaise conduite. Il déclara infames ceux qui voyant
un de leurs concitoyens dans l'oppression ne
prendraient pas sa défense. Enfin, il ordonna
que ceux que la guerre aurait dépouillés seraient
nourris aux dépens de l'état, ainsi que les enfants
des militaires morts au combat.

IV.

*Les trois derniers Rois de Rome. Histoire du
Code Papyrien.*

PENDANT que les établissements de Solon rendaient
Athènes florissante, Rome, sous TARQUIN L'ANCIEN,
avait langui dans une fainéantise qui non-seulement ne convenait pas à une nation naturellement
guerrière, mais encore qui était peu décente dans
un peuple qui ne devait la paix dont il jouissait, qu'à la vigilance et aux lois sages de ses
premiers souverains.

Ce fut ce qui engagea SERVIUS TULLIUS, successeur du premier Tarquin, à faire revivre les
lois de Romulus et de Numa Pompilius, que
l'inobservation avait, pour ainsi dire, abolies;

ct.

et il y en ajouta encore de nouvelles, qui ont été transcrites dans le Code Papyrien. Il crut que, pour établir une forme fixe de Gouvernement, il était à propos qu'il connût le nombre et les facultés de ses sujets. Il institua, pour cet effet, le cens, qui était une revue générale du peuple, et cette revue se fit, dans la suite, tous les cinq ans. Servius Tullius crut aussi devoir changer quelque chose à la distribution que Romulus avait faite des différents ordres du peuple. Le nombre des citoyens était augmenté; il fallait, par conséquent, le diviser en plus de parties. Ce fut ce qui engagea Servius Tullius à partager le peuple en six classes, qui contenaient chacune plusieurs centuries. Il mit dans la première classe quatre-vingts centuries, dans laquelle il ne fit entrer que des Sénateurs, des Patriciens, et des gens utiles par leurs richesses. Enfin, ce Roi mit un si grand ordre dans le partage des biens, dans la distribution des dignités, et des différents emplois des citoyens, qu'un ancien historien a dit que, *sous le règne de Servius Tullius, la ville de Rome était aussi exactement réglée, que si ce n'eût été que le ménage d'une petite famille.*

Servius Tullius avait marié sa fille à Tarquin. Celui-ci, qui, par son ambition, mérita le

surnom de *Superbe*, eut tant d'impatience de
régner, qu'il fit assassiner son beau-père. Une
action aussi dénaturée devait être pour les Romains un présage bien assuré de l'administration
tyrannique de leur nouveau Roi. Mais l'événement surpassa leur crainte. Tarquin commença
par abolir les lois de ses prédécesseurs. Sous les
premiers Rois, les affaires, soit publiques, soit
particulières, avaient été soumises à la décision
du Sénat et du Peuple. Mais Tarquin n'écouta
le Sénat, qu'autant qu'il concourait avec lui à
opprimer le Peuple; et il ne prit le parti du
Peuple, qu'autant qu'il en eut besoin pour
balancer l'autorité du Sénat.

On crut alors que l'inobservation des lois
venait de ce qu'elles n'étaient point écrites; c'est
pourquoi le Sénat et le Peuple se réunirent pour
les faire rassembler en un seul volume, et l'on
confia ce soin à Sextus Papyrius qui était de
race patricienne. Celui-ci recueillit, avec une
grande exactitude, toutes les lois de Romulus,
de Numa, et des autres Rois qui avaient gou-
verné Rome jusqu'au temps de Tarquin. Le
Peuple, pénétré de reconnaissance envers Sextus
Papyrius, voulut que ce recueil portât le nom
de son auteur : de sorte que ce volume a été
connu, dans la suite, sous le nom de *Code*

Papyrien, dont nous n'avons plus que des fragments dispersés dans divers auteurs.

Plusieurs Jurisconsultes célèbres ont essayé de rassembler les restes du Code Papyrien. Granius Flaccus avait composé un commentaire sur ce Code; mais ni le texte, ni le commentaire ne sont parvenus jusqu'à nous. Notre auteur, en imitant les Jurisconsultes modernes, va chercher comme eux, dans les anciens auteurs, les passages dans lesquels quelques lois du Code Papyrien se trouvent rappelées. Cette compilation contiendra quinze textes, et vingt-une lois dont nous n'avons plus que le sens; ce qui fera en tout trente-six lois. Mais, comme pour mettre une suite aux matières, il faut entremêler les lois dont les anciens textes nous ont été conservés, et celles dont les auteurs ne nous ont transmis que le sens, à la fin de cette première partie on trouvera une table qui remettra sous les yeux du lecteur tout ce qui nous reste de fragments du Code Papyrien, dans leur ancienne langue Osque; le surplus de ces lois n'étant ici donné que sur des conjectures appuyées par les auteurs.

PREMIÈRE PARTIE
DU CODE PAPYRIEN.

Lois qui concernent la Religion, les Fêtes et les Sacrifices.

LOI PREMIÈRE.

On ne fera aucune statue ni aucune image, de quelle forme qu'elle puisse être, pour représenter la Divinité; et ce sera un crime de croire que Dieu ait la figure, soit d'une bête, soit d'un homme.

Notre auteur est le premier qui ait inséré cette loi parmi celles dont le Code Papyrien fut composé; mais il y a été autorisé par Plutarque, qui prétend que Numa Pompilius fut l'auteur de cette loi.

LOI SECONDE.

Qu'on adore les Dieux qui ont été adorés par nos ancêtres; et qu'on ne mêle point dans leur culte toutes les cérémonies fabuleuses que la superstition des autres peuples y a mêlées.

Cette loi est attribuée à Romulus par les anciens auteurs. Nous n'en avons plus l'ancien

texte. Denis d'Halicarnasse, livre 2 , nous en a
seulement conservé le sens.

LOI TROISIÈME.

*Qu'on n'entreprenne rien d'important , sans aupa-
ravant avoir consulté la volonté des Dieux.*

Cette loi , dont nous n'avons plus l'ancien
texte , est attribuée à Romulus par Denis d'Halicarnasse , liv. 2 , et par Cicéron dans ses livres
de naturâ Deorum et *de Divinatione.*

LOI QUATRIÈME.

*Le Roi présidera aux Sacrifices , et décidera des
cérémonies qui y seront observées.*

En conséquence de cette loi de Romulus, dont
nous n'avons plus l'ancien texte , les Rois furent
les premiers ministres de la Religion, et fixèrent
à leur gré les fêtes , le culte de chaque Dieu ,
aussi-bien que les cérémonies que l'on devait
observer dans les Sacrifices , ainsi que nous
l'apprenons de Denis d'Halicarnasse, livre 2.

LOI CINQUIÈME.

*Il n'y aura que les Patriciens qui pourront
remplir les dignités du Sacerdoce.*

Cette loi de Romulus , dont nous n'avons plus

l'ancien texte, nous est indiquée par Denis d'Halicarnasse, livre 2.

LOI SIXIÈME.

Qu'à l'imitation de la grande table qui est dans le temple de Junon adorée par le peuple, il soit permis de faire des libations sur une table consacrée, qui tienne lieu d'autel.

Cette loi est indiquée dans Macrobe; et notre auteur, voulant la restituer dans l'ancienne langue Osque, la propose en ces termes :

Mensam. Deïcatam. Asæ. vicem. præstare. jous. estod. ut. in. templo. Junonis. Populaniæ. augusta. mensa est.

LOI SEPTIÈME.

Que les Prêtresses de Vesta aient soin d'entretenir dans la ville le feu sacré qui ne doit jamais s'éteindre. Si elles commettent l'inceste ou quelqu'autre crime contraire à la pureté, elles seront punies de mort; et celui qui les aura séduites, expirera sous le bâton.

Denis d'Halicarnasse et Tite-Live attribuent le premier membre de cette loi à Romulus, et le second à Tarquin l'ancien. Nous n'avons le texte ni de l'un ni de l'autre.

LOI HUITIÈME.

Qu'on suspende la poursuite des procès pendant les jours de fêtes : que les esclaves les observent exactement, en ne faisant aucuns travaux ; et afin que personne n'ignore à quel jour tombe chacune des fêtes, qu'on les décrive dans des calendriers qui seront rendus publics.

Cette loi, dont nous n'avons plus l'ancien texte, est attribuée à Numa Pompilius par les historiens, et par Cicéron dans son second livre des lois.

LOI NEUVIÈME.

Il est défendu à tous les citoyens de s'assembler pendant la nuit, soit pour faire des prières, soit pour offrir des sacrifices.

Le sens de cette loi, dont l'ancien texte est perdu, nous a été indiqué par Denis d'Halicarnasse, livre 2.

LOI DIXIEME.

Que dans les supplications que l'on fera pour détourner les malheurs qui menacent l'état, on n'oublie pas de présenter aux Dieux quelques fruits et un gâteau salé.

Cette loi, dont nous n'avons plus l'ancien

texte, est attribuée par tous les auteurs à Numa Pompilius.

LOI ONZIÈME.

Que le vin qu'on emploiera dans les libations ne proviennè point d'une vigne qui n'aura point été taillée.

Quoique les anciens auteurs n'aient f t que nous donner le sens de cette loi de Numa Pompilius, voici de quelle manière Fulvius Ursinus, célèbre antiquaire, a entrepris d'en restituer l'ancien texte :

Sarpta. vinia. neï. siet. ex. ead. vinom. Dio. leïbarier. nefas. estod.

LOI DOUZIÈME.

Dans les sacrifices on n'offrira point des poissons sans écailles. Mais tous ceux qui ont des écailles pourront être offerts, excepté le Scarre.

Cette loi est de Numa Pompilius. Scaliger, dans ses commentaires sur Festus, en a restitué le texte en ces termes :

Pisceïs. quoï. squamoseï. non. sunt. neï. poluceto. Squamosos, omneïs. præter. Scarum. poluceto.

LOI

LOI TREIZIÈME.

Que celui qui aura tué de sa main le général de l'armée ennemie, et qui l'aura dépouillé de ses armes, les offre et les consacre à Jupiter Férétrien en lui immolant un bœuf; et celui-là aura trois cents livres d'airain pour sa récompense.

Que les secondes dépouilles soient placées dans le champ de Mars; et en les y plaçant on fera un sacrifice, dans lequel on immolera un taureau, ou un belier, ou un porc; et celui qui aura remporté ces dépouilles sur les officiers ennemis, aura deux cents livres d'airain pour sa récompense.

Que les troisièmes dépouilles soient consacrées à Janus Quirinus, à qui on immolera en même temps un agneau mâle; et celui qui aura remporté ces troisièmes dépouilles sur les soldats de l'armée ennemie, aura cent livres d'airain pour sa récompense.

Tous ces différents sacrifices se feront par forme d'expiations.

Cette loi, qu'on attribue à Numa Pompilius, est rapportée par Festus; mais, comme les termes paraissent avoir été tronqués par l'ignorance des copistes, il vaut mieux la rédaction de Fulvius Ursinus, que voici:

9

Quoïus. auspicio. clase. procincta. opeïma.
spolia. capiuntor. Joveï. Fedetrio. Bovem. cædito.
queï. cepet. æris, 3oo. darier. oporteto : secunda.
spolia. in. du. Martis. Asam. endo. Campo. suove.
taurilia. utra, volet. cædito : queï. cepet. æris.
2oo. darier. oporteto. Tertia. spolia. Jano. Quirino.
acnon. marem. cædito. queï. cepet. æris. 1oo.
darier. oporteto. quoïus. auspicio. capta. Dis. pia-
colum. dato.

SECONDE PARTIE
DU CODE PAPYRIEN.

Lois qui ont rapport au Droit public et à la
Police.

LOI QUATORZIÈME.

Les Patriciens seront seuls en droit d'exercer la
Magistrature, et ils serviront de Patrons aux
Plébeïens. Mais, si un Patron est convaincu
d'avoir trahi son client, il sera regardé comme
indigne de vivre, et l'on pourra le tuer impu-
nément, comme une victime dévouée aux Dieux
infernaux.

Les deux parties dont cette loi est composée
sont également attribuées à Romulus. Nous ne

retrouvons plus que le sens de la première dans
le second livre de Denis d'Halicarnasse : mais le
texte de la seconde partie nous a été fourni par
Servius. Le voici, restitué par Fulvius Ursinus :

*Seï. Patronos. clienteï. fraudem. faxsit. Pa-
tronos. clienteïs. Deïveïs. Sacer. estod.*

LOI QUINZIÈME.

*Le Peuple aura droit de suffrages dans les assem-
blées qui se feront pour les affaires publiques :
ce sera lui qui se choisira ses Magistrats, il
fera des Plébiscites : Enfin, l'on n'entreprendra
aucune guerre, et l'on ne conclura aucune
paix contre son avis.*

Denis d'Halicarnasse ne nous a conservé que
le sens de cette loi.

LOI SEIZIÈME.

*Les affaires qui concernent les meurtres, seront
jugées par les Décemvirs. Si celui qui aura été
condamné appelle de leur sentence au tribunal
du Peuple, cet appel aura lieu comme étant
légitime: Mais, si par l'événement la sentence
est confirmée, le coupable sera pendu à un
arbre, après avoir été fustigé, ou dans la ville,
ou hors les murs.*

Tite-Live, livre I, nous a transmis cette loi, et

nous apprend que Tullus Hostilius, qui en fut l'auteur, la fit à l'occasion du meurtre commis par un des Horaces. Denis d'Halicarnasse en fait aussi mention, et l'on convient généralement qu'elle était conçue en ces termes :

Duumviri. perduellionem. judicent. si. a. Duumviris. provocaverit. provocatione. certato. si. vincent. caput. obnubito. infelici. arbore. reste. suspendito. verberato. vel. intra. pomœrium. vel. extra. pomœrium.

LOI DIX-SEPTIÈME.

Quiconque aura tué un homme de guet-à-pens, sera puni de mort comme un homicide. Mais, s'il ne l'a tué que par hasard et par une imprudence, il en sera quitte pour immoler un belier par forme d'expiation.

La première partie de cette loi nous est indiquée par Festus, et la seconde par Servius, aussi-bien que par Joseph Scaliger. C'est d'après ces indications que Fulvius Ursinus a restitué le texte ainsi :

Seï. quoïs. hominem. leberom. sciens. dolo. m. mortei. dueït. paricida. estod. seï. im. inprudens. se. dolo. malo. occisit. pro. kapite. occeiseï. et. nateïs. ejus. endo. concione. arietem. sobicito.

LOI DIX-HUITIÈME.

Que les murailles de la ville de Rome soient regardées comme sacrées et inviolables.

Les motifs de cette loi de Romulus, dont nous n'avons plus l'ancien texte, sont développés par Denis d'Halicarnasse, livre 1.

LOI DIX-NEUVIÈME.

Celui qui en labourant la terre aura déraciné les statues des Dieux qui servent à fixer les bornes des héritages, sera dévoué aux Dieux manes, aussi-bien que les bœufs dont il s'était servi pour le labourage.

Festus nous a transmis cette loi de Numa Pompilius, et Fulvius Ursinus l'a rétablie dans son ancien langage en ces termes :

Seï. quis. terminom. exarasit. ipsos. boveïs. que. Sacreï. sunto.

LOI VINGTIÈME.

Nous défendons l'exercice de tous les arts sédentaires qui contribueront à introduire ou à entretenir le luxe et la mollesse.

Cette loi est de Romulus. Le texte en est perdu: c'est Denis d'Halicarnasse qui nous en a conservé le sens.

TROISIÈME PARTIE

DU CODE PAPYRIEN.

Lois qui concernent le mariage et la puissance paternelle.

LOI VINGT-UNIÈME.

Qu'une femme qui aura été légitimement liée avec un homme par le sacrifice de la confarréation, entre avec lui en participation des mêmes Dieux et des mêmes biens.

La loi que Romulus fit au sujet des mariages n'est pas venue jusqu'à nous. Denis d'Halicarnasse, livre 2, et les autres auteurs qui nous en ont transmis le sens, nous apprennent seulement qu'elle contenait des dispositions semblables à la manière dont nous venons de la présenter. Le mot de *confarréation* vient de ce que durant le sacrifice qui se faisait en présence de dix témoins, le Prêtre, entre autres offrandes, présentait un pain de froment, (symbole de tous les autres biens), et en dispersait des morceaux sur la victime, pour marquer que tout serait commun entre le mari et la femme.

LOI VINGT-DEUXIÈME.

Qu'une concubine , soit d'un garçon , soit d'un homme marié, ne contracte point de mariage solennel, et qu'elle n'approche point de l'autel de Junon. Si cependant elle se marie, elle n'approchera point de l'autel de Junon , qu'elle n'ait auparavant coupé ses cheveux , et immolé une jeune brebis.

Cette loi de Numa Pompilius est rapportée par Festus en ces termes :

Pellex aram Junonis ne tangito. Si tanget, Junonis crinibus demissis agnum fœminam cædito.

LOI VINGT-TROISIÈME.

Lorsqu'une femme mariée se sera rendue coupable d'adultère ou de quelque autre crime tendant au libertinage, son mari sera son juge, et pourra la punir lui-même, après en avoir délibéré avec ses parents.

Denis d'Halicarnasse , livre 2 , attribue cette loi à Romulus ; mais , quoique l'ancien texte ne nous en ait pas été conservé, les Jurisconsultes modernes l'ont cependant restitué en ces termes :

Seï. stuprum. comjsit. aliud. ve. peccasjt. maritus. judex. et. vindex. estod. de. que. eo. cum. cognatis. cognoscito.

LOI VINGT-QUATRIÈME.

Un mari pourra tuer sa femme, lorsqu'il s'aper-
cevra qu'elle aura bu du vin.

Cette loi est attribuée à Romulus par Denis
d'Halicarnasse , livre 2 ; et les Jurisconsultes la
proposent en ces termes :

Temulentam. uxorem. maritus. necato.

LOI VINGT-CINQUIÈME.

Un mari pourra faire divorce d'avec sa femme,
si elle a empoisonné ses enfants , ou fabriqué
de fausses clefs , ou commis l'adultère. Mais,
s'il la répudie quoiqu'elle n'ait commis aucun
de ces crimes , il sera dépouillé de tous ses
biens , dont une moitié tournera au profit de la
femme , et l'autre sera adjugée à la Déesse
Cérès. Outre cela , le mari sera dévoué aux
Dieux infernaux.

Cette loi, dont nous n'avons plus l'ancien texte,
est attribuée à Romulus par Plutarque, *in vitâ*
Romuli. Les auteurs nous en ont seulement
conservé le sens. Valentin Forster l'a proposé de
la manière ci-dessus dans son histoire du Droit.

LOI

LOI VINGT-SIXIÈME.

S'il naît à un père un enfant avec quelque diffor-
mité considérable, que le père se hâte de le tuer,
aussitôt qu'il verra le jour.

Denis d'Halicarnasse, livre 2 de ses Antiquités
Romaines, dit que cette loi fut faite par Romulus.
Cicéron en a aussi fait mention dans son troisième
livre *de Legibus*. Et c'est d'après lui que les
jurisconsultes modernes en ont présenté ainsi
le sens :

Pater insignem ad deformitatem puerum citò
necato.

LOI VINGT-SEPTIÈME.

Qu'un père ait sur ses enfants légitimes le droit
de vie et de mort, et qu'il puisse les vendre
quand il voudra.

Denis d'Halicarnasse, livre 2, rapporte cette
loi, dont il est aussi fait mention plusieurs fois
dans le code. Les jurisconsultes proposent le texte
en ces termes :

Endo liberis justis jus vitæ, necis, venundan-
dique potestas esto.

Cette loi, faite par Romulus, fut transportée
ensuite dans les douze tables.

10

LOI VINGT-HUITIÈME.

Si un père a permis à son fils de contracter un mariage solennel, alors le père ne pourra plus vendre son fils marié suivant les lois.

Cette loi dont nous n'avons plus l'ancien texte, est attribuée à Numa Pompilius par Denis d'Halicarnasse, livre 2 ; cet auteur nous apprend qu'elle fut transportée dans les douze tables, parce que les Décemvirs n'osèrent pas la supprimer.

LOI VINGT-NEUVIÈME.

Si un père a vendu son fils jusqu'à trois fois, que ce fils cesse d'être sous la puissance de son père.

Cette loi est attribuée à Romulus par Denis d'Halicarnasse, livre 2. Elle fut transportée dans les douze tables, et le jurisconsulte Ulpien, dans le dixième titre de ses fragments, nous en a transmis le texte en ces termes :

Seï. pater. filium. ter. venumduit. filius. à. patre. liber. esto.

Jacques Godefroi l'a paraphrasé de cette manière :

Si pater filium ter vendiderit, filius post tertiam venditionem plenè à patre liber fiat.

LOI TRENTIÈME.

Si un fils a battu son père, il sera dévoué aux Dieux infernaux, quoique dans la suite il ait demandé pardon à son père. Si une bru a frappé son beau-père, qu'elle encoure la même peine.

Cette loi est attribuée par les uns à Romulus et à Tatius ; d'autres veulent que Servius Tullius en soit l'auteur. Festus et Scaliger nous en ont transmis l'ancien texte en ces termes :

Seï. parentem. puer. verberit. ast. oloe. plora, sit. Diveïs. parentum. sacer. estod. seï. nurus. sacra. Diveïs. parentum. estod.

LOI TRENTE-UNIÈME.

Si une femme est morte enceinte, qu'on ne l'enterre pas avant que d'avoir tiré son fruit ; et si le mari de la défunte manque d'exécuter cette ordonnance, il sera puni comme ayant nui à la naissance d'un citoyen.

Tous les historiens et les jurisconsultes attribuent cette loi à Numa Pompilius. Nous pouvons bien dire que nous en avons le texte, puisque le jurisconsulte Marcellus nous a conservé tout ce que ce texte contenait et les mêmes termes, qu'il ne serait par conséquent question que de présenter en langue Osque. Voici cette loi :

Mulierem. quæ. prægnans. mortua. fuat. nisi. exciso. partu. humari. ne. liceto. quoï. secus. faxit. quasi. spem. animantis. cum. gravida. peremerit. ita. jous. estod.

LOI TRENTE-DEUXIÈME.

Ceux qui auront trois enfants mâles vivant en même temps, pourront les faire élever aux dépens de la République, jusqu'à ce qu'ils soient parvenus à l'âge de puberté.

Denis d'Halicarnasse, livre 3, attribue cette loi au Roi Tullus Hostilius. Il n'en rapporte point le texte.

QUATRIÈME PARTIE
DU CODE PAPYRIEN.

Lois sur les contrats, la procédure et les funérailles.

LOI TRENTE-TROISIÈME.

Que la bonne foi soit la base et le fondement de tous les contrats, et que l'on soit toujours dans l'appréhension de violer la fidélité.

Denis d'Halicarnasse, livre 2, chapitre 77, et

livre 4, chapitre 17, de ses Antiquités Romaines,
nous apprend que le Roi Servius Tullius avait
fait au sujet des contrats cinquante lois que nous
n'avons plus. Cet historien dit seulement en général que toutes ces lois étaient fondées sur la
bonne foi qui doit régner dans les contrats.

LOI TRENTE-QUATRIÈME.

Si lorsqu'il y a un jour indiqué pour le jugement
d'une affaire, il survient quelque empêchement
légitime au juge, à l'arbitre, ou au défendeur,
alors il faudra remettre la décision à un autre
jour.

Festus nous apprend que cette loi fut faite par
le Roi Numa Pompilius, et qu'elle était la seconde
loi de la seconde table. En voici le texte, auquel
il paraît manquer quelque chose :

Quid. horum. fuat. unum. judici; arbitro. ve;
reo. ve: eo. die. diffensus. esto.

LOI TRENTE-CINQUIÈME.

Que dans les sacrifices que l'on fait en inhumant
les citoyens, on ne verse point de vin sur les
tombeaux.

Pline, livre 14, chapitre 12, a rapporté cette
loi de Numa Pompilius en ces termes:

Vina rogum ne spargito.

LOI TRENTE-SIXIÈME.

Si un homme est frappé du feu du ciel, qu'on n'aille point à son secours pour le relever; et si le coup de foudre le tue, qu'on ne lui fasse point de funérailles, mais qu'on l'enterre sur le champ à l'endroit même où il aura été tué.

Cette loi est attribuée à Numa Pompilius. Elle se trouve dans Festus sur le mot *occisum.* Scaliger nous l'a ainsi proposée :

Seï. hominem. fulmin. jobis. occisit. em. suprà. genua. tollito : homo. seï fulmine. occisus. esit. ei. justa. nulla. fieri. oporteto.

Le jurisconsulte Gravina a paraphrasé ainsi cette loi :

Si homo fulmine ictus fuerit, ne attollatur humo. Si homo fulmine occisus fuerit, defossâ terrâ ibidem ubi occidit, sine rogo, sine ullo funere condatur.

V.

Observations sur l'ancienne langue Latine.

Quoique les textes qu'on va rassembler sous un même point de vue aient fait partie du Code Papyrien, il est cependant vrai que les auteurs qui nous les ont transmis, les ont ordinairement présentés dans un langage plus moderne, afin de les rendre plus intelligibles ; la langue Osque n'étant guère plus connue à Rome dès le temps d'Auguste, que la langue Gauloise l'est aujourd'hui parmi nous. Ainsi Varron, Festus, Tite-Live, Cicéron, Pline, Marcellus, Ulpien, Servius, Macrobe, et autres qui nous ont transmis des textes de l'ancien Code Papyrien, et de la loi des douze tables, ont bien pu être versés dans l'ancienne langue Osque : mais il ne paraît pas douteux que ces mêmes auteurs ont un peu accommodé ces textes au langage de leur temps, y laissant seulement quelques anciens mots, afin de conserver à ces textes un air d'antiquité, sans les rendre inintelligibles. Notre auteur remet, autant que possible, ces textes dans leur langue propre.

Pour cet effet, il conserve les anciens mots que Varron, Festus et autres nous ont transmis. Il puise dans l'inscription Osque de la colonne Druïlius, découverte au mois de juillet 1565, en fouillant au bas du Capitole ; dans l'inscription de la table posée l'an de Rome 494 en l'honneur de Scipion, fils de Barbatus, écrite en même langage, et découverte en fouillant vers la porte Capène, en l'an 1613 ; enfin, dans le Senatus-consulte fait 74 ans après (l'an de Rome 568), pour anéantir la fête des Bacchanales; dans lequel on trouve encore plusieurs restes de la langue Osque.

Je recueille de ces divers monuments, dit Terrasson; 1.º Que quand les voyelles A, E, I et O étaient à la fin d'un mot, on y ajoutait un D; de sorte que l'on disait *ead* pour *ea*, *marid* pour *mari*, *sed* pour *se*, *estod* pour *esto*; et de même *devotod* pour *devoto*, *poblicod* pour *publico*, *preivatod* pour *privato*, *extrad* pour *extra*, *sententiad* pour *sententia*, *prædad* pour *præda*; et autres semblables. Quintilien nous atteste cet usage. Mais je remarque que ce D n'était ajouté pour l'ordinaire qu'à la fin d'un ablatif, et cela pour le distinguer du nominatif. 2.º Pour ce qui concerne les voyelles E et I, on les trouvait souvent placées l'une pour l'autre. Quintilien remarque que de son temps on écrivait *here* au lieu d'*heri*, et que Tite-Live avait écrit *sebe* et *quase* au lieu de *sibi* et *quasi*. Les monuments que j'ai cités mettent aussi *en* pour *in*, et *cepet* pour *cepit* ou *ceperit*. Il arrivait aussi, dans l'usage ordinaire, que l'on joignait l'E et l'I ensemble, au lieu de ne mettre que l'une de ces deux lettres, comme quand on disait *omneïs* pour *omnis*, *neï* pour *ni*, *castreïs* pour *castris*, *ceïvis* pour *civis*, *niseï* pour *nisi*, etc. La lettre E se trouve aussi très-souvent

très-souvent changée en O par les auteurs : Plaute
dit *votita* pour *vetita* ; Térence dit *vostrum* pour
vestrum ; et Quintilien dit *vortices* pour *vertices*,
vorsus pour *versus*, *animadvorti* pour *animad-
verti*, et *amplocti* pour *amplecti*. Enfin, pour ce
qui est de l'U voyelle, je trouve qu'on le changeait
en trois manières : la plus ordinaire était de le
prononcer *ou*, comme il se prononce encore aujourd'hui par les Italiens et les Espagnols ; et, par
conséquent, de dire *jous* au lieu de *jus*, *plous* au
lieu de *plus*, *couïous* au lieu de *cujus*, etc. La
seconde manière était de changer l'U en O ; et,
par conséquent, de dire *acnom* pour *agnum*,
navebos pour *navibus*, *crinebos* pour *crinibus*,
honc pour *hunc*, *tabola* pour *tabula*, *consol
primos* pour *consul primus*. Quelquefois aussi on
laissait l'U en y joignant un O, comme quand
on disait *senatuos* pour *senatus* ; mais cela n'avait
lieu que pour les génitifs au singulier, et pour les
cas du pluriel, et non pas pour les nominatifs
au singulier. La dernière manière était de changer
l'U en OI, et de dire *ploirume* pour *plurimi* ;
ce qui nous apprend aussi qu'on mettait quelquefois un U au lieu de l'I. Parmi les pronon-
ciations singulières des voyelles que l'on mettait
à la place l'une de l'autre, je crois devoir encore
remarquer que, suivant Festus, les premiers

Romains prononçaient *hemonem* pour *hominem* ; ce qui est confirmé par ce vers d'Ennius, *Vulturis in silvis miserum mandebat hemonem* : et Priscien (parlant apparemment des temps un peu moins reculés) nous apprend qu'on a dit aussi *huminem* : d'où il résulte que dans cette ancienne langue on mettait assez communément les voyelles les unes pour les autres. Avant que de parler des consonnes, il me reste à dire un mot des deux diphthongues Æ et OE ; et il paraît que, sur cet article, tout se réduisait à changer l'E en I : Ainsi, au lieu de *Bellonæ*, je trouve que l'on mettait *Duelonai* ; de même que l'on mettait *foideratei* pour *fœderati*, *tabelai datai* pour *tabulæ datæ*, et autres semblables.

Les consonnes des anciens Latins nous présentent des différences qui sont au moins aussi singulières que celles que nous avons remarquées à l'égard des voyelles. Nous venons de voir que la lettre B se prononçait DU, et qu'au lieu de *bellum* on disait *duelom* : il y en a même plusieurs exemples dans les auteurs ; et dans la table de Scipion je trouve *duonoro* mis pour *bonorum*. Mais tout cela ne s'entend que du B qui se trouvait au commencement d'un mot ; car, lorsque le B se trouvait dans le milieu ou dans une partie d'un mot, on le prononçait P : ainsi, on disait *optinuit*, quoiqu'on écrivît *obtinuit*. La consonne C ne se changeait point ; on l'écrivait et on la prononçait telle qu'elle était, excepté lorsqu'elle était à la fin d'un mot : alors on y ajoutait quelquefois une voyelle, afin de la rendre moins rude, comme quand on mettait *hoce* au lieu de *hoc*. Je trouve cependant la lettre C changée en K dans la loi des douze tables, c'est-à-dire, *kapite* mis pour *capite*. La lettre D était d'un grand usage dans l'ancienne langue Osque, puisqu'on l'ajoutait à la fin de presque tous les mots qui finissaient par une voyelle. La lettre F ne me paraît pas avoir éprouvé aucun changement ; et je la trouve employée telle qu'elle est dans tous les cas qui lui sont propres, et même pour remplacer quelquefois d'autres lettres. Il n'en est pas de même de la consonne G, laquelle a été entièrement ignorée à Rome pendant les cinq premiers siècles de la fondation de cette ville : on remplaçait cette lettre par la consonne C: de sorte qu'on disait *leciones* pour *legiones*, *fociont* pour *fugiunt*, *pucnandod* pour *pugnando*, et *Macistratos* pour *Magistratus*. La lettre H avait lieu dans l'usage ordinaire, et elle servait, outre cela, d'aspiration au milieu d'une diphthongue; car je trouve *tabolam ahenam* pour *tabulam œneam*. Les lettres K et L avaient lieu dans l'usage ordinaire, aussi bien que les lettres M et N; mais la lettre M éprouvait des variations bien singulières : quelquefois on la retranchait en totalité, comme quand on mettait *urbe'* pour *urbem*, *optumo'* pour *optimum*, principalement lorsque la lettre M précédait une consonne. Dans d'autres occasions, surtout lorsque la lettre M finissait un mot, on ajoutait à cette lettre une voyelle ; car dans les fragments des vers Saliens rapportés par Varron, on trouve *tama* pour *tam*. Mais celles d'entre toutes les consonnes qui paraissent avoir occupé les savants d'une manière plus particulière, sont les lettres R et S. Pour ce qui est d'abord de la lettre R, il est certain qu'on la changeait souvent en la lettre S. Cicéron nous apprend que jusqu'à l'an 415 de la fondation de Rome, on avait toujours dit *papisius* au lieu de *papirius*; et l'on trouve dans Varron *melios* pour *melior*, *fœdesum* pour *fœderum*, *plusima* pour *plurima*, *asena* pour *arena*, *janitos* pour *janitor*. Il ne faut pas cependant en conclure qu'avant l'an 415 on ignorât la lettre R à Rome, ainsi que le jurisconsulte Pomponius l'a prétendu, lorsqu'il attribue l'invention de cette lettre à Appius Claudius Crassus ; car, si cela était, il s'ensuivrait que ces mots *Roma* et *Romulus* auraient, avant ce temps-là, été prononcés *Soma* et *Somulus*. Cependant nous ne trouvons pas le moindre vestige de pareilles dénominations dans les auteurs ; et, au contraire, nous y trouvons toujours les noms *Roma* et *Romulus* commencer par un R. Tout ce qui résulte de là, c'est que, quoique la lettre R subsistât à Rome dès les premiers temps de cette ville, on ne s'en servait qu'au commencement et à la fin des mots; mais que, quand cette même lettre se trouvait au milieu ou dans le corps d'un mot, les anciens Latins la trouvant trop rude (raison pour laquelle ils l'avaient nommée *Canina*) la prononçaient et l'écrivaient S : de sorte que l'on mettait l'R au commencement de *Roma* et de *Romulus*, et que l'on mettait l'S au lieu de l'R dans le milieu des mots *Ara*, *Lares*, et autres, que l'on écrivait *Asa*, *Lases*, etc. Tout le changement qu'Appius Claudius Crassus fit à ce sujet l'an de Rome 405, consista donc en ce qu'il ajouta une queue de côté au P des Grecs; ce qui distingua davantage la lettre R, et en rendit l'usage plus fréquent. Les monuments m'apprennent aussi que la lettre R se mettait au milieu d'un mot lorsqu'elle était suivie d'une consonne, et que quelquefois on se servait des lettres R et S, en mettant arbitrairement l'une pour l'autre. Je trouve encore que, lorsque l'R et le T se rencontraient joints ensemble, on mettait une

voyelle entre-deux ; et il y en a un exemple
dans la formule de la consécration d'un temple,
rapportée par Varron, où *sinisterum* est mis au
lieu de *sinistrum*. Les consonnes S et T qui suivent
la consonne R, ne me fournissent rien à observer
qui leur soit particulier, ces deux lettres étant
d'un grand usage chez les anciens Romains, qui
s'en servaient même pour remplacer d'autres
lettres, ainsi que je l'ai remarqué. Il y a cependant
cela à observer, par rapport à l'S, qu'on l'ôtait
à la fin d'un mot, lorsque le mot suivant commençait par une consonne ; de sorte que l'on
disait *multi' modis* pour *multis modis*. Pour ce
qui est de l'U consonne, il était d'un grand usage
dans la langue Osque, et même dans l'ancienne
langue Latine. A l'égard des quatre consonnes
X, Y, Z, &, qui me resteraient à parcourir, je
les nomme uniquement, afin d'avoir occasion de
remarquer qu'elles n'ont été d'aucun usage dans
la langue Osque, ni dans l'ancienne langue
Latine. Les premiers Romains ne connoissaient
point la lettre X, et ils la remplaçaient par les
deux lettres C S : ainsi, au lieu de *Pellex*, ils
mettaint *Pelecs*. Il en est de même de l'Y, qui
fut pendant long-temps inconnu aux Romains,
et qui n'a même jamais fait partie des lettres
latines. Le Z était remplacé par l'S précédé d'un

D ; de sorte qu'au lieu de *Mezentius* , on disait *Medsentius*, ou simplement *Mesentius*. Pour ce qui est de l'& , on remplaçait cette lettre par *et*. Tel a été l'alphabet de la langue Osque et même de l'ancienne langue Latine , pendant les quatre premiers siècles depuis la fondation de Rome , et même bien au-delà.

Les autres observations de notre auteur se réduisent à nous faire connaître que les plus anciens Romains ont toujours évité l'*hiatus*; de sorte qu'au lieu de *si in* on disait *s'in* , et *atqu'eat* au lieu de *atque eat*; *vas'argenteïs* au lieu de *vasis argenteïs*. Ils ne connaissaient pas les consonnes doublées : ainsi au lieu d'*occeïsos* on mettait *oceïsos*, *sumas* pour *summas* , *esent* pour *essent*, *jousisent* pour *jussissent*, *necesus* pour *necesse* ou *necessarium*. Tantôt ils abrégeaient certains mots, comme *cante* pour *cantate*, *poplum* pour *populum* : tantôt ils en abrégeaient d'autres, tels que *fueta* pour *fuit*, *potisit* pour *possit*. Enfin, l'infinitif des verbes passifs était allongé de la syllabe *er* à la fin des mots : de sorte que l'on disait *darier* ou *dasier* pour *dari*, *noscier* pour *nosci*, etc.

Le but de Terrasson, en restituant , autant que possible , dans la langue Osque les quinze textes qu'on va lire , a été d'achever de son mieux l'ouvrage commencé par Antoine-Augustin, Fulvius-Ursinus , Joseph Scaliger et quelques autres.

JUS PAPYRIANUM.	JOU' PAPEISIANUM.
I.	**I.**
Mensam dedicatam Aræ vicem præstare jus esto, ut in Templo Junonis Populoniæ Augusta Mensa est.	*Mensa. Deïcatam. Asai. veice. pesaestasc. jous. estod. utei. endo. Templod. Jounonei'. Poploniai. Aucousta. Mensa. est.*
II.	**II.**
Si vinea putata, id est, pura facta non sit, ex eâ vinum Diis libari nefas esto.	*Sarpta. vinia. nei. siet. ecs. eat. vino. Dis. leibasier. nefas. estod.*
III.	**III.**
Pisces qui squamosi non sunt, ne porrigito : squamosos omnes præter scarum porrigito.	*Piscei'. quei. squamosei. non. sont. nei. Polouceitod. squamosos. omnei'. praeter. scaro. Polouceitod.*
IV.	**IV.**
Cujus auspicio (id est, fortitudine) Classe procincta opima spolia	*'Quoïous. auspeïciod. cuased. procinctad. opeïma. spolia. capeïomtor. capiuntur,*

capiuntur, Jovi Fere- Jobei. fedetsiod. Duovl.
trio Bovem cædito. Illi caeditod. cuci. cepet. ai-
qui opima spolia ce- sis. C. C. C. Dasier.
perit, 3oo Asses dari oporteitod.
oporteto.

Secunda spolia in Seconda. spolia. in.
Martis Aram ponito : et du. Marteis. Asam. endo.
in Campo solitaurilia Campod. suo-ve-tausei-
(id est Taurum, aut lia. outrad. volet. caedi-
Arietem, aut Porcum) tod. cuci. cepet. aisis.
utra volet cædito. Illi C. C. Dasier. oporteitod.
qui secunda spolia cepe-
rit, 2oo Asses dari opor-
teto.

Tertia spolia Jano Tertia. spolia. Janod.
Quirino : agnum marem Quoirinod. Acno. masc.
cædito. Illi qui tertia caeditod. cuci. cepet. ai-
spolia ceperit, 1oo Asses sis. C. Dasier. oportei-
dari oporteto. tod.

Hæc spolia ita Capta Quoious. auspeiciod.
auspicio (id est, forti- capta. Dis. Piaclo. da-
tudine) illius qui cepe- tod.
rit, simulque sacrificia
spoliis juncta, Diis ut
Piacula dato.

V.

Si patronus Clienti fraudem fecerit, Diis Manibus devoveatur, ut iis tanquam hostia mactari possit.

VI.

Duumviri perduellionem judicent. Si à Duumviris provocaverit, Provocatione certato. Si vincent, Caput obnubito : infelici Arbore reste suspendito : verberato vel intrà Pomœrium, vel extrà Pomœrium.

VII.

Si quis hominem liberum sciens Dolo malo morti dederit, Parricida esto. Si eum imprudens sine Dolo malo occisit, pro Capite occisi et natis ejus in Concione Arietem subjicito (aut) agito ut cœdatur.

V.

Seï. Patrono'. clientei. fraude. facsit. Patrono'. clientei'. Divei'. sacer. estod.

VI.

Dovmvisei. perdoelione. joudicent. sei. à. Dovmvisei'. psovocasiet. psovocasioned. certutod. sei. vincent. Kapout. obnoubitod. infeleici. Arbose. rested. sospenditod. verbesatod. vel. intrad. Pomoesio. vel. extrad. Pomoesio.

VII.

Sei. quoi'. hemone. loebeso. sciens. dolod. malod. mortei. ducit. Pascicid'. estod. sei. im. inprodens. se. dolod. malod. oceisi. pro. Kapited. ocei. si. et. Cnateis. ejous. endo. Concioned. Asiete. sobeicitod.

VIII.

Si quis Terminum exaraverit, ipse, Bovesque ejus sacri sunto.

IX.

Concubina Aram Junonis ne tangito : si Tangit, Junoni Crinibus demissis Agnum fœminam cædito.

X.

Si Pater filium ter vendiderit, filius post tertiam venditionem plenè à Patre liber fiat.

XI.

Si Puer Parentem verberaverit; Licet ab eo posteà veniam rogaverit, Puer Diis Manibus devoveatur. Si nurus socerum verberaverit, Diis Manibus devoveatur, ut iis tanquam hostia mactari possit.

XII.

Mulierem quæ præ-

VIII.

Sei. quoi. Terminum. ecsasaset. eipso'. Duovei'. quoe. sacrei. sontod.

IX.

Pelecs. Asa. Jounonei'. nei. tancitod. sei. tanced. Jomonei. Crinebo'. demiseis. Acno. foimina. coeditod.

X.

Sei. Pater. feilio. ter. veno'doueit. feilious. à. Patred. loeber. estod.

XI.

Sei. Poer. Pasente. verbeset. ast. ole. plosaset. Deivei'. Pasento. sacer. estod. sei. nouro'. sacra Deivei'. Pasentom. estod.

XII.

Moliese. quae. Praecgnans mortua sit , nisi exciso Partu humari ne liceto : qui contra fecerit, quasi spem animantis cum gravida peremerit, ita jus esto.

nas. mortoa. siet. nisei. exceisod. Partod. Houmasier. nei. liceitod. quoi. aliouta. facset. quase. spem. animatei'. co. cravida. pesemesit. ita. jous estod.

XIII.

Si quid horum unum fuerit et obvenerit Judici , arbitro-ve, Reove; Judicii dies differatur.

XIII.

Sei. quoid. hosum. oino. fueta. Joudiceid. Arbitrod. ve. Reod. ve. eo. Die. difensous. estod.

XIV.

Vino Rogum ne respergito.

XIV.

Vino Rocon. nei. respersitod.

XV.

Si hominem fulmen Jovis occiderit , eum non aliter attollito quam suprà genua , et non attollatur humo. Homo si fulmine occisus fuerit , ei justa nulla fieri oporteto (id est) defossâ terrâ ibidem ubi cecidit, sine Rogo et sine ullo funere condatur.

XV.

Sei. hemone. folmini'. Jobeis. oceiset. em. soprad. cenoad. tolitod. hemo. sci. folmined. oceisos. esit. ole. jousta. noula. fiesier. oporteitod.

VI.

Expulsion des Rois de Rome.

Toutes les anciennes lois royales, recueillies par Papyrius dans un seul code auquel on donna son nom, existèrent du temps de Tarquin le Superbe; mais elles n'en furent pas plus religieusement observées. Ceux d'entre les Citoyens qui n'avaient été retenus que par la crainte des châtiments, se livrèrent au crime aussitôt que l'inobservation des lois leur assura, pour ainsi dire, l'impunité; et le désordre général passa jusques dans la famille royale. Tout le monde sait que Sextus, fils de Tarquin, étant devenu amoureux de Lucrèce, eut recours à la violence pour la faire céder à ses criminels désirs. Alors le peuple, à qui Papyrius venait de remettre devant les yeux les règlements de ses premiers Rois, se révolta facilement contre des tyrans qui étaient les premiers à les enfreindre. D'ailleurs, la mort généreuse de Lucrèce qui n'avait pu survivre à la perte de son honneur; la promesse que cette vertueuse Romaine s'était fait faire par tous ses parents, de venger cet outrage par l'extinction totale de la race des Tarquins ; le corps de cette héroïne, exposé à la vue du peuple ; tout excita les citoyens à prendre les armes, pour courir à une vengeance qui leur parut d'autant plus légitime, qu'elle allait leur rendre la liberté. Junius Brutus n'eut pas beaucoup de peine à les exciter à la révolte. Non-seulement on fit un décret public qui bannit à perpétuité toute la famille des Tarquins ; mais on prit encore le gouvernement monarchique dans une aversion si grande, que, par une loi qui ne nous a pas été conservée, on dévoua aux Dieux infernaux toute personne qui oserait prétendre à la Royauté.

SECONDE PARTIE,

Contenant le progrès des Lois pendant toute la durée de la République.

SOMMAIRES.

I.

État monarchique changé en républicain. Publication des douze Tables. De quelle manière elles se sont perdues.

Un peuple aussi nombreux que celui de Rome ne pouvait pas se gouverner lui-même; et la loi qui avait supprimé la Royauté n'avait pas anéanti toute subordination, dans un temps où elle devenait nécessaire pour le rétablissement des Lois. Pour cet effet, le peuple se choisit deux Consuls, qui ne devaient occuper cette place que l'espace d'une année ; et l'on voulut que ces deux Magistrats gouvernassent chacun pendant un mois alternativement. Leur autorité se bornait à convoquer les assemblées du Sénat et du peuple, et à faire observer les Lois que Romulus et Numa Pompilius avaient établies, et auxquelles on ne dérogea qu'en ce qui regardait la puissance royale.

Rome, gouvernée ainsi par deux Magistrats, espérait de jouir long-temps de la liberté qu'elle s'était procurée. Mais l'ambition s'empara de l'esprit des Consuls : ils voulurent trancher du souverain. Le peuple mit des bornes à une autorité qui dégénérait en tyrannie. Brutus, qui le premier avait porté le nom de Consul, commençait à vouloir s'attribuer toute la puissance, depuis que son collègue Tarquinius Collatinus avait été obligé de se démettre du Consulat, parce qu'il portait le nom de Tarquin. Mais Brutus, craignant une révolte, fit assembler les Comices, qui remplacèrent Tarquin par Publius Valérius, surnommé dans la suite *Publicola*, parce qu'il chercha toujours à favoriser le peuple,

aux

aux dépens même de la dignité consulaire. Il
supprima des faisceaux , qu'on avait toujours
portés devant les Rois et devant les Consuls,
les haches si propres à inspirer la terreur ; il
faisait baisser les faisceaux en présence du peuple
assemblé. Mais la loi qui lui attira davantage
l'affection du peuple, fut celle par laquelle il
ordonna qu'aucun citoyen ne pourrait être jugé
en dernier ressort que par un arrêt des Curies,
et que tout criminel condamné pourrait en
appeler au peuple.

Cette loi fut reçue agréablement de tous les
citoyens, mais ne satisfit pas leur jalousie contre
la puissance des Magistrats. Le peuple, armé
pour combattre les Sabins et les Eques, se retira
sur le mont Chrustume, et ne voulut point
rentrer dans la ville, qu'on ne lui eût donné des
protecteurs contre les entreprises des grands, et
les violences du Sénat et des Consuls. Le peuple
se trouva maître des destins de la République. Le
Sénat lui fit en vain plusieurs députations sur le
mont Chrustume. Il persista. Le Sénat consentit
à la création de cinq Tribuns dont la personne
fut inviolable. Il y a apparence que c'est cette loi
qui fut appelée *Tribunitia prima*, et qui fut aussi
nommée *sacrata*, ou parce qu'elle rendait sacrée
la personne des Tribuns, ou parce que quelqu'un

qui aurait attenté à leur vie, était dévoué aux Dieux Manes ; ce qui s'exprimait par le mot *sacer*. Les Tribuns convoquaient le peuple quand il leur plaisait, et faisaient venir en jugement devant lui quelque Magistrat que ce fût. Les Sénateurs et les Patriciens devinrent sujets aux Plébiscites. Les délibérations du Sénat n'eurent force de Sénatus-Consulte, qu'après avoir été confirmées par les Tribuns, qui mettaient un T au bas des arrêtés qu'ils approuvaient ; dans le cas contraire, ils marquaient leur opposition par le mot *Veto*.

L'autorité des Tribuns excita la jalousie du Sénat, et cette jalousie occasionna de grands troubles. Le peuple soutint les Magistrats qui le favorisaient.

Cependant la République avait besoin d'avoir une jurisprudence certaine. Caïus Terentius Arsa, alors Tribun du peuple, fit recevoir, à cet effet, la loi *Terentilla*, qui portait que *le peuple, après avoir assemblé légitimement des Comices, choisirait dix hommes d'un âge mûr, d'une sagesse consommée et d'une réputation saine, pour composer un corps de lois, tant pour l'administration publique, que pour la décision des affaires particulières ; et que ces lois seraient affichées dans la place publique, afin que chacun pût en dire son avis.*

Cette loi excita de nouvelles dissentions entre la noblesse et le peuple. Enfin, après cinq années de contestations, les Plébéiens l'emportèrent, et la loi fut acceptée. Il fut donc arrêté que l'on ferait un nouveau corps de lois, et que l'on créerait dix Magistrats pour les rédiger. Les Consuls étant de cet avis, et en vertu d'un Sénatus-Consulte ratifié par un Plébiscite, trois Députés partirent, chacun dans un vaisseau richement équipé, pour aller chercher des lois dans les principales villes grecques. Ils partirent vers la fin de l'an de Rome 300, et furent de retour en l'année 302.

Aussitôt après leur retour, on supprima les Consuls, et l'on créa dix Magistrats que l'on nomma Décemvirs. On leur confia le soin de rédiger ce prodigieux assemblage de lois, que les Députés avaient rapporté des villes grecques. Leur emploi était de composer chacun en leur particulier la portion de lois qui leur était échue, et de rendre la justice au peuple. Comme la langue grecque était alors presque inconnue à Rome, ils se firent expliquer ces lois par un certain Hermodore, qui, exilé d'Éphèse, sa patrie, se trouva par hasard à Rome.

A peine la première année du Décemvirat était-elle finie, que chacun des Décemvirs présenta au

peuple la portion de lois qui lui avait été dis-
tribuée. Ces lois, suivant l'ordre des matières
et le nombre de ceux qui y avaient travaillé,
composèrent dix parties, qui furent reçues avec
un applaudissement universel; et le peuple les
approuva comme des oracles venus de Grèce.

On fit d'abord graver ces lois sur des tables
de chêne, et chacun eut la liberté de proposer
ses réflexions. Cette critique ayant produit plusieurs changements et beaucoup d'augmentations,
on assembla le Sénat pour examiner de nouveau
ces lois; et après que tous les ordres furent
d'accord de les accepter, le Sénat les approuva
par un arrêt, et il ne fut plus question que de
les faire recevoir dans des Comices assemblés par
Centuries; après quoi, on les grava sur des
colonnes d'airain, arrangées par ordre dans la
place publique, et elles servirent de fondement
à toutes les décisions.

Comme on avait remarqué qu'il y manquait
beaucoup de choses nécessaires à la religion et
à la société, on résolut d'ajouter deux tables.
Les Décemvirs prirent occasion de là de prolonger
encore leur administration pendant une année,
sous prétexte d'être encore nécessaires à la
composition des deux autres tables, qui furent
présentées au peuple aux ides de mai de l'année

suivante. On les grava sur deux autres tables d'airain, que l'on mit à côté des dix premières.

Mais ces lois primordiales, qui contenaient les premières sources du Droit Romain, furent consumées peu de temps après dans l'incendie de Rome par les Gaulois. Heureusement on en avait tiré des copies; on les rassembla toutes; on ramassa aussi quelques fragments qui avaient échappé aux flammes, et elles reparurent avec un nouvel applaudissement. De peur qu'elles ne se perdissent de nouveau, on les fit apprendre par cœur aux enfants, et elles subsistaient encore peu de temps avant Justinien.

II.

Manière dont on peut recouvrer les anciens textes des douze Tables.

De quelque manière que les douze Tables aient été perdues, il a été question de rechercher les fragments qui en étaient restés. On ne peut trop marquer de reconnaissance à Denis d'Halicarnasse, à Tite-Live, à Pline, à Cicéron, à Festus, à Aulu-Gelle, aux Jurisconsultes Romains et à d'autres auteurs, de nous avoir conservé ces précieux monuments. Nous en serions dédommagés, si nous avions encore les savants commentaires de Caïus et de plusieurs autres Jurisconsultes Romains, dont la précaution mal entendue de Justinien nous a privés. Il ne nous est resté d'autre ressource que celle de rechercher dans les écrivains de l'ancienne Rome tous les fragments qu'ils ont rapportés des douze Tables. C'est à quoi ont travaillé Aimarus Rivallius, Jean Obdendorp, Guillaume Forster, Antoine Augustin, Fulvius Ursinus, François Baudouin, Antoine Contius, François Hotman, Jacques Rævard, Théodore Marsilius, Juste-Lipse, etc.

Il s'en faut bien que les efforts de ces savants ne nous laissent rien à faire sur les douze Tables. Pour donner une entière autorité à des monuments antiques, il faut qu'ils nous soient indiqués, ou par des auteurs qui les ont vus, ou par d'autres qui, étant du même pays, peuvent en avoir acquis une connaissance fondée sur la tradition.

Mais comment distinguer les véritables lois décemvirales d'avec celles qui sont supposées?

La réponse à cette question se tire aisément des principes que nous venons de poser. D'où il résulte qu'on ne doit regarder un passage d'un ancien auteur, comme appartenant aux douze Tables, que lorsque dans ce même passage on

trouve quelques-uns de ces termes : *id ex duodecim tabulis*, *id ex lege duodecim tabularum*,
lege duodecim tabularum cautum erat, *voluerunt*
ou *statuerunt Decemviri*, etc. Comme on sait,
en outre, que les Décemvirs firent entrer dans
leurs lois quelques-unes d'entre les lois royales,
qui n'avaient aucun rapport au gouvernement
monarchique, on pourra se servir des passages
des anciens auteurs où il y aura ces mots : *id ex
lege Romuli*, ou *Numæ*, ou seulement *id ex legibus
regiis*, ou enfin *id in Jure Papyriano*.

Malgré ces règles d'une exécution facile, la
plupart des auteurs ont fait entrer dans les
douze Tables une grande partie des maximes qui
sont répandues dans le traité des lois de Cicéron,
qui n'est qu'un plan de gouvernement, tiré en
partie des mœurs des Romains , et en partie de
l'imagination de Cicéron, qui cite quelquefois les
lois des douze Tables , en ce qu'elles ont de
conforme à son système.

Pour ce qui est de l'ordre dans lequel on doit
proposer les douze Tables, il ne sera pas impossible, en suivant la méthode de Jacques Godefroy,
de rétablir ces lois à peu près dans le même
ordre que les Décemvirs leur avaient donné. En
effet, il est prouvé par un passage de Cicéron,
que la première Table traitait de *in jus vocando*.

Jacques Godefroy, fondé sur l'autorité de
plusieurs auteurs, place dans la seconde Table
les lois qui traitaient des jugements et des vols,
de judiciis et furtis.

Le même Jacques Godefroy prouve, d'après
la loi 234, au ff. *de verborum significatione*, que
la troisième Table traitait des dettes, *de rebus
creditis.*

La quatrième contenait les lois sur la puissance
paternelle.

Dans la cinquième étaient rangés, par le même
Jurisconsulte, tous les anciens textes qui concernent les successions testamentaires et *ab intestat*, aussi-bien que les tutelles.

Dans la sixième il a placé les textes qui ont
rapport à la possession des biens et au divorce.

Dans la septième il a rangé les textes relatifs
à l'incendie, au poison, et aux autres crimes.

La huitième concerne les corps de métiers, les
biens de ville et de campagne, et les servitudes.

La neuvième a pour matière le Droit public.

La dixième traite des cérémonies funéraires.
Cicéron en fait mention dans son livre *de legibus.*

La onzième et la douzième étaient la correction
et le supplément des dix premières.

Suivant Cicéron, les douze Tables présentent
une image de l'antiquité. Par elles on apprend
les

les termes qui furent anciennement en usage. On y trouve les mœurs et les coutumes des anciens. Faites-vous une étude particulière de la Jurisprudence ? Recourez aux douze Tables , dit l'Orateur Romain ; elles vous fourniront tout ce qui concerne la police des villes et l'utilité publique. Aimez-vous à vous occuper d'une philosophie plus sublime ? C'est dans la loi des douze Tables que vous devez puiser les principes et tout le fond de vos disputes : elles sont préférables à toutes les bibliothèques des philosophes. Justinien lui-même reconnaît dans ces lois cette simplicité qui est l'ame de la Jurisprudence. Il parle du respect qu'on doit avoir pour elles, et de la préférence qu'on doit leur donner sur les nouvelles lois (*).

III.

Des Lois; comment on les proposait, et de quelle manière elles étaient acceptées ou rejetées.

Il y avait lieu de croire que des Lois tirées de tout ce que l'Italie et la Grèce ont produit de plus sage, rétabliraient dans la République le bon

---

(*) C'est ici que M. Terrasson a placé le texte et les paraphrases des Lois des douze Tab'es. Ces Lois étant consignées dans un grand nombre de recueils de Jurisprudence , c'eût été grossir inutilement ce abrégé que de les y conserver.

ordre que l'incertitude du Droit et l'ambition des
Magistrats en avaient banni. Mais on vit alors que
les bonnes intentions du peuple ne sont pas toujours suffisantes pour rendre un état tranquille;
et que, quand ceux qui en sont les chefs ne
s'érigent en législateurs que pour augmenter leur
propre autorité, les Lois ne sont plus alors que
des prétextes spécieux qui servent à autoriser les
plus grandes injustices et les vices les plus odieux.

L'événement ne justifia que trop l'application
de cette maxime par rapport aux Décemvirs.
Ceux-ci, trop fiers de la reconnaissance du
peuple, au sujet des Lois qu'ils avaient composées,
commencèrent par les employer aux violences les
plus outrées. Ils voulurent rendre leur autorité
perpétuelle, et s'attribuer tous ensemble les bon-
neurs dont il n'y avait qu'un seul à la fois qui
eût le privilége de jouir. Ces entreprises contraires
au bien public leur attirèrent la haine des citoyens.

Un dernier trait mit le comble à la juste indignation que le peuple conçut contre le gouvernement des Décemvirs. Appius Claudius, qui
avait eu la plus grande part à la composition des
douze Tables, et qui devait en connaître mieux
que qui que ce soit l'étendue, en oublia les
motifs aussitôt que sa passion les lui eut déguisés.
Ce Décemvir, étant devenu amoureux de Virginie

trouva le cœur de cette vertueuse Romaine inac-
cessible aux propositions les plus flatteuses. Il
garda d'abord quelques mesures, et comprit qu'il
ne convenait pas à sa qualité de premier Magistrat
d'enlever publiquement Virginie. Il chercha les
moyens de commettre un crime suivant les lois,
et pendant une absence de Virginius, le Décemvir
se servit de l'entremise de M. Claudius, son client,
qui révendiqua Virginie comme son esclave,
pour la lui livrer ensuite. Appius la lui adjugea.
Lorsqu'on se mettait en devoir d'exécuter cet
arrêt, le père de Virginie arriva; il accusa publiquement Appius d'être l'auteur de cette super-
cherie; mais voyant que toutes ses remontrances
étaient inutiles, et qu'on traînait Virginie chez
son prétendu maître, il se saisit d'un couteau de
boucher qu'il trouva sous sa main, et donna à
sa fille un coup qui lui conserva l'honneur, en
même temps qu'il lui ôta la vie.

Cette action détestable d'Appius acheva de le
rendre lui et ses collègues odieux à la République.
On lui fit son procès, et l'on décréta aussi Spurius
Oppius, qui avait battu avec excès un soldat
vétéran. Appius s'étant donné la mort, et Oppius
ayant été exécuté publiquement, les autres Décemvirs donnèrent leurs démissions, prévoyant
bien qu'on ne serait pas long-temps sans les
déposséder.

Aussitôt après l'abdication des Décemvirs, on
créa un entre-Roi, *inter-Rex*, qui, après avoir
recueilli les suffrages du peuple, nomma pour
Consuls L. Valérius, descendant de l'ancien Publicola, et M. Horatius. Ces deux nouveaux Magistrats rendirent leur gouvernement si doux et
si populaire, qu'on les regarda plutôt comme
des Tribuns du peuple que comme des Consuls.

On introduisit de nouvelles formules pour
fixer la manière de procéder. Le Droit Flavien
et le Droit Ælien se succédèrent ; mais ils ne
sont pas venus jusqu'à nous.

La loi des douze Tables et les formules qu'on y
avait ajoutées, auraient dû paraître suffisantes,
si tous les différents ordres du peuple eussent
concouru à les faire observer. Mais les divers
intérêts qui partageaient la République, entre-
tenaient des divisions qu'on ne pouvait jamais
terminer que par des lois nouvelles dont chacun
voulait être l'auteur. Voici ce que les historiens
et les jurisconsultes disent sur la manière dont
on proposait les lois, et sur les cérémonies qui
précédaient leur acceptation.

Le Magistrat commençait par composer chez
lui la loi qu'il avait dessein de proposer à l'assemblée prochaine ; et il devait auparavant avoir
consulté ceux d'entre les citoyens qui passaient

pour être les plus équitables et les plus éclairés, afin de savoir d'eux si la loi ne renfermait rien de contraire aux intérêts de la République.

Quand la loi avait été composée avec ces précautions, on la communiquait au Sénat, sans l'autorité duquel on ne pouvait pas la proposer au peuple. La promulgation consistait en ce que le Magistrat qui voulait faire recevoir une loi, l'exposait en public, afin que le peuple pût la recevoir ou la rejeter avec connaissance de cause. L'endroit destiné à cette promulgation était la place publique, dans laquelle, à certains jours de la semaine, les habitants des campagnes voisines se rendaient pour y vendre les vivres; et pendant trois jours de marché on avait soin de recueillir leurs suffrages, parce qu'on ne croyait pas qu'aucun citoyen, soit de la ville, soit des environs, fût dispensé de connaître une loi qui intéressait tout le peuple. Après que la loi avait été ainsi exposée, on rendait un édit par lequel on invitait le peuple à se trouver dans le champ de Mars à un certain jour marqué, et l'on indiquait ce jour-là des Comices par Centuries pour le jour suivant.

Le jour indiqué étant arrivé, le Magistrat qui voulait faire recevoir une loi, en faisait une lecture publique, suivie d'un discours dans lequel

Il ne manquait pas de relever le mérite et l'utilité de la loi qu'il proposait. Alors les Tribuns du peuple se déclaraient en faveur de la loi, ou en représentaient les inconvénients. Il arrivait même quelquefois que celui qui proposait la loi, était le premier à empêcher qu'elle fût reçue, parce que les changements que le Sénat y avait faits rendaient souvent cette loi si différente de ce qu'elle était d'abord, que celui qui en était l'auteur ne la reconnaissait plus, et par conséquent n'était plus tenté de la faire recevoir.

Les discours faits de part et d'autre en présence des Prêtres qu'on y appelait pour soutenir les droits de la Religion, on apportait une urne dans laquelle on jetait les noms des Centuries qui devaient donner leurs suffrages selon l'ordre dans lequel on tirait les noms de l'urne où on les avait jetés d'abord. Cette cérémonie donnait le temps aux Tribuns du peuple et aux autres parties intéressées de critiquer la loi dont il était question ; et s'il arrivait que, pendant qu'on recueillait les suffrages, les Magistrats et les Augures eussent entendu gronder le tonnerre, ou aperçu quelque oiseau de mauvais présage, c'en était assez pour rompre l'assemblée, et l'on se séparait sans avoir rien conclu.

Mais, lorsqu'un mauvais présage n'était venu

.troubler le Comice , le Magistrat, auteur de la
Loi, faisait sa réquisition en ces termes : *Velitis*,
jubeatis, *Quirites.....* *hoc ita ut dixi, vos Quirites
rogo;* et il ajoutait : *si vobis videtur, discedite,
Quirites.* Après cela , chacun se rangeait dans sa
Centurie pour y donner son suffrage. Dans les
premiers temps de Rome, ces suffrages se donnaient verbalement; mais, depuis une Loi nommée
Tabellaria, on les écrivait sur de petites tablettes.
La formule d'acceptation était désignée par ces
deux lettres U. R., c'est-à-dire, *uti rogas* ; ceux
qui étaient d'avis contraire , mettaient un A,
c'est-à-dire, *Antiqua probo.*

IV.
Des Plébiscites et des Lois Agraires.

Justinien, au paragraphe 4, titre 2, livre 1 des
Institutes, dit que le Plébiscite est ce que le
peuple, séparé des Sénateurs et des Patriciens,
ordonnait sur la réquisition d'un de ses Magistrats,
c'est-à-dire, d'un Tribun du peuple. Il émanait
du seul Tribunal des Plébéiens , était publié
quelquefois dans le cirque de Flaminius, quelquefois au Capitole, et plus souvent dans le
Comice; et, pour le faire recevoir, on assemblait

seulement les Tribuns , sans avoir besoin de
Sénatus-Consulte ni d'Auspices. Mais, quoique
les Plébiscites fussent reçus d'une manière plus
simple que les Lois, ils assujettissaient non-
seulement les Plébéïens qui en étaient les auteurs,
mais même les Patriciens, quoique ceux-ci n'y
eussent aucune part.

Ce fut cette prérogative qui engagea les Plébéïens à faire un grand nombre de Plébiscites,
pour anéantir, s'il était possible, l'autorité du
Sénat. Les Plébéïens allèrent même jusqu'à
donner le nom de Lois à leurs Plébiscites,
depuis que les Consuls Valérius et Horatius
eurent donné la même autorité aux Plébiscites
et aux Lois.

Mais les Patriciens, outrés de ce qu'on diminuait, tous les jours, leur puissance par un
grand nombre de Plébiscites, ne trouvèrent
qu'un moyen pour faire sentir au peuple leur
supériorité. La Loi des douze Tables avait permis
aux créanciers de s'emparer des biens de leurs
débiteurs; et en cas que ces biens ne fussent
pas suffisants pour acquitter les dettes, le cré-
ancier pouvait s'emparer de la personne de son
débiteur, et le rendre son esclave, ou même le
faire mourir. C'est par l'exécution de cette Loi,
que les Patriciens se vengèrent du peuple, en
exerçant

exerçant des cruautés inouïes, et en s'appropriant
les terres des Plébéïens, sous prétexte d'anciennes
créances qui avaient eu l'usure pour principe.

Cette vengeance était trop vive pour être de
longue durée. Un riche Plébéïen, nommé C.
Licinius Stolon, ayant été fait Tribun du peuple
l'an de Rome 377, entreprit de faire cesser les
violences des Patriciens, en proposant une loi
qui les obligeait de céder au peuple toutes les
terres qu'ils auraient au-delà de cinq cents
arpents. L'autre Tribun, nommé L. Sextius, se
joignit à Licinius pour faire recevoir cette loi.
Les guerres contre les Gaulois, et la création
de plusieurs nouveaux Magistrats, traînèrent en
longueur pendant neuf années, au bout desquelles
la loi *Licinia* fut cependant reçue malgré les
oppositions des Patriciens. Elle contenait plusieurs
autres dispositions, et fut nommée *Agraria*, parce
qu'elle ordonnait le partage des terres. Aucun
citoyen ne pouvait posséder plus de cinq cents
arpents, et chacun en avait au moins sept pour
vivre.

Mais, par une fatalité inconcevable, les auteurs
des lois n'étaient pas ceux qui les observaient
plus exactement. Licinius fut convaincu de posséder plus de mille arpents de terre; il fut obligé
d'en restituer cinq cents, et condamné en outre

15

à l'amende de dix mille sous d'or, ainsi qu'il l'avait ordonné lui-même. Cette loi fut abolie la même année par la cabale des Patriciens.

Le mauvais succès de la loi *Licinia* ne rebuta point le Peuple. Il fallut attendre une circonstance plus favorable : on crut l'avoir trouvée au bout de plus de cent trente années, lorsque Tibérius Gracchus fut élu Tribun du peuple, l'an de Rome 527.

Tibérius Gracchus, allié du Grand Scipion, s'était flatté d'avoir assez de crédit pour faire revivre cette loi. Mais il trouva les oppositions ordinaires de la part des grands, fortifiés par le suffrage d'Octavius, aussi Tribun du peuple. Tibérius surmonta toutes les difficultés ; il fit déposer Octavius, et la loi fut reçue d'une voix unanime ; mais elle lui coûta la vie, et il périt dans une émotion populaire.

Caïus Gracchus, son frère, lui succéda, malgré l'opposition du Sénat. Il signala son entrée dans le Tribunat, par la proposition qu'il fit de recevoir une troisième fois la loi *Licinia*, et fit si bien qu'elle fut encore reçue ; mais il éprouva le même sort que son frère.

Le Consul Opimius, auteur de sa mort, ne songea plus qu'à abolir les lois des Gracques, et à exterminer les restes de leur parti. Il finit par faire recevoir une loi qui laissait chacun en possession de ses terres, moyennant une légère redevance. Ainsi finirent les lois des Gracques, et le bonheur de la République.

Mais, ce ne fut point là la fin des lois agraires, car on donna ce nom à des lois qui regardaient quelques terres appartenant à la République, et à celles qui réglaient la police des campagnes.

V.

Des Édits des Préteurs et des Édiles.

LA création des Préteurs et des Édiles est plus ancienne que les lois des Gracques ; mais l'autorité de ces Magistrats n'était pas encore venue au point où elle fut portée dans la suite. Examinons l'origine et les progrès d'une juridiction qui a joué un si grand rôle dans la Jurisprudence.

On fait remonter la création des Préteurs jusqu'à l'année 389 de la fondation de Rome. Le Préteur fut pris dans l'ordre des Patriciens qui n'en jouit pas long-temps ; car vers l'an 416 un Plébéien nommé Q. Publius Philo fut pourvu de cette charge. On s'aperçut même qu'un seul Préteur ne suffisait pas pour juger toutes les contestations : c'est pourquoi après la première guerre punique on créa deux Préteurs, dont l'un exerçait sa juridiction dans l'enceinte de la ville, et l'autre dans les pays des conquêtes. Leur nombre s'accrut même à quatre, six, dix et ensuite douze. Enfin, Auguste en créa jusqu'à seize, et Tibère s'obligea par serment de n'en pas créer un plus grand nombre.

Le Préteur de la ville, appelé *Prætor urbanus*, était le plus considérable d'entre eux ; et pour sa création l'on employait les mêmes auspices que pour la création des Consuls : en sorte que ce Préteur était leur collègue, puisqu'en leur absence il commandait souverainement dans la ville, et qu'il avait les mêmes habillements et les mêmes honneurs.

Ses fonctions se réduisaient à trois points principaux, *do*, *dico*, *addico*, dont voici l'explication : le Préteur disait *do*, lorsqu'il donnait la possession des biens, ou qu'il nommait des juges, des arbitres ou des tuteurs. Il prononçait *dico*, lorsqu'il indiquait les féries, ou qu'il faisait quelque règlement. Enfin, il disait *addico*, lorsqu'il adjugeait à quelqu'un les biens dont un autre avait fait cession, ou lorsqu'il s'agissait de quelque vente.

Les historiens nous apprennent que chaque

Préteur qui prenait possession de sa charge, faisait attacher au-dessus de son tribunal une pierre
blanche, sur laquelle devait être gravé un édit
par lequel il déclarait la manière dont il se proposait d'exercer la justice pendant l'année de son
administration; et le Préteur avant que de faire
afficher son édit, le donnait à examiner aux
Tribuns du peuple. Comme chaque édit n'avait
force de loi que pendant que chaque Préteur
était en charge, on donnait à ces édits le titre
de *leges annuæ*. Il y avait encore des édits particuliers, qui ne s'étendaient pas plus loin que
le cas pour lequel ils avaient été faits. Voilà en
quoi consista la juridiction des Préteurs dans le
temps de la République.

Les Édiles proposaient aussi des édits à l'imitation des Préteurs. Il y avait de deux sortes
d'Édiles : les Plébéïens et les Curules. Les premiers furent créés avec les Tribuns du peuple,
l'an de Rome 260, pour servir de substituts à
ces derniers. Les fonctions de ces Édiles con-
sistaient : 1.º en ce qu'ils jugeaient les causes que
les Tribuns leur renvoyaient; 2.º dans la direction
des temples ; 3.º dans la surveillance des mœurs
des femmes et des citoyens en général.

Pour ce qui est des Édiles Curules, qui sont
ceux dont nous avons ici à parler, on les tirait

de l'ordre des Patriciens : voici l'origine de leur création. Dans le temps que la dispute des Patriciens et du peuple au sujet du Consul Plébéïen paraissait assoupie, et que pour célébrer cette réunion l'on faisait des jeux en l'honneur des Dieux de la patrie, il arriva que les Édiles Plébéïens refusèrent de conduire ces jeux. Alors deux jeunes Patriciens s'offrirent de remplacer ces Édiles non-seulement pour les jeux qu'on célébrait alors, mais encore pour tous ceux qu'on célébrerait dans la suite. Le peuple encore trompé par ce nouvel artifice des Patriciens, pour récompenser le zèle de ces deux jeunes-gens, leur donna à chacun une charge d'Édile, et leur accorda pour marque de distinction une Chaise Curule. Ils avaient soin des pensions, de l'ordonnance des jeux, des temples, des chemins publics, des marchés et des marchandises. Ils avaient une inspection générale sur tout ce qui se passait dans la ville, et principalement sur les femmes de mauvaise vie.

C'est par les édits qu'ils proposaient, que s'introduisirent les actions qu'on a contre ceux qui vendent des choses vicieuses et défectueuses. Ces actions sont connues sous les noms de *actiones redhibitoriæ, actiones quanti minoris.*

Au reste, les Préteurs et les Édiles ne furent

jamais que des magistrats particuliers, qui ne décidaient point des affaires publiques, au sujet desquelles le Sénat et le peuple eurent seuls le pouvoir de faire des lois, pendant la durée de la République.

VI.

Des Sénatus-Consultes et de leur autorité.

Le Sénatus-Consulte était un décret par lequel le Sénat ordonnait ou établissait quelque chose. Cette ordonnance du Sénat est quelquefois appelée simplement décret du Sénat, ou Sénatus-Consulte indifféremment. Le Sénatus-Consulte se disait d'une ordonnance où la République était intéressée, au lieu que par le décret on entendait des ordonnances qui ne regardaient que des affaires particulières. L'un ne pouvait être fait que par le Sénat; l'autre pouvait être l'ouvrage du Sénat ou d'un autre ordre, ou quelquefois même d'un seul Magistrat. Ainsi l'on disait le décret des Augures, le décret des Pontifes, etc.

Lorsqu'on avait besoin d'un Sénatus-Consulte, on commençait par indiquer le lieu où le Sénat s'assemblait. Romulus avait ordonné que le Sénat s'assemblerait dans le temple de Vulcain; et

Tullus Hostilius avait fait tenir les assemblées du Sénat dans son palais. Pendant la durée de la République, il s'assembla indifféremment dans les temples de Mars, de Bellone, de Castor, de la Concorde, de la Vertu, de la Bonne-Foi, et dans d'autres maisons respectables, soit par leur antiquité, soit par la qualité des personnes à qui elles appartenaient. Les assemblées se tenaient pendant les calendes, les ides et les nones; mais le Sénat ne pouvait pas s'assembler les jours destinés à la tenue des Comices. Chaque assemblée ordinaire était nommée *Senatus legitimus*; les extraordinaires s'appelaient *Senatus indictus*.

Lorsque le Sénat était assemblé, l'un des Magistrats en charge, c'est-à-dire, un des Consuls, ou le Préteur, ou le Dictateur, faisait part au Sénat de l'affaire sur laquelle on avait à délibérer; et si l'un de ces Magistrats refusait cette commission, elle appartenait de droit aux Tribuns du peuple. Le rapport du Magistrat commençait ordinairement par ces termes : *quod bonum, faustum, felix, fortunatum sit, referimus ad vos, Patres conscripti.* Après ce préambule, le Magistrat exposait le sujet pour lequel on s'était asssemblé.

Le rapport du Magistrat étant fini, on demandait l'avis aux Sénateurs en ces termes : *Dic quid*

quid censes ? ou *Quid fieri placet? Quid vobis videtur ?* On commençait par les Consuls en charge, et par ceux qui avaient exercé le Consulat; on allait ensuite aux Préteurs, aux Édiles, aux Questeurs, et l'on finissait par les Tribuns du peuple.

Il y avait deux manières de donner son avis. Ceux qui approuvaient la proposition du Magistrat, se levaient, et disaient, par exemple : *Quod C. Pansa verba fecit de...... eâ re, ita censeo;* ou bien, pour donner son avis quel qu'il fût, on se transportait du côté de ceux qui étaient du même sentiment, et cela se nommait *pedibus ire in sententiam alterius.*

Après que chacun avait dit son avis, le Consul examinait quel était le sentiment général, et en prononçait le résultat. Le Sénatus-Consulte était rédigé par écrit. Alors le Consul congédiait l'assemblée en ces termes : *Patres conscripti, nemo vos tenet,* ou *nihil vos moramur.*

Comme un Sénatus-Consulte n'avait d'autorité qu'autant qu'il était approuvé par le peuple, c'est-à-dire, par les Tribuns; après leur rédaction, on les présentait à ces Magistrats, qui, en signe d'approbation, mettaient un *T* au bas du Sénatus-Consulte : dans le cas contraire, ils y écrivaient *Veto.*

L'autorité des Sénatus-Consultes varia suivant les temps. Sous les Rois et pendant la durée de la République, on ne consultait le Sénat que pour avoir son avis ; et le Sénatus-Consulte devait être confirmé par une loi faite du consentement de tout le peuple. De là cette formule : *Populus jubet, Senatus autor est*. Mais, lorsque la République était en danger, le Sénat pouvait faire des décrets, qui acquéraient force de loi par le tacite consentement du peuple.

Ce fut seulement sous l'Empereur Tibère que les Sénatus-Consultes commencèrent véritablement à avoir force de loi, parce qu'ils se firent à la réquisition du Prince, qui se ménagea ainsi le moyen de ne pas rendre odieuse la puissance souveraine, véritablement exercée depuis la loi nommée *Regia*.

VII.

De l'Interprétation des Lois, et des Réponses des Jurisconsultes.

Les réponses des Jurisconsultes étaient appelées *Responsa Prudentum* ; elles composèrent dans la suite la meilleure partie de la Jurisprudence. On s'était aperçu que le grand nombre d'édits

des Préteurs et des Édiles avait jeté dans le Droit
une confusion d'autant plus grande, que chaque
Préteur ou chaque Édile croyait devoir détruire
les établissements de son prédécesseur, et y subs-
tituer des lois nouvelles, que le Préteur ou
l'Édile de l'année suivante ne manquait pas aussi
d'abolir. Cette incertitude déplut aux citoyens,
qui n'avaient pas le temps d'étudier tous les ans
une nouvelle Jurisprudence. On choisit un certain
nombre de personnes sages et éclairées, pour
s'occuper de ces lois, les interpréter et en faire
des applications aux différents cas qui se pré-
senteraient. Ces réponses et ces interprétations
acquirent une si grande autorité, que Cicéron
leur donna le nom de Droit civil, *Jus civile*,
nom qui leur est confirmé par Justinien.

Le droit de Patronage, établi par Romulus,
avait donné naissance aux Jurisconsultes dont
nous parlons. En effet, les Patriciens devaient,
pour ainsi dire, servir de pères aux Plébéïens :
c'est de là qu'ils avaient tiré leur nom de *Patroni*,
c'est-à-dire, *quasi Patres*. Non-seulement chaque
Plébéïen, mais même les colonies, les villes alliées,
les nations vaincues se choisirent des Patrons. Ce
nom fut aussi donné aux interprètes des lois,
dont le nombre ne fut pas d'abord bien considérable, et dont les fonctions qui se bornèrent

au commencement à répondre à toutes les
questions qu'on leur proposait, les conduisirent
insensiblement à écrire et à composer des commentaires sur les lois. Ces commentaires firent
partie du Droit écrit, et l'Empereur Théodose
leur donna force de loi. Venons aux réponses
des Jurisconsultes.

Ces réponses se donnaient à ceux qui venaient
consulter pour des affaires personnelles, ou aux
Juges qui demandaient conseil pour savoir quelle
décision ils donneraient dans certains cas. Ces
consultations étaient ou verbales ou écrites, selon
l'importance de la matière, ou la nature du lieu
où elles se donnaient. Pour l'ordinaire, les Jurisconsultes se tenaient dans leurs maisons, où ils
établissaient une espèce de tribunal, d'où ils
donnaient la solution des difficultés qu'on venait
leur proposer. Quelquefois ils se promenaient sur
la place publique, afin d'être plus à portée de
donner des conseils à ceux qui pourraient en
avoir besoin.

L'usage avait introduit des formalités pour ces
sortes de consultations. Celui qui allait chez le
Jurisconsulte, ou qui le rencontrait dans la
place publique, l'abordait en lui disant : *licet
consulere* ? Si le Jurisconsulte agréait la proposition, il répondait : *consule*. Alors le client lui

expliquait son affaire, et terminait son récit en lui disant : *quæro an existimes*, ou bien, *id jus est, nec ne* ? Enfin, si le Jurisconsulte décidait en sa faveur, il répondait : *secundùm ea quæ proponuntur existimo*, *placet*, *puto*. Quelquefois même le Jurisconsulte motivait son avis, et l'appuyait de quelques autorités, ou d'une loi à laquelle il appliquait le cas particulier sur lequel on le consultait.

Il survenait quelquefois des questions importantes, sur lesquelles la décision d'un seul Jurisconsulte n'aurait pas été suffisante : c'est pourquoi on proposait publiquement ces grandes questions; on les discutait en présence d'un grand nombre de citoyens, et cette discussion, dans laquelle chacun soutenait son avis, était ce qu'on nommait *Disputatio fori*. Les matières, après avoir été ainsi discutées, procuraient une décision qui se réglait sur le plus grand nombre des voix. Il est vrai que ces décisions n'avaient pas d'abord force de loi, mais elles acquéraient une autorité pleine et entière, quand elles avaient été confirmées par l'usage.

VIII.

Des plus célèbres Jurisconsultes, depuis le commencement de la République, jusqu'au siècle d'Auguste.

La route que Sextus Papyrius et les Décemvirs avaient tracée, était trop belle et trop glorieuse, pour qu'un grand nombre de citoyens ne fussent pas tentés d'y marcher. Aussi vit-on, dès l'an 449 de la fondation de Rome, un Appius Claudius Centemmanus, arrière-petit-fils d'Appius Claudius le Décemvir, s'appliquer sérieusement à l'étude des lois. Il remplit les fonctions de censeur avec une exactitude et une distinction infinies. Il interpréta les lois dont on avait fait un mauvais usage, et couronna son administration par deux monuments qui ont éternisé sa mémoire. Le premier est un chemin public qui a été connu dans la suite sous le nom de *Via Appia*. Le second est une conduite d'eaux, dont Jules Frontin et Cicéron font de grands éloges, et qui a retenu le nom de *Aqua Claudia*.

Dans le même temps Simpronius s'appliquait aussi à l'étude des lois. La loi 2, au digeste *de origine Juris*, remarque que le surnom de le

Sage, qui lui fut donné, n'avait encore été donné
à personne qu'à Simpronius, et que personne
ne le porta après lui. Il fut Consul l'an 449.

Tibérius Coruncanus, qui vivait en l'année 437,
eut cela de plus que ses deux contemporains,
qu'il fut le premier qui enseigna publiquement
la Jurisprudence. Il fut le premier d'entre les
Plébéiens, qui fut élevé à la dignité de Souverain
Pontife. Il exerça la Censure et la Dictature avec
beaucoup de distinction. Il fut Consul avec P.
Valérius Lævinus, l'an de Rome 473.

A ces premiers Jurisconsultes succédèrent les
deux Catons, qui furent la souche commune de
tous ceux du même nom qui se rendirent si
célèbres dans la République.

Le premier, natif de Tuscule, vint à Rome
à la sollicitation de Lucius Valérius Flaccus. Il
commença à l'âge de 17 ans à porter les armes;
et il acquit tant de gloire dans ses premières
campagnes, qu'on le destina dès-lors à remplir
quelques grandes charges dans les intervalles où
la République n'aurait point de guerres à soutenir.
Caton montra tant de prudence et de sagesse
dans les différents emplois qui lui furent confiés,
que l'on fut long-temps dans l'incertitude de
savoir lesquelles ou des vertus civiles ou des
vertus militaires on récompenserait en sa personne.

Heureusement la Magistrature Romaine ne dispensait pas d'aller à la guerre. On donna à Caton la charge de Censeur. Il était excellent Jurisconsulte et grand Orateur. Rien ne prouve mieux l'habileté de Caton, que les éloges que Tite-Live et Cicéron font de ce grand homme.

Le second, M. Cato, fils du précédent, mourut avant son père. Il avait été désigné Préteur, et aurait été au moins aussi célèbre que son père, si ses jours eussent été plus longs; car il avait composé sur le Droit civil des commentaires cités par Festus. Ce second Caton fut père d'un autre Caton, surnommé l'Orateur, qui fut aussi Consul. Celui-ci laissa un fils qui fut Édile et Préteur. Caton d'Utique était arrière-petit-fils de Caton le Censeur.

Il est fait mention d'un M. Junius Brutus qui fut Préteur, et dont nous ne savons autre chose, sinon qu'il avait composé sept livres sur la Jurisprudence.

Publius Mucius fut Tribun. Son exactitude et son mérite personnel engagèrent la République à lui accorder la Préture, et cette dignité le conduisit au Consulat.

Quintus Mucius Scevola était petit-fils de Publius Mucius. Il est le premier qui ait mis en ordre le Droit civil. Il possédait au souverain degré dégré le talent de la parole. Cicéron dit : *Quintus Mucius Scévola était le plus éloquent des Jurisconsultes, et le plus grand Jurisconsulte de tous les hommes éloquents.* Il fut fait Consul, et fut collègue de Licinius Crassus. Pendant son consulat, Quintus Mucius Scévola gouverna l'Asie avec tant de sagesse et de courage, que dans la suite il devint le modèle des Magistrats que le Sénat y envoyait. On institua même en Asie des fêtes appelées *Muciennes*, afin de renouveler tous les ans la mémoire et le souvenir d'un si grand homme. Il fut fait Souverain Pontife l'an 664, et fut assissiné l'an de Rome 672. Fimbria, qui le perça de coups dans le temple de Vesta, dit que Mucius Scévola était criminel, puisqu'il était trop homme de bien. Il eut plusieurs disciples, dont les plus célèbres furent Aquilius Gallus, Balbus Lucilius, Sextus Papyrius, Caïus Juventius et Servius Sulpitius.

Aquilius Gallus fut d'abord Chevalier Romain, et ensuite Tribun du peuple, dans la même année que le grand Pompée obtint le consulat. On pense assez généralement que ce fut lui qui régla la manière d'instituer héritiers les petits-enfants posthumes. Quelque temps après, il exerça la Préture avec Cicéron, dont il était grand ami.

Lucilius Balbus joignit à la science du Droit

17

une si parfaite connaissance de la Philosophie Stoïcienne, qu'il pouvait le disputer aux plus célèbres Philosophes Grecs. Cicéron parle de lui comme d'un homme très-savant, mais un peu paresseux.

Sextus Papyrius était d'une ancienne famille, et descendait de l'Auteur du Code Papyrien. Il enseigna les éléments du Droit à Servius Sulpitius, qui, par reconnaissance, fait souvent mention de lui dans ses ouvrages; car, sans cela, il serait à peine connu.

Caïus Juventius se rendit célèbre dans la plaidoirie, quoique, suivant Cicéron, il parlât lentement, et que sa déclamation fût un peu froide; mais il avait une grande finesse d'esprit, et sa subtilité allait même jusqu'à mettre quelquefois ses adversaires hors d'état de lui répondre. Il était d'ailleurs très-habile dans le Droit.

Servius Sulpitius fut d'abord le plus faible des disciples de Scévola. Sa pénétration n'était pas assez grande pour comprendre une question qui lui avait été expliquée deux fois par son maître. Mais un seul reproche de Scévola le toucha si vivement, qu'il s'appliqua tout entier à l'étude de la Jurisprudence, et ne crut pas se déshonorer en allant prendre les leçons de ses condisciples, qui en étaient venus au point de pouvoir être

ses maîtres. Un effort d'émulation lui fit en peu
de temps surpasser ceux qui lui avaient enseigné
le Droit ; car Cicéron nous le représente comme
le plus grand orateur et le plus savant Jurisconsulte de son temps, et comme bien supérieur
à tous ceux qui l'avaient précédé. Des progrès si
rapides le firent connaître, et lui procurèrent
les premières charges de la République. On
commença par le nommer Questeur dans la province d'Hostie ; ensuite Préteur. Enfin, il exerça
le Consulat avec M. Claudius Marcellus ; et il
s'acquitta si bien de tous ces différents emplois,
qu'étant mort dans une députation dont il fut
chargé vers Marc-Antoine, Cicéron obtint qu'on
lui ferait dresser une statue dans la tribune aux
harangues, et qu'on lui donnerait dans le champ
Esquilin une sépulture de trente pieds en quarré
pour lui et pour ses enfants.

Caïus Trebatius Festa. Cicéron fait très-grand
cas de ce Jurisconsulte, qui tient un rang distingué parmi les anciens Auteurs du Droit : c'était
son ami intime, et ce fut cet Orateur qui le
produisit auprès de César. Il eut les appointements
de Tribun du Peuple, sans avoir la peine d'exercer
cette charge. Il avait beaucoup de talent pour la
poësie, et Horace lui adressa deux livres de ses
satyres. Ce fut ce Jurisconsulte qui introduisit

l'usage des Codicilles, et qui engagea Auguste à les admettre.

Offilius, contemporain de Trebatius, quoique descendu d'une famille illustre parmi les Chevaliers, ne dédaigna pas de s'appliquer à la Jurisprudence. Il composa plusieurs livres sur le Droit, et travailla le premier à compiler les édits des Préteurs. Cicéron parle avantageusement de lui en plusieurs endroits de ses épîtres.

Aulus Cascellius, qui vivait dans le même temps, brilla beaucoup par son éloquence, et fut très-habile dans le Droit. Pline, Valère-Maxime, Macrobe en parlent avantageusement. Horace en fait aussi mention dans son art poëtique.

Q. Ælius Tubero fut disciple d'Offilius. Son inclination naturelle le porta plus à l'éloquence qu'à l'étude des lois. Tubero, accusateur de Ligarius, plaida pour le faire condamner; mais Cicéron parvint à le faire déclarer innocent, moins par là bonté de sa cause que par son éloquence. Ce mauvais succès rebuta si fort Tubero, qu'il renonça aux exercices du Barreau pour s'appliquer uniquement à approfondir les lois.

Alfenus Varus, natif de Crémone, fut d'autant plus estimable, qu'il ne dut point sa réputation à une naissance illustre, ni à la bonne éducation.

Il était fils d'un cordonnier, et il travailla long-
temps dans la boutique de son père; mais étant
venu à Rome, il se mit au rang des disciples de
Servius Sulpitius , et s'acquit en peu de temps
une réputation si universelle par son savoir et
par la pureté de ses mœurs, qu'il parvint à la
dignité de Consul. Ce fut lui qui fit les premières
collections du Droit civil , et qui leur donna le
nom de *Digestes.*

LUCIUS CORNELIUS SILLA, après avoir mis en fuite
Marius et vaincu Mithridate, s'appliqua à réformer
l'Etat par un grand nombre de lois également
sages et utiles. Il étendit les limites de la ville de
Rome; il réforma le Sacerdoce, et il fit quantité
de beaux établissements , qui ne contribuèrent
pas peu à rendre son nom célèbre. Mais ses
grandes qualités furent obscurcies par de grands
vices. Silla était cruel , et cependant il aimait le
plaisir jusqu'à l'excès. Il devenait un homme
différent suivant les divers emplois qu'il avait à
exercer : grand Capitaine à la guerre ; Magistrat
équitable quand il fallait rendre la justice; excellent Législateur lorsqu'il était question de
réformer le Gouvernement; Politique dangereux
et cruel , sacrifiant tout à ses vues, plutôt que
de les laisser échouer; au surplus, homme extrêmement aimable dans la vie privée, aimant

les beaux arts et les possédant avec supériorité.
En un mot, c'était un homme tout entier dans
chaque genre. Après avoir remporté plusieurs
victoires et exercé la Dictature, il abdiqua cette
dignité, se retira auprès du Cumes; et mourut
d'une maladie pédiculaire, à l'âge de soixante
ans, et l'an de Rome 676.

CNEUS POMPEIUS, connu dans l'histoire sous le
nom du grand Pompée, peut être aussi mis avec
raison au rang des Jurisconsultes. Nous ne nous
arrêterons point à célébrer ses vertus militaires;
nous ne parlerons que des lois dont il fut l'auteur.
Il fit une loi par laquelle il remit les Tribuns du
peuple dans tous les droits que Silla leur avait
ôtés; une autre par laquelle il régla l'ordre des
procédures. Il défendit aux Orateurs de faire,
dans leurs plaidoiries, l'éloge d'un accusé. Il fit
plusieurs lois concernant la Magistrature; mais
de toutes celles dont il fut l'auteur, la plus
célèbre est celle que l'on connaît sous le titre de
loi Pompéïa *de Parriculiis*, par laquelle il étendit
l'accusation pour cause de parricide, contre ceux
qui auraient assassiné leurs cousins ou leurs
patrons.

MARC-ANTOINE est aussi placé au rang des Jurisconsultes par les anciens auteurs. Cicéron lui
attribue une loi *de re judiciaria*. Appien le fait

auteur d'une autre *de Dictaturâ*. Enfin, Macrobe nous apprend que, dans le temps que Marc-Antoine était lié avec César, il fit une loi *de nomine mensis Julii*, parce que Jules-César était né dans ce mois qui s'appelait auparavant *Quinctilis*.

Voilà ce qu'il y a de plus certain au sujet des Jurisconsultes qui ont vécu depuis le commencement de la République jusqu'à Jules-César.

Mais comment pourra-t-on comprendre que le Peuple Romain, si jaloux de sa liberté, se soit volontairement dépourvu de la souveraine puissance, pour la déposer entre les mains d'un seul maître? Ce changement est assez intéressant pour mériter d'être éclairci.

IX.

État de la Jurisprudence Romaine sous Jules-César. Compilation de Lois, projetées par Pompée, César et Cicéron. Fin de la République.

Julus-César, l'un des plus grands hommes d'entre les Romains, et l'un des plus zélés pour le bien de sa patrie, fut cependant le premier qui porta atteinte à la liberté de la République, et qui jeta les fondements d'une nouvelle Monarchie. Pour cet effet, il se fit créer Dictateur perpétuel, contre toutes les règles ordinaires, et l'on peut dire que cette création doit être regardée comme l'époque de la destruction de la République.

Aussitôt que César crut son autorité suffisamment affermie, il conçut le dessein de réformer le Gouvernement civil, persuadé que de tous les titres que peut ambitionner un Souverain, un des plus glorieux est celui de Législateur.

César était grand politique; il aspirait à l'Empire, mais il voulait rendre son autorité durable. Toutes ces raisons, jointes à l'amour de la patrie, engagèrent Jules-César à entreprendre une compilation générale des lois. L'exécution de ce projet ne lui aurait pas été difficile, car il avait déjà fait plusieurs lois par lesquelles, en corrigeant ce qu'il y avait de défectueux dans les anciennes, il avait suppléé aux omissions qu'elles avaient faites. Il avait réprimé l'avidité des Magistrats, fixé les fonctions du Sacerdoce, s'était élevé contre l'usure, et avait fait une loi contre ceux qui reculaient les bornes des héritages.

Quelques années auparavant Pompée avait formé la même entreprise pendant qu'il exerçait

le

le consulat; et cet ouvrage lui avait été d'autant
plus facile à faire, qu'il était lui-même auteur
de plusieurs excellentes lois, dont la plus célèbre
est celle appelée *Pompeïa de Parricidiis*. Mais
les troubles que les guerres civiles ou les séditions excitaient dans la République, lui avaient
fait aussi abandonner le projet de cette compilation.

On trouve encore que Cicéron s'était aussi
proposé de rassembler les lois dans un seul code;
il y a même apparence qu'il avait déjà commencé cet ouvrage, puisque Aulu-Gelle cite de
lui un livre sur cette matière.

Voilà à quoi se réduit ce que l'on trouve de
plus certain dans la Jurisprudence Romaine jusqu'à la fin de la République; car depuis les
temps dont nous venons de parler, on ne voit
plus qu'un état divisé par des factions et des
guerres civiles. D'un côté, Catilina tourmente la
République par des factions odieuses : d'un autre,
les principaux citoyens font de leur patrie le théâtre de leur ambition. On ne reconnaît plus
l'autorité du Sénat; la voix du peuple n'est plus
écoutée; il ne reste plus dans la République
qu'une confusion d'intérêts et de partis différents,
dont les plus grands hommes sont les victimes.
César est assassiné dans le Sénat; Cicéron est sa-

18

crifié à la haine de Marc-Antoine; et depuis ce
temps là, il n'y a plus ni subordination ni justice.
Les plus séditieux deviennent les maîtres; les
citoyens obéissent, non pas à des Souverains légitimes, ni à des Magistrats dont l'administration
soit approuvée, mais à des usurpateurs qui se
dépossèdent les uns les autres; et le chef de la
faction la plus nombreuse, est toujours celui de
la République.

Pendant toutes ces révolutions, le jeune Octavius se prépare à continuer l'ouvrage commencé
par César. Il voit bien qu'un état divisé va devenir
la proie du plus entreprenant, et de celui qui
mettra le plus de citoyens dans ses intérêts. L'occasion se trouvait être plus favorable aux desseins
d'Octavius, qu'aux entreprises que tous autres
citoyens auraient formées dans le même genre.
Octavius était petit-neveu de César, et son fils
par adoption : ainsi il lui convenait de venger
la mort de ce grand homme; et cette vengeance
était d'autant plus facile à exécuter, que César
était généralement regretté, et que les auteurs
de sa mort étaient devenus l'objet de la haine de
tous les différents partis. Octavius commence par
prendre le nom de César: à ce nom seul la plus
grande partie des Romains se range sous ses en-
seignes : il poursuit Brutus et Cassius, meurtriers

de son père adoptif; et il les met dans la nécessité de se faire donner la mort, plutôt que de
tomber entre ses mains, ou entre celles d'Antoine,
qui pour se concilier la bienveillance du peuple,
affectait aussi de poursuivre les meurtriers de
César. Octavius et Antoine, après avoir ruiné le
parti de Lépidus, restent sans autres ennemis
qu'eux-mêmes ; ils tournent leurs armes l'un
contre l'autre ; Antoine oppose à Octavius les
forces de l'Égypte et de l'Orient; Octavius met
dans son parti l'élite des troupes Romaines; et
les campagnes d'Actium deviennent le théâtre de
cette guerre célèbre, qui devait décider du destin
de la République.

Ce fut alors que l'on vit les effets de la politique
d'Octavius : il n'avait point engagé des troupes
étrangères dans son parti ; il était à la tête des
Romains ; et Antoine avec tous ses secours étrangers était comme un citoyen séditieux à la tête
des ennemis de Rome : en sorte qu'il était de
l'honneur des Romains de soutenir la réputation
de courage qu'ils s'étaient acquise dans les différents temps de la République.

Cette émulation eut tout le succès que César
Octavius en pouvait attendre. Les troupes d'Antoine furent défaites et dispersées ; les Romains
s'emparèrent d'Alexandrie, et l'Égypte fut réduite

en province Romaine. Alors César Octavius rentra dans sa patrie, non pas comme un conquérant qui traîne à sa suite des ennemis enchaînés; mais comme le père de ses concitoyens, qui pour lui marquer leur reconnaissance de ce qu'il les a délivrés de plusieurs factions et d'une longue tyrannie, le reconnaissent pour leur maître, lui remettent la puissance souveraine, et lui sacrifient une liberté, pour la conservation de laquelle ils avaient si long-temps combattu.

TROISIÈME PARTIE,

Contenant le progrès des Lois, depuis le commencement de l'Empire d'Auguste, jusqu'à la destruction de l'Empire Romain dans l'Orient.

SOMMAIRES.

I.

Commencements de l'Empire Romain. De la loi Regia, et du Droit législatif accordé aux Empereurs. Lois faites par Auguste.

CÉSAR-OCTAVIUS, surnommé Auguste, n'aimait pas uniquement la souveraine puissance à cause des honneurs qui en sont la suite; il se plaisait à l'exercer dans ses différentes parties. Revêtu de la qualité d'*Imperator*, qui ne signifiait alors autre chose que *Général des Armées Romaines*, il employa cette autorité à étendre la domination romaine jusques dans les pays les plus éloignés. Il ambitionna le Droit législatif, pour régler l'état et la fortune de chaque citoyen, assurer la punition des crimes, et préserver les gens de bien de l'oppression. Enfin, il attira à Rome plusieurs étrangers, et accorda des priviléges et des récompenses à tous ceux qui apportèrent ou cultivèrent quelque science à Rome, afin de former une liaison entre les Romains et les nations tributaires, et d'entretenir cette émulation qui est si nécessaire pour rendre les Empires florissants.

Une pareille ambition ne pouvait déplaire aux Romains. Ce peuple n'avait cherché à se soustraire à la puissance des Rois, que quand les vices et la tyrannie des Tarquins la lui avaient rendue insupportable. Il n'avait pas pu s'accoutumer à l'avidité des Patriciens pendant la durée de la République, et les guerres civiles avaient achevé de le dégoûter du gouvernement républicain. Tant de motifs, soutenus de la reconnaissance, engagèrent les Romains à lui prodiguer tous les droits et tous les titres qui le conduisirent à la souveraine autorité. Il fut gratifié du droit de législation par une loi nommée *Regia*, dont les dispositions furent renouvelées à l'avénement de chaque Empereur, et qui rendirent l'état monarchique la loi fondamentale de l'État.

Cet Empereur fit lui seul autant de lois qu'il en faudrait pour former un code, et toutes celles dont il fut l'auteur sont un témoignage de son zèle pour le bien public et de son amour pour la patrie. Dans ce nombre nous distinguerons d'abord la célèbre loi *Julia de maritandis ordinibus*, qui contenait sept chapitres. Elle désignait celui des deux Consuls qui devait prendre les faisceaux : exemptait de tous travaux un affranchi qui avait eu deux enfants : relevait les affranchis du serment de ne point contracter mariage : accordait au fisc le vingtième des héritages, legs et donations à cause de mort, échus aux riches et à d'autres qu'aux héritiers naturels : exemptait les femmes des peines du célibat pendant l'année depuis la mort de leurs maris, et pendant six mois depuis leur divorce : défendait aux Sénateurs et à leurs descendants par mâles ou par filles, d'épouser des enfants d'affranchis ou de comédiens : Enfin, elle ordonnait que les pères seraient forcés de marier et de doter leurs enfants.

La seconde loi qui nous reste d'Auguste, est connue sous le titre de *Julia testamentaria*. Elle n'avait pour objet que la publicité des testaments, et la reconnaissance de la signature des témoins.

Il fit une infinité d'autres lois, qu'il serait trop long de rapporter.

Auguste, né affable, libéral, bienfaisant, rempli de grandeur d'ame, et peu enclin à la vengeance, se trouva obligé d'être cruel pour détruire les factieux qui tourmentaient la République. Mais les troubles étant finis, jamais les Romains ne vécurent sous un empire aussi doux et aussi florissant que le sien. Le règne de ce Prince fut celui des sciences et des arts ; ce fut aussi celui de la justice.

II.

Suite des Empereurs depuis Auguste jusqu'à Adrien.

Tibère, qui succéda à Auguste, n'usa du Droit de législation que pour se mettre au-dessus des lois, même de celles de la bienséance. Renfermé dans Caprées, il se plongea dans les débauches les plus infames, et n'exerça la souveraine puissance, que pour punir ceux qui s'opposaient à

ses

ses déréglements. Il sacrifia cependant l'autorité souveraine à son amour pour le plaisir ; car, au lieu d'user du Droit législatif qui lui fut renouvelé par le peuple, il s'en départit en faveur du Sénat, comme d'un emploi qui lui était à charge. La loi *Julia Norbana*, qui règle la condition des affranchis, fut faite la cinquième année de son empire.

CALIGULA, son successeur, avec moins de politique, mais avec plus d'avarice et de cruauté, eut encore tous les autres vices de son prédécesseur. Ses amis, ses ennemis, les Sénateurs, les gens du peuple, furent également dépouillés de tous leurs biens, et privés de la vie, pour satisfaire son avidité et son humeur sanguinaire. L'inceste fut une de ses passions favorites. Son ambition aurait été satisfaite, s'il avait pu exterminer le genre humain ; et le seul regret qu'il eut dans sa vie, fut de ce que le Peuple Romain n'était pas renfermé dans une seule tête, afin de pouvoir l'abattre d'un seul coup.

TIBÈRE-CLAUDE eut aussi des vices considérables. Il mérite cependant une place parmi les Empereurs qui usèrent du Droit de faire des lois, puisqu'une fois il publia vingt Édits dans une seule journée. Il accorda aux Latins le Droit de Bourgeoisie ; il défendit aux femmes de s'obliger pour leurs maris. Comme il était vieux et qu'il voulait se remarier, il adoucit un chef de la loi *Papia-Poppæa*, qui défendait le mariage des hommes sexagénaires, et fit faire un Sénatus-Consulte qui autorisa les mariages des oncles avec leurs nièces, pour pouvoir épouser Agrippine, fille de Germanicus, son frère. On lui doit le Sénatus-Consulte *Claudien*, qui ordonnait que les femmes qui entretiendraient un mauvais commerce avec des esclaves, tomberaient elles-mêmes dans la captivité.

Néron. Ses vices énormes sont suffisamment détaillés dans l'histoire. Il est heureux, pour l'honneur de la Jurisprudence, qu'il ne se soit guères mêlé de faire des lois. Il en fit cependant une, par laquelle il défendit que ceux qui écriraient les testaments d'autrui, n'y insérassent quelque legs à leur profit. Plusieurs Sénatus-Consultes furent faits sous son empire. Le plus célèbre est le Sénatus-Consulte *Trébellien*, par lequel l'héritier naturel pouvait retenir une portion modique de la succession. Ce fut aussi sous son empire que furent faits les Sénatus-Consultes *Néronien* et *Turpillien*.

Galba, Othon et Vitellius régnèrent l'un après l'autre ; mais leurs trois règnes joints ensemble ne contiennent que l'espace de 18 mois. Il n'est pas étonnant que leurs noms ne jouent pas un grand rôle dans l'histoire des lois.

Vespasien ne régna que neuf ans, et il eut assez de ce temps pour faire paraître en lui toutes les grandes qualités que l'on peut souhaiter dans un grand Souverain. Vaillant soldat, habile capitaine, il fut proclamé Empereur par ceux qui avaient été les témoins de son courage et les compagnons de ses victoires. De retour à Rome, il ne songea qu'à y entretenir la paix et le bon ordre. Un si heureux naturel fit bien connaître aux Romains qu'ils ne couraient aucun risque de remettre l'autorité souveraine entre les mains d'un Prince qui n'en ferait usage que pour le bien de l'État. Ils renouvelèrent en sa faveur la loi *Regia*, la firent graver sur une table d'airain, et la mirent en évidence à Rome sur le mont Cælius, où fut bâtie dans la suite l'Église de Saint Jean de Latran. C'est là qu'après un grand nombre de siècles, et sous le Pontificat de Grégoire XIII, on en trouva un fragment considérable, que l'on conserve encore aujourd'hui.

Il observa exactement les lois, et en fit de nouvelles.

Titus, son fils aîné, qui lui succéda, avait aussi toutes les qualités requises pour faire un grand Prince. Doux, libéral, affable, il comptait

ses jours par ses bienfaits, et il regardait une
journée comme perdue, lorsqu'elle ne lui avait
pas fourni l'occasion d'exercer ses largesses. Il
ne régna que deux années, et pendant ce
temps-là il n'augmenta pas le nombre des lois,
mais il mérita d'être nommé *l'amour et les délices
du genre humain*, titre encore plus glorieux et
plus utile que celui de Législateur.

DOMITIEN, second fils de Vespasien et frère de
Titus, leur succéda, mais il ne leur ressembla
que par la qualité d'Empereur, dont il fit un
fort mauvais usage. Peu d'esprit, beaucoup de
cruauté et d'amour propre composaient son
caractère. On ne place sous son empire qu'un
seul Sénatus-Consulte relatif aux affranchis. Il
persécuta les Chrétiens, chassa de Rome les Ma-
thématiciens et les Philosophes, et fut le premier
qui souffrit qu'on lui rendît dès son vivant les
honneurs divins, quoiqu'il fût celui qui en fût
le moins digne.

COCCEÏUS NERVA avait une douceur et une bonté
si grandes, qu'elles dégénéraient en nonchalance
et en inaction. Quoiqu'il fût fort vieux et fort
infirme lorsqu'il parvint à l'Empire, il ne laissa
pas que de faire quelques lois. Il accorda aux
soldats la liberté de faire des testaments militaires, sans y observer aucunes formalités. Il ne

régna que quatre mois et neuf jours. Sa trop grande douceur lui ayant fait perdre toute autorité sur ses sujets, il aima mieux abdiquer l'Empire, que de renoncer à cette clémence naturelle, qui n'est la principale vertu des Souverains, qu'autant qu'elle ne dégénère pas chez eux en indifférence pour le Gouvernement. Nerva se démit de l'Empire en faveur de Trajan, à qui il envoya lui-même les ornements impériaux, après l'avoir adopté publiquement dans le Sénat.

TRAJAN ressembla fort à son prédécesseur par la douceur, l'affabilité et la clémence; mais ces qualités étaient produites en lui par la grandeur d'ame et par la science du gouvernement. Ce Prince avait eu pour précepteur le célèbre Plutarque, qui lui avait inspiré de bonne heure le désir d'égaler les grands hommes dont cet historien nous a laissé les vies. Trajan se signala aussi par ses expéditions militaires. La probité de ce Prince fut si grande, que ses successeurs souhaitèrent *le bonheur d'Auguste et la probité de Trajan*. Quoiqu'il fut très-zélé pour la justice, on ne trouve de lui aucune constitution dans le code. Entre autres lois, il en fit une qui obligea un père à émanciper son fils, qu'il avait traité avec trop de rigueur. C'est sous son empire que furent faits les Sénatus-Consultes *Rubrien* et *Articulien*.

Telle est la manière dont les Empereurs Romains usèrent du droit de législation, depuis Auguste jusqu'à Trajan.

III.

Des diverses sectes de Jurisconsultes, depuis Auguste jusqu'à Adrien.

QUOIQUE depuis la loi *Regia* le droit de législation appartînt aux Empereurs exclusivement, on ne laissa pas néanmoins que de se gouverner pendant long-temps par les lois que les Édiles et les Préteurs avaient introduites. A la vérité les anciens Jurisconsultes qui ont vécu depuis le commencement de la République jusqu'au siècle d'Auguste, n'avaient pensé qu'à réunir leur savoir et leurs lumières pour donner aux lois cet esprit d'uniformité qui semble en être le véritable caractère.

Mais, sous l'Empire d'Auguste, les Jurisconsultes commencèrent à penser différemment sur les mêmes matières; et les premiers qui se partagèrent en deux sectes, furent Antistius-Labeo et Attéïus-Capito.

ANTISTIUS-LABEO était d'une ancienne et illustre famille. Instruit de bonne heure dans les principes de la grammaire, de la dialectique et de la

philosophie, toutes ces sciences avaient beaucoup
contribué à lui faciliter l'étude de la Jurisprudence, dont Trébatius lui avait donné les premières leçons. Antistius-Labeo fit des progrès
considérables dans l'étude des lois, commença à
se livrer à son génie, et se plut tellement dans
les nouveaux systèmes dont il fut l'auteur, qu'il
entreprit de les faire recevoir dans tout l'Empire.
Pour cet effet il fit adopter ses sentiments par
un grand nombre de disciples, qui ensuite les
transmirent à d'autres. Proculus et Pégasus les
ayant renouvelés, ils se perpétuèrent et formèrent
une secte qui prit successivemeut les noms de
Proculéïenne et Pégasienne. Ce Jurisconsulte
partageait ses études d'une façon singulière. Il
passait six mois de l'année dans une solitude
exacte, uniquement occupé à composer ses livres,
et employait les autres six mois à donner des
consultations et à conférer avec les savants. Il
embrassa le système de ceux qui prétendaient
qu'il y avait de deux sortes de Dieux, dont les
uns étaient les auteurs des maux et des misères
des hommes, et dont les autres présidaient aux
biens et aux plaisirs. Il dissipa les doutes qui
restaient à plusieurs personnes sur l'usage des
Codicilles approuvé par Auguste, conformément
à l'avis de Trébatius. Il composa plusieurs ouvrages, qui sont tous perdus.

ATTÉÏUS-CAPITO fut son émule, et demeura
constamment attaché aux anciennes maximes :
mais tout cela se réduisit de part et d'autre à
une simple théorie. Labeo refusa le consulat dont
Auguste voulait le revêtir ; au lieu que Capito fut
un des plus assidus courtisans de ce Prince, et
de Tibère, et parvint au Consulat à force d'intrigues. Le génie flatteur d'Attéïus-Capito et son
assiduité à la Cour ne l'empêchèrent pas de travailler à un grand nombre d'ouvrages ; mais il
ne nous en reste aucun. Il eut plusieurs disciples,
qui ayant renouvelé les sentiments de leur
maître, et se les étant appropriés, firent prendre
successivement à sa secte les noms de Sabinienne
et de Cassienne.

Quoique ces deux sectes aient dans la suite
fait beaucoup de bruit dans la Jurisprudence,
parce qu'on s'imaginait qu'il y avait des mystères
bien surprenants attachés à ces deux classes de
Jurisconsultes ; cependant comme ce prétendu
mystère se réduisait à très-peu de chose, nous
n'en parlerons point dans cet abrégé.

IV.

IV.

De l'Empereur Adrien. De l'Édit perpétuel et de l'Édit provincial. Des Constitutions des Empereurs.

———

La Jurisprudence était dans cet état lorsque Adrien parvint à l'Empire. Ce prince, qui était cousin issu de germain de Trajan, lui succéda non-seulement au titre d'Empereur, mais encore à toutes les vertus qui avaient rendu son prédécesseur si recommandable. Comme il avait été adopté par Trajan pour lui succéder à l'Empire, il conserva tant de reconnaissance pour la mémoire de son bienfaiteur, que quand il revint à Rome après avoir fait la paix avec les Parthes, il refusa les honneurs du triomphe, et les fit donner à l'image de Trajan. L'Empereur Adrien eut un goût si décidé pour les sciences, qu'il s'appliqua même à celles qui sont le moins raisonnables, telles que sont l'astrologie et la magie. Il composa, tant en grec qu'en latin, plusieurs ouvrages de poësie, dont quelques morceaux nous ont été transmis.

Parmi les lois dont Adrien fut l'auteur, parlons d'abord de celles qu'il fit au sujet des trésors que le hasard fait trouver. Adrien décida qu'un trésor trouvé par quelqu'un dans son propre fonds, devait appartenir en entier à celui qui l'avait trouvé; que si ce trésor avait été trouvé dans un gonds étranger, et en présence du propriétaire de ce fonds, alors celui qui aurait trouvé ce trésor, et celui dans le fonds duquel il aurait été trouvé, partageraient par moitié; qu'enfin, si le trésor se trouvait dans un fonds appartenant à l'Empereur, ou au fisc, ou à la ville de Rome, celui qui l'aurait trouvé en donnerait la moitié à la ville, ou au fisc, ou à l'Empereur. Ce fut Adrien qui décida qu'un enfant né dans le onzième mois après la mort de son père, pouvait être regardé comme légitime. Il ordonna que les bains des deux sexes seraient tellement distingués, que les hommes ne pourraient pas fréquenter les bains des femmes, ni les femmes ceux des hommes. Il voulut même qu'on ne pût fréquenter les bains avant huit heures du soir, si ce n'est pour cause de maladies. Adrien, ordonna par une de ses lois, que la confiscation des biens d'un homme condamné pût avoir lieu, si cet homme laissait plusieurs enfants, et que s'il n'en avait qu'un, celui-ci reçut le douzième des biens de son père. Il défendit aux maîtres de faire mourir eux-mêmes leurs esclaves, pour quelque

cause que ce fût, transportant aux Juges la connaissance de tous les crimes des esclaves ; et
abolit même les prisons particulières qui leur
étaient destinées. Il renouvela la défense d'enterrer les morts dans la ville. Cet Empereur fit
aussi des lois contre les stellionataires, contre
ceux qui vendaient à fausses mesures, et un
nombre prodigieux d'autres lois dont le détail
mènerait trop loin. Mais, il ne faut point omettre
qu'il fit plusieurs rescrits en faveur de la religion
Chrétienne.

Quoiqu'il en soit, environ six ans après
qu'Adrien eut fait des rescrits en faveur des
Chrétiens, ce prince fit rassembler en un seul
code tout ce qu'il y avait de plus équitable dans
les Édits annuels qui avaient jusqu'alors été faits par
les Préteurs, et il donna à cette collection le titre
d'*Édit perpétuel*. Salvius-Julianus en fut l'auteur,
et mérita les épithètes les plus honorables.

A l'imitation de cet Édit perpétuel, un auteur
dont le nom n'est pas venu jusqu'à nous, en
rassembla un autre, auquel on donna le nom
d'*Édit provincial*, qui paraît avoir différé en très-
peu de choses de l'Édit perpétuel. Ézéchiel Span-
hem conjecture que cet Édit provincial peut
avoir été rédigé du temps de l'Empereur Marcus :
mais Henri Dowel soutient que ce fut Adrien

qui le fit rédiger. Au reste l'Édit provincial n'était qu'un abregé de l'Édit perpétuel, duquel on avait ôté ce qui ne pouvait être d'aucun usage ailleurs qu'à Rome, et auquel on avait ajouté plusieurs règlements particuliers aux provinces. Cet Édit fut la loi que les Proconsuls des provinces firent observer dans leurs départements.

C'est certainement une perte pour la Jurisprudence que ces deux Édits ne subsistent plus. Ils contenaient un corps de Jurisprudence, mais comme ils n'avaient pas prévu tous les cas, les Magistrats des provinces étaient dans la nécessité d'écrire à l'Empereur, pour savoir ses intentions sur ces questions nouvelles. Les réponses que les Empereurs firent à ces espèces de consultations, furent nommés *Lettres*, *rescrits*; et il passe pour certain que ce fut l'Empereur Adrien qui le premier fit de ces sortes de rescrits. Lorsque les questions furent importantes, les Empereurs firent des *Décrets* qui contenaient leurs jugements. Ils firent même plusieurs lois nouvelles; et ce fut à ces lois, Décrets, Rescrits et Lettres que l'on donna le nom de Constitutions.

V.

*Suite des Empereurs depuis Adrien jusqu'à
Constantin.*

ANTONIN LE PIEUX, qui succéda à Adrien qui
l'avait adopté, rassembla en sa personne toutes
les qualités que l'on peut désirer dans un Prince.
Il avait une belle représentation et un grand air
de noblesse. Ses mœurs étaient douces et son caractère tranquille. Il était très-sobre et très-libéral.
Il avait outre cela l'esprit orné d'une éloquence
solide et d'une profonde érudition; et ce qu'il
y a de plus admirable, est qu'il ne tira jamais
vanité de son mérite. Il aimait si tendrement ses
sujets, qu'il avait toujours dans la bouche ces
belles paroles : *satiùs est Imperatore unum civem
servare, quàm mille hostes perdere.* Antonin le
Pieux contribua en beaucoup de choses au progrès de la Jurisprudence. On lui attribue la loi
par laquelle il fut défendu aux maris d'accuser
leurs femmes d'adultère, s'ils en étaient eux-
mêmes coupables. Il fit plusieurs constitutions.

MARC-AURÈLE, surnommé le Philosophe, et
LUCIUS-VÉRUS succédèrent à Antonin, possédèrent
l'Empire par indivis, et régnèrent ensemble en-

viron l'espace de neuf années. C'est le premier exemple que l'on eût vu jusques alors en ce genre dans la Monarchie Romaine. Ces deux Empereurs sont appelés *Divi Fratres* dans plusieurs lois ; et pendant qu'ils exercèrent conjointement la souveraine puissance, ils firent un nombre assez considérable de constitutions, qui furent rassemblées en vingt livres par Papyrius-Justus, qui vivait sous l'empire de Marc-Aurèle, après la mort de Lucius-Vérus. Marc-Aurèle étant resté seul possesseur de l'Empire par la mort de Vérus, gouverna avec beaucoup de sagesse et de désintéressement. Il était d'un si grand sang-froid et d'un esprit si égal, que, depuis son enfance jusqu'à son décès, on ne s'aperçut jamais que la joie ou la tristesse eussent fait sur lui la moindre impression. Il s'appliqua toute sa vie à la philosophie et aux lettres grecques ; et cette étude ne contribua pas peu à l'entretenir dans cette égalité d'esprit qui lui fit supporter patiemment quelques chagrins domestiques. La vie de ce Prince fut remplie de plusieurs grands traits. L'argent ayant une fois manqué pour payer les troupes, il fit vendre les meubles et les curiosités de son palais pour fournir à la subsistance des soldats ; et il n'y eut pas jusqu'à ses habits et ceux de l'Impératrice qui ne fussent compris dans cette vente. Il est vrai qu'après que la guerre eut été terminée à l'avantage des Romains, il racheta une grande partie des choses qu'il avait vendues; mais il n'inquiéta aucun de ceux qui voulurent garder les meubles qu'ils avaient achetés de lui. Des actes d'une générosité si marquée rendirent les citoyens extrêmement touchés de la perte d'un si grand Prince, lorsqu'ils apprirent sa mort, arrivée à Sirmich en Pannonie, dans la 59.me année de son âge, et l'an de J. C. 180. Le Sénat porta le deuil de ce Prince; et après avoir mêlé ses larmes avec celles des citoyens dans la place publique, il lui décerna les honneurs divins. Marc-Aurèle fit plusieurs constitutions, et c'est sous son empire que fut fait le Sénatus-Consulte *Orphitien,* qui admit les enfants à la succession légitime de leurs mères; ainsi qu'un autre Sénatus-Consulte qui défendit les mariages entre les filles des Sénateurs et les enfants des affranchis.

AURÈLE-COMMODE, fils de Marc-Aurèle, avait été associé à l'empire par son père, quelque temps avant sa mort. Pendant qu'ils régnèrent ensemble, ils firent plusieurs constitutions. Quoique Aurèle-Commode eût laissé entrevoir plusieurs mauvaises qualités dès son enfance, les Romains n'avaient pas désespéré de voir ses vices

naturels réformés par les grands exemples et les
instructions de son père. Mais Commode étant
resté seul possesseur de l'Empire, déploya alors
avec plus de liberté un caractère cruel, avari-
cieux, perfide et voluptueux, dont il avait eu
l'adresse de cacher les apparences tant que son
père avait vécu. Il avait les inclinations si basses,
que ses compagnies ordinaires étaient les gladia-
teurs, les esclaves et les femmes de mauvaise vie.
Après avoir vécu avec ces sortes de personnes,
il périt par leurs mains ; Martia, qui était fille
d'un affranchi, lui ayant fait boire du vin empoisonné lorsqu'il sortait du bain ; et un gladia-
teur l'ayant étranglé, voyant que l'effet du poison
était trop lent. Un Prince si ennemi de la vertu
ne s'occupa guère à faire des lois : il est cependant
cité deux fois dans le Digeste.

HELVIUS-PERTINAX fut élu Empereur après la
mort de Commode, par la faveur de la garde Prétorienne ; et le surnom de Pertinax lui fut donné
à cause que c'était malgré lui qu'on l'avait élevé
au Trône. Il était de race d'affranchis ; mais ses
qualités naturelles firent aisément oublier la bas-
sesse de son extraction. Il était fort savant dans
les lettres. Il avait toujours quelque chose de
gracieux à dire à ceux qui lui demandaient des
grâces, mais il ne les renvoyait pas toujours
                                        comblés

comblés de bienfaits. Au reste, il avait des manières fort unies, se communiquant aisément à ceux qui voulaient lui parler. Ce qu'il y eut de plus grand en lui, c'est qu'il ne tira jamais aucune vengeance des injures personnelles qu'il avait reçues avant son élévation à l'Empire. Tant de vertus ne purent cependant le garantir d'une fin tragique. La même faction qui l'avait fait Empereur, ne pouvant supporter l'innocence de ses mœurs, et la réforme qu'il voulait mettre dans la discipline militaire, l'assassina au bout de près de trois mois de règne, l'an 193 de J. C. Les grandes qualités qu'il avait fait paraître pendant un Empire si court, lui méritèrent cependant les honneurs divins. On ignore s'il fit beaucoup de constitutions, et l'on n'en connaît que deux.

DIDIUS-JULIANUS, arrière-petit-fils de Salvius-Julianus le jurisconsulte, succéda à Pertinax, à la mort duquel on prétend qu'il eut beaucoup de part. Ce ne fut pas le mérite qui lui fraya le chemin à l'Empire; car il était turbulent, factieux, et d'une ambition sans bornes. D'ailleurs, il avait participé à la mort d'un Prince chéri de tous ses sujets : par conséquent, toutes sortes de raisons devaient l'écarter du Trône. Aussi, n'y parvint-il qu'en promettant vingt-cinq mille ses-

terces à chacun des soldats de la garde prétorienne. Mais la haine que les citoyens conser-
vèrent contre lui, et l'impossibilité où il fut de
payer les sommes moyennant lesquelles il avait
acheté l'Empire, furent cause qu'il ne jouit pas
long-temps du fruit de son crime; car il fut
assassiné au bout de soixante-cinq jours de règne.

PESCENNIUS-NIGER , simple capitaine romain,
s'étant fait saluer Empereur par les légions de
Syrie, ne jouit pas de l'Empire pendant l'espace
d'une année. Ce Prince fut tué en s'enfuyant à
Antioche par la route de l'Euphrates. On ignore
si Julianus et Pescennius firent des constitutions.

SEPTIME SÉVÈRE , après avoir défait Pescennius-
Niger , et l'avoir contraint de s'enfuir par la
route de l'Euphrates où il trouva la mort, fut
salué Empereur par l'armée qui faisait la guerre
dans la Pannonie. La cruauté de Septime-Sévère
envers la famille d'Albin, qui s'était fait déclarer
Empereur dans la Grande-Bretagne, a beaucoup
terni la réputation de ce Prince, qui avait,
d'ailleurs, quelques bonnes qualités. Il était doué
d'un grand courage , et possédait mieux l'art
militaire qu'aucun de ses prédécesseurs. Il était
aussi bon ami que dangereux ennemi. La pénétration de son esprit le rendit capable de toutes
sortes de sciences. Il était très-habile dans le

Droit. Il témoigna toujours beaucoup de bonté
aux Jurisconsultes de son temps, et surtout au
célèbre Papinien. Il fit faire un Sénatus-Consulte
qui ordonna qu'on ne pourrait pas aliéner, sans
un décret du Magistrat, les domaines de campagnes qui appartiendraient aux mineurs. Comme
il avait associé à l'Empire son fils Antonin-
Caracalla, ils publièrent ensemble plusieurs lois.
Ce Prince, après avoir possédé l'Empire pendant
près de dix-huit ans, mourut de chagrin de ce
que Antonin-Caracalla, son fils, avait voulu
l'assassiner. Les lois parlent, avec éloge, de
Septime-Sévère.

Antonin-Caracalla et Géta, fils de ce Prince,
occupèrent ensemble l'Empire pendant l'espace
d'une année : mais Caracalla ayant tué Géta,
son frère, en présence de sa mère, resta seul
possesseur de l'Empire, dont il ne jouit, depuis
ce temps-là, que l'espace de six années, au
bout desquelles il fut lui-même immolé à l'ambition de Macrin. Quoique ce Prince ait été
d'une cruauté égale à celle de Néron, et qu'il
ait, d'ailleurs, réuni en sa personne la plupart
des autres vices, on ne peut cependant pas dis-
convenir qu'il n'ait fait de très-belles lois. Ce
fut lui qui fit cette fameuse constitution par
laquelle tous les peuples qui dépendaient de

l'Empire, furent mis au nombre des citoyens romains, et jouirent des priviléges attachés à ce titre. Ce fut aussi, sous son empire, que fut fait le Sénatus-Consulte Æmilien, par lequel les donations faites par un mari à sa femme, ou par la femme à son mari, furent déclarées valables, lorsque le donateur aurait persévéré jusqu'à la mort dans la volonté de donner. Papinien parle d'Antonin-Caracalla avec beaucoup d'éloges en plusieurs endroits de ses ouvrages. Mais ce Juris-Consulte fut mal récompensé de son zèle, puisque Caracalla le fit mourir pour avoir désapprouvé, quoique indirectement, le fratricide dont cet Empereur était coupable. Nous avons de lui près de deux cents constitutions.

Macrin et Éliogabale ne sont que trop connus par leur cruauté et leur débauche. Le premier, après avoir seulement joui, pendant un an et quelques mois, des fruits de son crime, eut un sort semblable à celui qu'il avait fait éprouver à son prédécesseur; et nous n'avons de lui aucune loi. Le second, qui ne régna que pendant environ quatre années, les passa dans les crimes les plus honteux. Il fut assassiné l'an de J. C. 222; et son corps, après avoir été traîné dans les rues de Rome, fut jeté dans un cloaque. Quoiqu'il menât une vie bien contraire aux lois, il en fit cependant quelques-unes.

ALEXANDRE, fils de Mammée, fut un des plus
grands Princes qui aient occupé l'Empire. La
guerre et la paix furent également favorables
pour faire briller ses vertus. Parmi plusieurs
grands hommes qu'il regarda comme ses amis,
il eut entre autres une estime si particulière pour
le célèbre Ulpien, qu'il le fit Préfet du Prétoire
et son premier Ministre. Il fit plusieurs lois en
faveur du peuple et pour régler les finances;
mais il n'en fit jamais recevoir aucune, sans
avoir auparavant pris l'avis de vingt Jurisconsultes
et de cinquante autres personnes dont il connaissait la capacité. Son Conseil était composé
des Jurisconsultes les plus habiles et les plus
vertueux de son temps : il était présidé par
Ulpien, à qui il associa Callistrates et Modestin.
Alexandre ne donnait les charges qu'au seul
mérite. Il eut toujours un goût décidé pour les
sciences et les beaux-arts; et ceux qui se distinguèrent par leurs talents, furent assurés, sous
son empire, de n'être pas oubliés dans la distribution des grâces, pourvu, néanmoins, qu'ils
eussent de la vertu. Il passa en Syrie pour s'opposer aux Perses : de là il revint en Allemagne,
pour y contenir les habitants de ce pays, qui
ravageaient les Gaules. Ce fut au commencement
de cette dernière expédition, que Maximin,

qui vouiait lui succéder à l'Empire , le fit assassiner auprès de Mayence , après un règne de
treize années , et l'an de J. C. 235. Il avait été
élevé dans la religion chrétienne. La droiture
de son cœur, la justesse de son esprit , et son
amour pour la justice sont encore tracés dans
plus de quatre cents soixante de ses constitutions.

MAXIMIN, qui lui succéda, conserva toujours
la férocité de son origine et la rusticité de son
éducation. Né de parents barbares, élevé d'abord
à garder les troupeaux , et ayant passé de là à
l'état de simple soldat, la grandeur prodigieuse
de sa taille et son courage prévinrent tellement
les soldats en sa faveur, qu'ils résolurent de lui
confier l'Empire. Lorsqu'il fut parvenu à se faire
proclamer Empereur malgré le Sénat, il ne signala
son règne que par des meurtres. L'ivrognerie et
la gourmandise furent les moindres de ses vices.
Sa cruauté et son insolence lui attirèrent tellement
la haine de tous les différents ordres du peuple,
que ses propres soldats le tuèrent avec son fils
devant la ville d'Aquilée , dont il faisait alors le
siège. Il fit quelques constitutions pendant les
deux années et demie qui composèrent tout son
règne.

GORDIEN, qui avait été élu Empereur par le
Sénat, en même temps que les soldats avaient

élu Maximin, eut un règne trop court et trop traversé, pour qu'il pût s'appliquer à la Jurisprudence. Il avait cependant du goût pour les sciences, puisqu'il composa un poëme sur la vie des Antonins. Son fils qu'il avait associé à l'Empire, ayant été tué dans une bataille, il en conçut un si grand désespoir, qu'il se tua lui-même, étant âgé de plus de quatre-vingts ans, n'ayant possédé l'Empire qu'un mois et six jours.

Pupienus et Balbinus, qui furent nommés Empereurs par le Sénat après la mort des Gordiens, n'eurent pas non plus le temps de faire des lois, leur règne n'ayant été que d'environ dix mois, au bout desquels ils furent tués par les soldats qui n'avaient point eu part à leur élection.

Gordien le jeune, petit-fils du précédent, ayant été nommé Empereur par les partisans qu'il avait à Rome, fut un très-bon Prince. Dès la seconde année de son règne, il était parvenu à rétablir la tranquillité dans l'Empire, et il s'était ensuite appliqué à faire des lois. Son zèle pour le maintien de la justice ne le mit cependant pas à l'abri de la trahison ; car, après un règne de six ans, il fut assassiné par les ordres de Philippe, auquel il avait confié le soin de son armée. Gordien le jeune fit un grand nombre de constitutions.

Philippe, qui fut l'auteur de sa mort, lui succéda à l'Empire, et tâcha d'effacer la tache de ce parricide par plusieurs règlements salutaires. Quelques auteurs ont même prétendu qu'il s'était fait chrétien, et qu'il avait reçu le baptême; mais ce fait n'est pas bien constaté : il paraît du moins que les chrétiens n'éprouvèrent de son temps aucunes persécutions. Pendant qu'il régna seul, il fit un assez grand nombre de constitutions. Ce Prince ayant ensuite associé son fils à la souveraine puissance, ils en publièrent ensemble plusieurs autres. Mais Décius, officier général de l'armée que Philippe avait envoyée contre les rebelles de la Mœsie et de la Pannonie, s'étant fait déclarer Empereur par les rebelles mêmes, tourna ses armes contre Philippe et son fils, qui furent tous deux tués dans le combat, l'an de J. C. 249, Philippe n'ayant régné que pendant près de six ans.

Décius étant donc resté seul maître de l'Empire, ne signala son règne que par les édits qu'il fit contre les chrétiens, et par les cruautés qu'il fit exercer à leur égard. Mais Trebonianus-Gallus, qui voulait devenir Empereur, trouva le moyen de se défaire de Décius et de son fils, dans un combat qui se donna contre les Goths qui ravageaient la Mœsie et la Thrace. Dans ce combat,

le

le fils de Décius fut tué d'un coup de flèche, et
Décius lui-même se noya dans un marais après
avoir seulement régné pendant trois ans. On ne
trouve que sept constitutions de ce Prince.

TREBONIANUS-GALLUS et VOLUSCANUS, son fils,
qu'il associa à l'Empire, n'en jouirent que pendant
dix-huit mois, ayant été tués l'un et l'autre par
les soldats, lorsqu'ils allaient s'opposer à la révolte
d'Émilien, qui s'était soulevé dans la Mœsie. Ces
deux Empereurs firent peu de constitutions, dont
il y en a seulement deux dans le code ; encore
de ces deux y en a-t-il une que quelques auteurs
attribuent à Valérien et à Gallien qui leur succédèrent à l'Empire.

VALÉRIEN ayant été élu Empereur par les légions
romaines, associa aussitôt à l'Empire son fils
GALLIEN ; et pendant l'espace de sept ans qu'ils
régnèrent ensemble, ils firent conjointement un
grand nombre de constitutions. Mais Valérien
s'étant engagé dans une guerre contre la Perse,
et Sapor qui en était Roi l'ayant fait prisonnier
à Césarée, et ensuite écorcher tout vif, Gallien,
son fils, resta seul possesseur de l'Empire, qu'il
occupa pendant environ neuf années. C'était un
Prince assez savant dans les arts, mais fort
indolent et très-adonné aux femmes. Ayant
associé à l'Empire LICINIUS-VALERIANUS, son frère,

22

ils firent conjointement quelques constitutions qui ne sont pas venues jusqu'à nous. Ils régnèrent ensemble pendant environ six années, et furent ensuite tous deux tués à Milan par les soldats d'Aurélius qui commandait en Illyrie.

Flavius-Claude, leur successeur, tirait son origine d'une des plus illustres familles de l'Illyrie: il fut la tige des Constantins. S'il n'avait pas persécuté les Chrétiens, il mériterait les éloges dont plusieurs auteurs l'ont comblé. Il mourut de la peste, l'an de J. C. 270, après un règne de deux années, et il fut extrêmement regretté des Romains. Il ne nous reste de lui que deux constitutions.

Aurélien, Probus, Carus, Numérien et Carinus, qui entre eux cinq n'occupèrent successivement l'Empire que pendant l'espace de quinze années, eurent tous d'assez bonnes qualités, qui cependant ne les garantirent pas d'un mauvais sort : les deux premiers ayant été assassinés, le troisième ayant été tué par le tonnerre, le quatrième ayant été assassiné par son beau-père, et le cinquième ayant été tué par un Tribun dont il avait séduit la femme. Ils ont tous fait quelques constitutions.

L'Empire tomba ensuite entre les mains de Dioclétien, qui, de l'état de simple soldat, passa tout d'un coup à la dignité d'Empereur.

Dioclétien aurait certainement été mis au rang
des plus grands Princes, si les cruautés inoüies
qu'il exerça contre les Chrétiens n'avaient terni
l'éclat des vertus qui brillèrent d'ailleurs en sa
personne. On trouve de lui dix constitutions
rapportées dans le code. Dioclétien ayant associé
MAXIMIEN à l'Empire, ces deux Princes publièrent
ensemble un très-grand nombre de constitutions.
Après un règne d'environ vingt années, Dioclétien
accablé d'infirmités, et outré d'ailleurs des
progrès que la Religion Chrétienne faisait malgré
les persécutions qu'il exerçait contre elle, se
démit de l'Empire en faveur de CONSTANTIUS-
CHLORUS; et Maximien s'en démit aussi, à peu près
dans le même temps, en faveur de MAXIMIEN-
GALERUS, qui avait aussi été nommé César par
Dioclétien. Constantius-Chlorus et Maximien-
Galerus ayant partagé entre eux' l'Empire, en
jouirent ensemble pendant deux ans et quatre
mois : mais Constantius-Chlorus étant mort au
bout de ce temps à Yorck en Angleterre, CONS-
TANTIN, son fils, qu'il avait eu de S.te Hélène, sa
première femme, fut proclamé Empereur par
l'armée qui était alors en Angleterre. Pour ce
qui est de Maximien-Galerus, il s'associa à l'Empire FLAVIUS, VALÈRE-SÉVÈRE, et MAXIMIN, son
neveu; mais Flavius ayant été tué, Maximien-

Galerus nomma Licinius à sa place. Maximien-Galerus mourût après avoir régné sept ans depuis la démission de son beau-père.

Ces derniers Empereurs s'étant détruits les uns les autres ; Maxence, fils de Maximien-Hercule, ne put voir, sans jalousie, que Constantin était reconnu pour Empereur à Rome : il se fit lui-même proclamer Empereur par les soldats de la garde prétorienne ; et ensuite il disputa ouvertement l'Empire à Constantin, qui s'avança vers Rome à la sollicitation du Sénat. Quoique l'armée de Maxence fût bien plus nombreuse que celle de Constantin, la foi que ce dernier eut en la croix lumineuse qu'il vit paraître dans le ciel, lui procura la victoire ; et Maxence s'étant noyé dans le Tibre, en s'enfuyant après sa défaite, Constantin fit la paix avec Licinius, qui, pendant quelque temps, partagea avec lui l'Empire. Mais, par la suite, Constantin ayant été obligé de prendre les armes contre Licinius qui persécutait les Chrétiens, s'empara de sa personne dans Nicomédie ; et après lui avoir accordé la vie à la sollicitation de Constantia, il fut obligé de le faire étrangler quelque temps après, à cause des cabales qu'il excitait parmi les barbares. Ainsi Constantin resta seul possesseur de l'Empire, l'an de J. C. 324.

Voilà à quoi se réduit ce qu'il faut principalement savoir au sujet des Empereurs qui ont
régné depuis Adrien jusqu'à Constantin. Comme
c'est dans cet intervalle que brillèrent la plupart
des plus célèbres Jurisconsultes dont les écrits
ont servi à composer le digeste, il est à propos
de parler de tous ces grands hommes qui, pour
le plus grand nombre, sont antérieurs à la com
pilation des codes Grégorien et Hermogénien,
qui furent rédigés sous l'empire de Constantin.

VI.

Des plus célèbres Jurisconsultes depuis Adrien
jusqu'à Constantin.

On trouve d'abord un Lælius, qui nous apprend
lui-même qu'il vivait sous l'empire d'Adrien. Il
faut que ce Lælius fût un homme dont le
sentiment était d'un grand poids dans la Jurisprudence, puisque le Jurisconsulte Paul le cite
pour appuyer son avis. Lælius dont nous parlons
est peut-être le même que Lælius-Felix, dont
Aulu-Gelle cite un livre adressé à Q. Mucius,
lequel livre contenait des choses remarquables
au sujet des anciens Comices des Romains. Il y
eut aussi, sous l'Empire d'Adrien, un Vindius-

Varus, légat de Cilicie, auquel cet Empereur envoya un rescrit. Rien n'empêche que ce Vindius-Varus ne soit le même que celui qui fut l'un des Conseillers d'Antonin le Pieux, les deux règnes étant assez proches l'un de l'autre, pour qu'un même homme ait pu vivre sous les deux.

Nous ne sommes guères plus instruits sur ce qui regarde Sextus-Cæcilius-Africanus, qui vivait aussi sous l'Empire d'Adrien ; car il n'est pas décidé si ce Cæcilius est le même que celui qu'Aulu-Gelle oppose toujours au Philosophe Favorinus, dans la dispute qu'il oppose entre eux au sujet de la loi des douze tables. Cujas tient pour l'affirmative, et fait voir que Cæcilius-Africanus avait été disciple de Salvius-Julianus dont il adopte toujours le sentiment, et dont il a tellement obscurci les pensées, qu'il fallait des explications aussi savantes et aussi claires que le sont celles de Cujas, pour rendre Africanus intelligible. Il avait composé neuf livres de questions.

L'Empire des Antonins fut encore plus fécond que celui d'Adrien en célèbres Jurisconsultes. On y trouve d'abord Volusius-Mæcianus, qui fut un de ceux qu'Antonin le Pieux avait coutume de consulter, et qui fut, par la suite, précepteur de Marc-Aurèle. On veut qu'il ait été de la secte des Sabiniens, parce qu'en parlant de Salvius-Julianus, il l'appelle *Julianus noster*. Il avait composé seize livres *fideicommissorum*, quatorze livres *publicorum*, un livre *quæstionum*, et un livre *ad legem Rhodiam*. On lui attribue aussi un livre de *asse*. D'après Gravina, c'est ce Volusius qui fut l'auteur du Sénatus-Consulte Volusien.

Junius-Mauricianus et Ulpius-Marcellus, qui ont vécu sous Antonin le Pieux, sont peu cités dans le digeste. Mauricianus avait cependant composé six livres intitulés *ad leges*, et des observations sur les écrits de Salvius-Julianus. Ulpius-Marcellus avait composé un plus grand nombre d'ouvrages, dont les principaux sont trente livres *Digestorum*, et six livres sur les lois Julia et Papia.

Il ne convient pas de s'arrêter sur un *Claudius-Saturninus*, dont le mérite se bornait principalement à n'être jamais de l'avis des autres; de manière que plusieurs de nos Commentateurs modernes ont donné le nom de *Saturnini* à ceux qui sont du même caractère.

A peu près dans le même temps vivait le Jurisconsulte Tertullien, ou, pour mieux dire, Tertullus, qui fut Consul sous l'Empire d'Adrien ou d'Antonin le Pieux. On lui attribue divers ouvrages, entre autres quatre livres de questions, et un livre *de castrensi peculio*, qui ne sont pas venus jusqu'à nous. Il y a apparence que ce fut lui qui donna le nom au Sénatus-Consulte Tertullien ou Tertyllien, qui fut fait sous son Consulat. Quoi qu'en dise Cujas, il ne paraît pas que ce Tertullien soit le même qui fut auteur d'un grand nombre d'ouvrages de Théologie.

Gaïus ou Caïus. Nous savons seulement deux circonstances de la vie de ce Jurisconsulte. La première est qu'il vivait sous l'Empire de Marc-Aurèle : la seconde, qu'il fit des institutes dont la plus grande partie nous a été conservée. Il s'acquit une si grande réputation par son érudition et par la beauté de son style, que, long-temps avant l'Empereur Justinien, on donnait les institutes et les ouvrages de Caïus à ceux qui voulaient s'initier dans la science du Droit. Cette réputation dont les institutes de Caïus jouissaient, fut peut-être ce qui fit naître, dans la suite, à l'Empereur Justinien l'idée de faire aussi des institutes, dans lesquelles il fit beaucoup d'usage de celles de Caïus, dont plusieurs éditions ont été données en deux livres, quoiqu'il contînt quatre, que Jacques Oiselius a restitués dans leur ancien ordre, sans pouvoir empêcher qu'il n'y manque quelques titres entiers. Les

institutes

institutes de Caïus sont un très-bel ouvrage, dans lequel on peut même apprendre beaucoup de choses nécessaires pour bien entendre celles de Justinien. Il avait composé beaucoup d'autres ouvrages.

Le même Empire de Marc-Aurèle nous présente encore un célèbre Jurisconsulte nommé Quintus-Cerbidius-Scævola, qui se rendit recommandable non-seulement par son érudition et par les dignités auxquelles il fut élevé, mais encore par le mérite de ses disciples, dont plusieurs parvinrent aux plus grandes charges de l'Empire. Il fut précepteur de l'Empereur Sévère, de Papinien, de Paul et de Triphoninus. Son profond savoir lui attira des épithètes très-honorables, jusques-là que Modestin l'appelait le Coriphée des Jurisconsultes. Marc-Aurèle se servit de lui pour dresser ses décrets et ses constitutions. En effet, il n'y a rien d'aussi solide que les réponses de Scævola. Il fut l'auteur de ce proverbe de Droit, *Jura vigilantibus scripta sunt*, qui devrait être gravé dans l'esprit de ceux qui se mêlent d'affaires pour eux-mêmes ou pour les autres. Scævola composa un grand nombre d'ouvrages.

Nous placerons dans le même temps Sextus-Pomponius, qui, tout au moins, a été contem-

porain de Cerbidius-Scævola, et doit avoir vécu
sous les Empereurs Marc-Aurèle et Vérus; mais
nous ne savons aucune circonstance de sa vie.
Le morceau le plus connu et le plus complet
de ses ouvrages, est la loi 2 du titre *de origine
juris*, dans laquelle ce Jurisconsulte a voulu
faire une espèce d'histoire du Droit jusqu'à son
temps. Mais n'étant pas assez instruit de l'histoire
de sa patrie, il confond souvent les objets les
plus distingués, et fait perpétuellement des ana-
chronismes; nous lui avons cependant des obligations, car, sans cela, nous ignorerions bien
des faits que l'on ne trouve point ailleurs. Si
nous n'avons plus les ouvrages de ce Jurisconsulte, Justinien nous en a conservé, du
moins, une grande partie, par le nombre prodigieux de fragments qu'il a insérés dans son
digeste.

Papinien, dont la vie eut plus d'éclat que de
félicité, étant encore fort jeune, fut jugé digne
de remplir les charges d'Intendant des finances
et de Préfet du Prétoire, sous l'Empire de
Septime-Sévère qui l'estimait singulièrement. Cet
Empereur lui donna une preuve bien marquée
de sa confiance, en ce qu'étant sur le point de
mourir, il le chargea de l'éducation de ses enfants. La probité avec laquelle Papinien s'acquitta

de cet emploi, lui coûta la vie; car Caracalla
ayant tué Géta, son frère, qu'il haïssait souverainement, voulut engager Papinien à lui composer un discours pour justifier ce crime devant
le Sénat et le Peuple; mais Papinien lui répondit
généreusement, *qu'il n'est pas aussi aisé d'excuser
un parricide que de le commettre*, et que *c'est
un second parricide d'accuser un innocent après
lui avoir ôté la vie*. Cette réponse mit l'Empereur
dans une si grande colère, qu'il fit couper la
tête à Papinien. Le fils de ce Jurisconsulte, qui
était alors Questeur, et qui trois jours auparavant avait donné des jeux magnifiques, fut
aussi la victime de la colère de cet Empereur,
et subit le même sort que son père. Hostilius-
Papinien et Eugénie-Gracile, père et mère de
notre Jurisconsulte, et qui vivaient encore
lorsque leur fils eut la tête coupée à l'âge de
trente-six ans, eurent soin de conserver sa
mémoire par une épitaphe qu'Alde-Manuce nous
a conservée. Mais Papinien n'avait pas besoin de
ce monument pour perpétuer son nom; ses écrits
et les éloges dont les Jurisconsultes et les Empereurs même ont comblé sa mémoire, étant
les titres les plus glorieux qu'il ait pu laisser à
la postérité. En effet, de tous les Jurisconsultes
de l'ancienne Rome, il n'y en a aucun qui ait

laissé une réputation aussi étendue et aussi brillante que l'a été celle de Papinien. Théodose le jeune voulut que les juges donnassent la préférence aux décisions de Papinien, lorsque les autres Jurisconsultes seraient partagés entre eux en nombre égal sur une question. Il avait composé trente-sept livres *Quæstionum*, dix-neuf *Responsorum*, deux *Definitionum*, deux *De Adulteriis*, et un livre sur les lois des Édiles. Aucun de ces ouvrages ne nous a été conservé dans son entier : nous en retrouvons seulement une prodigieuse quantité de fragments dispersés dans le Digeste. Cujas a rassemblé en un seul corps d'ouvrage tout ce qui nous reste de fragments de Papinien, auxquels il a joint d'excellents commentaires.

Ulpien fut un des principaux disciples de Papinien. Il était né à Tyr en Syrie. Étant venu à Rome, et y ayant exactement pris les leçons de Papinien, ce Jurisconsulte le protégea d'une manière si particulière, qu'il se le fit donner pour assesseur à la charge de Préfet du Prétoire, qu'il remplissait alors. Mais Ulpien s'étant avisé de blâmer les désordres d'Éliogabale, cet Empereur lui ôta ses emplois. Alexandre, qui succéda à Éliogabale, ayant mieux connu le mérite d'Ulpien, le rétablit dans ses emplois,

et lui confia même le soin de sa personne et
de ses états. Cette marque de confiance déplut
d'abord beaucoup à la mère de l'Empereur :
mais cette Princesse ayant été, par la suite, à
portée de connaître la bonté des conseils qu'Ulpien donnait à son fils, remercia l'Empereur
d'un pareil choix. Alexandre fut si reconnaissant
des services qu'Ulpien lui avait rendus, qu'il
éleva ce Jurisconsulte à la dignité de Préfet du
Prétoire ; et Lampride nous apprend qu'Ulpien
fut mis à la tête de ces hommes sages, doctes
et fidelles, qui composèrent le conseil de cet
Empereur. Cet auteur assure aussi qu'Alexandre
avait plus de déférence pour Ulpien que pour
aucun autre, parce qu'il lui connaissait un
amour extraordinaire pour la justice. Lampride
ajoute qu'Ulpien était le seul qu'Alexandre en-
tretînt en particulier ; qu'il le regardait comme
son tuteur, et qu'il fut un excellent Empereur,
parce qu'il suivit beaucoup les conseils de ce
Jurisconsulte, dans la conduite qu'il tint pendant
la durée de son Empire. Comme Ulpien entreprit
de rétablir la discipline parmi les soldats de la
garde prétorienne, ils se soulevèrent contre lui,
et demandèrent sa mort à Alexandre : mais cet
Empereur, au lieu de la leur accorder, couvrit
souvent Ulpien de sa pourpre, pour le soustraire

à leur colère. Enfin, les mêmes soldats l'ayant
attaqué pendant la nuit, il s'échappa d'abord
de leurs mains; mais ils le poursuivirent jusques
dans le palais impérial, et le massacrèrent sous
les yeux même de l'Empereur. Alexandre perdit,
en la personne d'Ulpien, son ami et son père,
titres qu'il lui donna dans la loi 4, au code *de
conducto et locato*. La Jurisprudence perdit aussi
en lui un Jurisconsulte d'un grand génie, dont
les conseils étaient dictés par la prudence, et
dont la sagesse réglait les décisions. Sa réputation
serait hors d'atteinte, si l'on n'avait pas à lui
reprocher d'avoir abusé de la confiance de son
Prince, pour persécuter impunément et à son
insçu les Chrétiens qu'il haïssait mortellement.
Ulpien avait composé un très-grand nombre d'ouvrages, dont aucun n'est parvenu jusqu'à nous,
excepté celui qu'on appelle *Fragmenta Ulpiani*,
dont nous avons l'obligation à Anien, Jurisconsulte d'Alaric II, Roi des Visigoths. On peut
regarder ces fragments, qu'on trouve dans plusieurs éditions du corps de Droit, comme un
monument d'autant plus précieux de la Jurisprudence Romaine, qu'ils contiennent, sur les
mœurs et usages des Romains, beaucoup de
choses qui servent à expliquer ce qui est dit
d'une manière moins claire dans les ouvrages
qui portent le nom de Justinien.

Julius-Paulus , autre célèbre Jurisconsulte, qui vivait en même temps qu'Ulpien, était né à Padoue, où l'on voit encore sa statue : il fut un des disciples de Papinien , et il exerça ensuite la profession d'avocat à Rome pendant plusieurs années. Papinien, son maître, l'ayant, après cela, pris pour l'un de ses assesseurs à la charge de Préfet du Prétoire, et l'ayant fait entrer dans le Conseil de l'Empereur, la réputation qu'il s'acquit dans ces différents emplois, le conduisit par degrés à la Préture, au Consulat, et, enfin, à la charge de Préfet du Prétoire, dont il fut pourvu après la mort d'Ulpien. Le surplus de la vie de Julius-Paulus nous est inconnu. Le nombre des ouvrages qu'il avait composés est si considérable , qu'on peut dire qu'aucun Jurisconsulte Romain ne l'a égalé en cette partie, et qu'il serait difficile de concevoir comment un seul homme, d'ailleurs occupé par les grandes charges qu'il remplissait, a trouvé le temps de composer un si grand nombre d'écrits, s'il n'était pas attesté, soit par l'index qui est à la tête des Pandectes florentines, soit par les lois du digeste qui les citent. Mais il n'y a qu'un ouvrage de Julius-Paulus , qui soit parvenu jusqu'à nous : c'est celui qui a pour titre *Receptarum Sententiarum Libri quinque*; et c'est

encore à Anien que nous en avons l'obligation.
Cet ouvrage répand un grand jour sur les ouvrages de Justinien, dont il facilite l'intelligence.

Hérennius-Modestinus, qui vivait en même
temps que Julius-Paulus, fut aussi disciple
d'Ulpien. Nous ne savons autre chose de la vie
de Modestin, sinon qu'il fut précepteur de
Maximin le jeune, qui, étant dans la suite
devenu Empereur, conserva toujours pour lui
beaucoup d'estime. Il composa un assez grand
nombre d'ouvrages.

Ces derniers Jurisconsultes eurent un grand
nombre de contemporains et de disciples, dont
les uns menèrent une vie peu intéressante pour
l'histoire, et dont les autres ne sont connus que
par les titres de leurs ouvrages, aussi-bien que
par les fragments qui nous en ont été conservés
dans le Digeste.

VII.

*De l'Empereur Constantin, et de la translation
de l'Empire à Bizance. Des Codes Grégorien
et Hermogénien.*

Constantin étant resté seul possesseur de l'Empire, après la mort de Licinius, son gendre,
et l'an de J. C. 324, ce Prince commença par
abolir

abolir les lois que Licinius avait faites, et voulut
que la Jurisprudence demeurât dorénavant composée de deux parties, savoir : des lois observées
avant lui , et des nouvelles constitutions par
lesquelles il réformerait plusieurs anciens usages.
Peu de temps après, Constantin se voyant tranquille et comblé de gloire, du côté des armes,
conçut le dessein d'immortaliser son nom par un
monument qui fût un témoignage éternel de la
magnificence de son auteur. Mais , en même
temps, il comprit que tous les nouveaux éta-
tablissements qu'il pourrait faire dans la ville de
Rome , ne serviraient , tout au plus, qu'à le
mettre au niveau des Empereurs qui l'avaient
précédé. Voulant donc avoir seul la gloire d'une
entreprise dont ceux qui avaient ci-devant occupé
l'Empire ne partageassent point l'honneur avec
lui , il fit bâtir sur les ruines de Bizance une
ville qu'il fit appeler de son nom Constantinople;
et il résolut d'en faire la capitale d'un nouvel
Empire , dont il serait regardé comme le fon-
dateur. Dans cette idée, après avoir fait bâtir
sa nouvelle ville, il la fit embellir de tous les
ornemens qui pouvaient la rendre l'émule de
Rome; il y établit même un Sénat et des Écoles
de Jurisprudence : enfin, il y fixa sa demeure
ordinaire, dans le dessein de la rendre aussi celle
de ses successeurs.   24

Ç'a été pendant long-temps une grande question
de savoir si Constantin, en fixant son séjour à
Constantinople, et en y établissant un Sénat,
eut intention de rendre cette ville supérieure à
celle de Rome ; ou si, au contraire, Rome
conserva toujours sa supériorité, et continua
d'être le siège de l'Empire?

Ceux qui ont soutenu que l'Empire avait été
transféré en Grèce par Constantin, se fondent
sur plusieurs raisons. La première est que les
Empereurs qui ont régné depuis Constantin,
sont ordinairement nommés Empereurs Grecs,
et non pas Empereurs Romains. La seconde
consiste en ce que Constantin et ses successeurs
ayant toujours habité Constantinople, et y ayant
établi un nouveau Sénat, composé, pour la plus
grande partie, de Grecs originaires du pays,
ce ne fut plus le Sénat de Rome qui décida les
affaires de l'Empire conjointement avec l'Empereur ; mais ce furent l'Empereur avec le Sénat
Grec qui firent la loi aux Sénateurs de Rome.

D'autres ont soutenu, avec plus de raison,
que, depuis constantin, Rome demeura toujours
le siège de l'Empire et le centre de la puissance
romaine. En effet, la ville de Constantinople
resta toujours soumise, non-seulement aux constitutions faites par les Empereurs Romains, mais

encore aux anciens Sénatus-Consultes et Plébiscites de Rome, aussi-bien qu'aux décisions des
Jurisconsultes Romains. Les décisions de ces
Jurisconsultes ne furent même jamais aussi so-
lennellement érigées en lois, que lorsque l'Empereur Justinien les eut fait compiler dans son
Digeste long-temps après Constantin. Par conséquent, ce ne fut pas Rome qui fit partie de
l'Empire grec; mais les provinces grecques n'étant
que des pays de conquêtes, firent partie de
l'Empire romain dont elles suivirent les lois.
Secondement, on ne peut rien conclure de ce
que, depuis Constantin, les Empereurs fixèrent
leur demeure à Constantinople plutôt qu'à Rome;
car Constantinople étant un pays conquis et
sujet aux incursions des Barbares, il était, pour
ainsi dire, nécessaire que le Prince y fixât sa
demeure, pour contenir les rebelles dans le
devoir. Il est vrai que la ville de Constantinople
fut exempte de tribut, et jouit de tous les
priviléges accordés aux habitants de l'Italie :
mais cette exemption et ces priviléges furent un
don du Prince, et eurent besoin d'être renouvelés par chaque Empereur ; au lieu que la ville
de Rome jouissait par elle-même de tous ces
droits qui lui étaient propres, et que c'était elle
qui les communiquait aux habitants de Constan-

tinople. Troisièmement, l'Empereur Justinien, qui demeura aussi à Constantinople, dit, dans ses novelles, que Rome est la source du Sacerdoce ; et Sozomène, aussi-bien que Thémistius et Ammian-Marcellin, conviennent également que Rome ne cessa jamais d'être le siége de l'Empire, depuis même que Constantin et ses successeurs se furent établis à Constantinople.

Constantin, après avoir exécuté le projet qu'il avait formé de rendre Constantinople la plus belle ville de l'Europe après celle de Rome, s'engagea dans plusieurs guerres contre les Sarmates, les Scythes et les Perses, sur lesquels il gagna des victoires complètes. Ensuite, cet Empereur, après avoir partagé l'Empire entre ses trois fils, Constantin, Constance et Constant, mourut de la fièvre, l'an de J. C. 337, dans un des faubourgs de Nicomédie, où il était allé pour essayer si le changement d'air lui rendrait la santé. Ce Prince était alors âgé de soixante-cinq ans, et avait régné pendant près de trente-un ans depuis la mort de son père. Il ne jouit pas long-temps du plaisir de voir sa nouvelle ville entièrement construite ; car, lorsqu'il mourut, il y avait à peine sept ans qu'elle était achevée.

Constantin, pendant la durée de son règne, avait fait un très-grand nombre de constitutions.

Pour donner d'abord une idée de la piété de
ce Prince, et de son zèle pour la Religion
Chrétienne, j'observerai qu'il ne se contenta pas
d'arborer la Croix de J. C., de bâtir un grand
nombre d'Églises, et de faire un grand nombre
d'édits en faveur des Chrétiens ; mais encore
qu'il dicta lui-même à ses soldats une formule
de la prière qu'ils devaient prononcer en commençant tous leurs exercices. Constantin abolit
les anciennes lois qui avaient ordonné que ceux
qui n'avaient point d'enfants de leurs mariages,
seraient privés des biens de leurs pères. Pour
empêcher que l'inobservation de certaines formules rendît les testaments nuls, il voulut que
chacun eût la liberté d'expliquer ses intentions
et ses dispositions dans les termes qu'il jugerait
à propos ; et que, sans qu'il fût même nécessaire
de les écrire, il fût suffisant de les déclarer
en présence de témoins capables d'être crus en
justice. Non-seulement il permit aux laboureurs
de travailler le Dimanche, lorsqu'il y aurait à
craindre que les biens de la terre ne vinssent à
périr ; mais même il leur accorda le privilége
de ne pas être forcés à travailler aux autres
ouvrages. Il exempta de toutes charges civiles et
publiques les personnes et les familles des médecins, des grammairiens et des gens de lettres ;

et prononça des peines contre quiconque les insulterait, ou troublerait leur tranquillité. Il encouragea leurs travaux, afin de les encourager à faire un grand nombre de disciples. Il renouvela les dispositions de la loi des douze tables, et de la loi Manilia au sujet des limites des héritages. Nous avons plusieurs lois de Constantin au sujet de la puissance paternelle, de l'éducation des enfants, et de ce qui concerne les personnes engagées dans le mariage.

Indépendamment des lois que Constantin fit lui-même, et qu'il revêtit de son autorité pour les faire observer dans l'Empire, deux particuliers entreprirent de leur chef, et chacun de leur côté, de rassembler les constitutions des Empereurs depuis Adrien jusqu'à Dioclétien : et ces deux collections, qui sont connues sous les titres de Codes Grégorien et Hermogénien, tiennent un rang considérable dans la Jurisprudence. Il paraît que l'auteur du Code Grégorien s'appelait Grégorianus et non Grégorius. Il est probable qu'il vécut sous l'Empire de Constantin. Quant à Hermogénianus, c'était un Jurisconsulte qui vécut sous Constantin et sous les enfants de cet Empereur.

On ne voit pas que les Magistrats aient été obligés à se conformer à ces deux Codes, ni à en suivre les dispositions dans leurs jugements. Cependant Justinien les cite au commencement du sien, et les fait aller de pair avec le Code Théodosien. Au reste, ces deux Codes s'étant perdus après que Justinien en eut tiré ce dont il avait besoin pour la composition du sien, nous serions dans le cas d'en regretter la perte, si Anien no nous en avait pas conservé quelques fragments.

VIII.

Des Successeurs de Constantin, jusques et y compris l'Empereur Théodose le jeune. Du Code Théodosien.

Aprés la mort de Constantin le Grand, ses trois fils Constantin le jeune, Constance et Constant partagèrent entre eux l'Empire, conformément au testament de leur père. Constantin, qui était l'aîné, eut l'Angleterre, les Gaules et l'Espagne. Canstance, qui était le second, eut l'Orient, l'Asie et l'Égypte : et Constant, qui était le cadet, eut en partage l'Italie, l'Afrique et l'Illyrie. Ces trois frères vécurent pendant quelque temps en bonne intelligence: mais Constantin ayant voulu envahir les terres de Constant, fut tué à Aquilée, l'an de J. C.

340 ; de sorte que sa portion accrut à ses deux frères, qui la partagèrent entre eux. Environ dix années après , Constant ayant été assassiné par les ordres et la trahison de Magnence, Constance occupa seul l'Empire pendant onze années.

Constance étant mort de la fièvre en Cilicie, JULIEN, son cousin et son beau-frère, prit possession de l'Empire l'an de J. C. 361 , et signala son avénement au trône par le rétablissement du culte des faux dieux , dont il r'ouvrit les temples. Cette action, et la faveur singulière qu'il accorda aux payens et aux hérétiques , lui firent donner le surnom d'*Apostat*. L'aversion qu'il avait pour les Chrétiens , se manifesta par plusieurs persécutions particulières qu'il leur fit éprouver. Il en méditait une générale , dans laquelle il se flattait d'abolir le nom Chrétien , lorsqu'il mourut d'une blessure qu'il reçut en faisant la guerre aux Perses. Il avait régné un peu plus de sept ans et demi, à compter du jour qu'il fut déclaré César. Environ trois ans depuis qu'il avait pris le titre d'Auguste , et seulement un an huit mois et vingt-trois jours depuis qu'il était seul possesseur de l'Empire. Sans sa haine pour la Religion Chrétienne , il aurait laissé une réputation des plus

plus brillantes ; car, outre qu'il avait naturellement du courage, il y joignait encore une
grande sobriété, beaucoup de vigilance, une
honnête libéralité et une profonde érudition.
Nous avons de lui plusieurs ouvrages, dont M.
l'abbé de la Bletterie a traduit la meilleure partie
en notre langue, après avoir écrit la vie de ce
Prince, avec autant d'élégance que d'exactitude.

Jovien, qui, après lui, fut nommé Empereur
par l'armée romaine, l'an de J. C. 363, refusa
d'abord ce titre, disant qu'il ne voulait pas
commander à des soldats idolâtres. Mais tous lui
ayant protesté qu'ils étaient chrétiens, il se décida
à accepter la pourpre impériale. Il ne régna que
huit mois, pendant lesquels il répara tous les
torts que Julien l'Apostat avait faits au progrès
du Christianisme.

Valentinien, fils d'un cordier nommé Gratien,
ayant été nommé Empereur après la mort de
Jovien, associa son frère Valens à l'Empire. Ces
deux Princes, l'un après un règne d'environ
douze ans, et l'autre après en avoir régné quatorze, finirent leurs vies d'une manière qui
développe leurs caractères : car le premier était
si fort sujet à la colère, que s'étant un jour
choqué de l'air bas et pauvre des ambassadeurs
des Quades, il leur parla avec tant de violence,

qu'il se rompit une veine et une artère, dont il mourut l'an de J. C. 375. Le second, qui était naturellement guerrier, s'étant trop hazardé dans une bataille, y fut blessé d'une flèche, et fut ensuite brûlé vif par les ennemis, dans une cabane où ses soldats l'avaient porté après sa blessure. Ces deux Empereurs firent beaucoup de constitutions.

Valentinien, dès la seconde ou troisième année de son règne, avait associé à l'Empire GRATIEN, son fils aîné, qui lui succéda ; et plusieurs années après, VALENTINIEN II, frère cadet de Gratien, mais d'un autre lit, fut aussi associé à l'Empire. Gratien était un Prince de beaucoup d'esprit et d'un grand courage ; et tout cela était soutenu par une modestie et une sagesse qui lui attirèrent l'affection et l'estime de ses peuples. Ausone, qui avait été son précepteur, fut revêtu par lui d'une charge de Consul. Gratien publia divers édits contre les hérétiques, et ce fut lui qui eut la gloire d'abolir entièrement l'idolâtrie. Ce Prince, ayant été trahi par Merobaud, se trouva obligé de fuir devant Maxime, qui s'était fait déclarer Empereur ; et ce même Maxime le fit assassiner à Lyon, dans la sixième année de son règne, et l'an de J. C. 383. Ces Princes firent plusieurs constitutions pendant qu'ils régnèrent ensemble.

Après la mort de Gratien, l'Empire fut occupé par VALENTINIEN II et par THÉODOSE, qui avait déjà été associé à l'Empire par Gratien, son père. Mais Valentinien II ayant été étranglé à Vienne en Dauphiné, après un peu plus de huit ans et demi de règne, par la trahison d'Arbogaste, officier franc, en qui il avait mis toute sa confiance, l'Empire demeura à Théodose, qui y associa ses deux fils ARCADIUS et HONORIUS. Théodose mérita bien le surnom de *Grand* qui lui fut donné, et sous lequel il est connu dans l'histoire. Il fit un grand nombre d'édits contre les hérétiques, défendit aux juifs d'avoir aucun esclave ou serviteur chrétien; et défendit à tous ses sujets d'immoler des victimes, de consulter les entrailles des animaux, d'offrir de l'encens à des figures insensibles, et de faire aucun autre exercice d'idolâtrie, sous peine d'être traités comme criminels de Lèze-Majesté. Ce Prince fit encore plusieurs lois pour la destruction du paganisme, le progrès de la Religion chrétienne et la réformation des mœurs. Ce pieux Empereur eut une modération et une grandeur d'âme dont on trouve peu d'exemples parmi ses prédécesseurs. En effet, bien loin de chercher à envahir les terres de Valentinien, qui occupait une grande partie de l'Empire, il le délivra, au contraire, des incursions et des poursuites de Maxime, sur lequel il vengea la mort de Gratien, dont ce tyran était l'auteur. Il défit Eugène, qu'Arbogaste avait mis sur le trône à la place de Valentinien ; et après cette victoire, il mourut à Milan, dans la seizième année de son règne, l'an de J. C. 395, avec la satisfaction de laisser à Arcadius et Honorius, ses deux fils, un Empire tranquille, qu'il partagea entr'eux, donnant l'Orient à Arcadius, et l'Occident à Honorius.

Arcadius et Honorius vécurent dans une grande union, et travaillèrent, chacun de leur côté, au progrès de la Religion chrétienne. On reproche, avec raison, à Arcadius d'avoir été trop complaisant pour sa femme et pour ses favoris qui l'engagèrent à persécuter, et, enfin, à chasser S.t Jean Chrysostôme qui leur déplaisait. Honorius était si indolent, que ses ennemis l'auraient détrôné, si ses officiers et Arcadius son frère ne l'avaient soutenu. Ces deux Empereurs firent un grand nombre de constitutions.

Arcadius ayant depuis associé son fils Théodose le jeune à l'Empire, ces trois Empereurs firent ensemble plusieurs constitutions ; mais Arcadius étant mort l'an de J. C. 408, après avoir régné seul treize ans dans l'Orient depuis la mort de son père, l'Empire se trouva partagé entre

Honorius et son neveu Théodose le jeune, qui firent ensemble un grand nombre de constitutions.

Environ quinze années après, Honorius mourut ; et comme il ne laissa point d'enfants, l'Empire d'Orient et celui d'Occident se trouvèrent réunis en la personne de Théodose le jeune, qui exerça seul la souveraine puissance pendant l'espace de six années, au bout desquelles il partagea son autorité avec Pulcherie, sa sœur, qu'il fit créer Auguste. Dix ans après, il associa à l'Empire VALENTINIEN III, qui n'était âgé que de sept ans; et comme Théodose le jeune était fort religieux, mais d'une médiocre capacité; ce fut Pulcherie qui gouverna toujours l'Empire pendant la vie de ce Prince, qui eut un règne plus long qu'illustre. Théodose occupa l'Empire pendant environ quarante-deux années, pendant lesquelles il ne fit par lui-même rien de remarquable, sinon quelques constitutions contre les juifs et les hérétiques.

Ce qui a donné quelque réputation à ce Prince, est la publication du code nommé de son nom *Théodosien*, qu'il fit paraître l'an de J. C. 438, après qu'il eut marié sa fille avec Valentinien III.

Les motifs qui occasionnèrent l'entreprise de

ce code, sont expliqués dans le titre premier de ses novelles, où il commence par se plaindre de ce que les récompenses proposées aux gens de lettres, n'empêchent pas que beaucoup de personnes soient peu curieuses d'acquérir une parfaite connoissance du Droit civil. Ensuite, il croit trouver la source de cette indifférence pour l'étude, dans le grand nombre d'écrits des jurisconsultes et dans la trop grande abondance des constitutions des Empereurs.

Théodose voulant donc remédier à ces inconvénients, fit faire un choix de ce grand nombre de constitutions, et chargea de cette rédaction huit jurisconsultes, qu'il nomme Antiochus, Maximin, Martyrius, Spérantius, Apollodore, Théodore, Épigénius et Procope; lesquels possédaient les premières charges de l'Empire. On ignore combien de temps ils employèrent à la composition de ce code; mais on sait qu'ils le divisèrent en seize livres.

Lorsque cet ouvrage fut achevé, Théodose lui donna autorité dans tout l'Empire, et voulut qu'aucune autre loi ne pût être faite à l'avenir, même par l'Empereur Valentinien III, son gendre.

Quoique ce code contînt plusieurs vices et plusieurs contradictions, il doit être cependant

(199)

regardé comme un très-bel ouvrage. Ce qui peut contribuer à nous le faire paraître défectueux et mal arrangé, c'est qu'il n'est point parvenu jusqu'à nous dans son entier.

IX.

Des Successeurs de Théodose le jeune, jusqu'à l'Empereur Justinien.

QUOIQUE la publication que Théodose fit de son code, donnât lieu de croire qu'il ne ferait plus d'autres lois pendant le reste de son règne, il arriva cependant que ce Prince fut obligé de faire plusieurs novelles, contenant des réglements sur plusieurs cas qui n'avaient pas été prévus, ou suffisamment expliqués dans son code.

Théodose étant mort sans postérité, l'an de J. C. 450, VALENTINIEN III tint seul l'Empire pendant peu de temps; car Pulcherie, sœur de Théodose, ayant fait élire MARCIEN, qu'elle épousa à condition qu'il la laisserait vivre dans la continence, Valentinien III et Marcien régnèrent ensemble, l'un en Orient, l'autre en Occident, mais chacun avec une conduite bien différente. Le premier fut fort adonné aux femmes, et joignit à ce vice celui de l'ingrati-

tude; car il tua de sa propre main Aétius, qui
lui avait rendu de très-grands services dans toutes
les guerres. Marcien, au contraire, eut les
mœurs très-pures, et beaucoup de zèle pour la
Religion; sa charité envers les pauvres le rendit
le modèle des Princes. Trois jours après son
élection, il publia une constitution contre les
hérétiques, et rétablit les Évêques qui avaient
été déposés par le faux concile d'Éphèse. Pendant
que Valentinien et Marcien occupèrent l'Empire
ils firent quelques constitutions. Mais Valentinien
ayant été assassiné par les ordres de Maxime,
dont il avait violé la femme, Marcien régna
seul pendant trois années, au bout desquelles
il mourut, l'an de J. C. 457, étant universellement regretté de ses sujets.

Après sa mort, Léon, surnommé *le Grand*, fut
élevé à l'Empire d'Orient; quoiqu'il ne fut ni fils
ni parent des deux Empereurs qui l'avaient immédiatement précédé. Il dut son élévation au
Patrice Aspar; et aussitôt qu'il fut revêtu de la
dignité impériale, il publia un édit par lequel
il confirma tout ce que ses prédécesseurs avaient
fait contre les hérétiques. Les Francs et les
Allemands, qui étaient alors réunis avec les
Romains pour repousser les Vandales, ayant
proclamé Majorien Empereur d'Occident, Léon
consenti

consentit à cette élection qui lui fut très-utile, le nouvel Empereur ayant remporté de très-grands avantages sur ces barbares. Mais Majorien ayant été forcé de se démettre de l'Empire au bout de 4 années de règne, par la trahison de Ricimer, général de ses troupes, qui le fit assassiner seize jours après son abdication forcée, les Romains perdirent les espérances qu'ils avaient fondées sur le courage de ce Prince. On ignore si Léon et Majorien firent ensemble quelques constitutions.

La mort de Majorien fut favorable à Sévère, qui saisit cette occasion pour s'emparer de l'Empire d'Occident, pendant que Léon continua de régner en Orient. Mais Sévère ayant été empoisonné par Ricimer, quatre ans après son élection, l'Empire d'Occident passa à Anthémius, qui avait épousé la fille de l'Empereur Marcien. Anthémius fut salué Empereur par l'armée de Ricimer, auquel il donna ensuite sa fille en mariage. Mais ce gendre ayant conçu le dessein d'ôter en même temps la vie et l'Empire à son beau-père, parvint à l'exécution de son dessein, et fit assassiner Anthémius vers la fin de la cinquième année de son règne. Léon resta ainsi maître de tout l'Empire, qu'il occupa encore pendant deux années, au bout desquelles il mourut, l'an de J. C. 474, après avoir régné 17 ans et quelques mois. Justinien a conservé dans son code des constitutions de ces Princes.

Léon le jeune, qui succéda au précédent, était son petit-fils par sa mère; Léon le Grand ayant marié Ariadne, sa fille, à Zénon surnommé l'Isaurien, qui fut père de Léon le jeune. Ce second Léon, ayant été associé à l'Empire, à l'âge de deux ans et demi, par son grand-père, ne lui survécut que quelques mois, pendant lesquels son père Zénon gouverna l'Empire. Justinien nous a conservé dans son code quatre constitutions, intitulées de Léon le jeune et de Zénon l'Isaurien.

Aussitôt que Zénon l'Isaurien se trouva seul maître de l'Empire, il se plongea dans la débauche, et favorisa ouvertement l'hérésie. Mais voyant qu'il ne pouvait pas se maintenir sur le trône, s'il ne paraissait pas catholique, il fit semblant de l'être, et ne laissa pas que de persécuter les orthodoxes, pour lesquels il conserva toujours beaucoup de haine. Il publia ce fameux édit nommé *Hénotique*, c'est-à-dire, *Conciliateur*, par lequel il prétendait accorder tous les différents partis. Mais comme cet édit était contre la foi, il ne fut pas reçu. Ses autres constitutions furent adoptées dans tout l'Empire. Zénon étant un jour tombé dans une espèce de léthargie causée par l'ivresse, Ariadne, son épouse, le fit promptement enterrer, quoiqu'il ne fût pas mort. On dit même que ce Prince, étant revenu de son assoupissement, demanda qu'on lui ouvrît le sépulcre ; mais que les gardes le laissèrent mourir enragé, et lui répondirent qu'un autre régnait à sa place. Effectivement, aussitôt qu'il avait été enterré, l'an de J. C. 491, l'Impératrice Ariadne avait mis sur le trône un simple officier du palais, nommé ANASTASE, qu'elle avait aimé du vivant même de son mari.

Anastase, élevé à l'Empire par le crime, travailla d'abord à faire oublier la cause de son élévation. Il commença par donner de grandes marques de piété, de modération et de justice, visitant les églises, faisant beaucoup d'aumônes, et ôtant la vénalité des charges que son prédécesseur avait introduite. Il supprima même une imposition nommée *le Chrysargire*, qui se levait tous les quatre ans, non-seulement sur la tête des personnes de quelque condition qu'elles fussent, mais même sur tous les animaux, et jusques sur les chiens, pour chacun desquels on payait six oboles. Mais, quelque temps après, il se livra tellement à la violence de son caractère et à l'avarice, que ses vexations lui attirèrent beaucoup d'ennemis, dont néanmoins il eut le

bonheur de triompher. Cet Empereur, ayant
été informé des avantages que Clovis I, Roi de
France, avait remportés sur Alaric II, Roi des
Visigoths en Espagne, et sur les Allemands,
envoya à Clovis des Ambassadeurs, qui lui apportèrent de sa part les ornements impériaux
avec des lettres de Consul ou de Patrice. Environ
douze ans après, l'Empereur Anastase fut tué
d'un coup de tonnerre, l'an de J. C. 518, après
un règne de vingt-sept ans et quelque mois. On
trouve environ quarante constitutions de cet
Empereur, dispersées dans le code Justinien.

X.

*De l'Empereur Justinien. De Tribonien, et des
autres Jurisconsultes qui ont travaillé aux
Compilations faites sous cet Empereur.*

Si l'on juge de Justinien par la conduite qu'il
tint aussitôt qu'il se trouva seul maître de
l'Empire, on ne pourra pas s'empêcher de le
regarder comme un second Constantin. En effet,
il s'annonça d'abord comme le Protecteur de la
Religion ; il répara les Églises ruinées par les
infidelles ; il publia un grand nombre d'édits
contre les hérétiques ; il fit naître, en un mot,

les plus belles espérances qu'il soit possible de concevoir du plus religieux et du plus zélé de tous les Princes Chrétiens. Si l'on considère aussi les troubles appaisés, et les victoires gagnées sous son règne; la sédition excitée contre lui par les neveux d'Anastase, entièrement dissipée; l'Afrique reconquise, les Goths soumis en Italie, les Perses vaincus; les Vandales et les Maures, les Samaritains totalement défaits; Justinien nous paraîtra un nouvel Auguste, qui a remis l'Empire dans son ancienne splendeur. Si l'on fait attention au grand nombre de lois nouvelles dont il fut l'auteur; au soin qu'il prit de faire rédiger les anciennes; au nombre considérable d'ouvrages de jurisprudence, qui portent son nom; à l'autorité que ses propres lois et ses compilations s'acquirent dans tout le monde connu, et qu'elles conservent encore dans toute l'Europe; Justinien effacera la gloire des premiers Rois de Rome, des Décemvirs, des plus grands Jurisconsultes de la République, et des plus illustres de ses prédécesseurs. Telle est l'idée que plusieurs auteurs nous ont donnée de ce Prince; mais pourquoi faut-il que d'autres historiens aient répandu sur son règne des nuages capables d'en obscurcir tout l'éclat?

En effet, pour effacer la réputation de piété

que ce Prince s'acquit au commencement de son
règne, on oppose les instances et les menaces
qu'il fit à Agapet, pour obliger ce Pape à com-
muniquer avec Anthime, Patriarche de Constantinople, lequel était hérétique. Pour attaquer
la sagesse de ce Prince, on lui reproche d'avoir
pris pour épouse, et d'avoir associé à l'Empire
une comédienne nommée Théodore ; d'avoir
forcé les lois à approuver son mariage, en abro-
geant un chapitre de la loi Papia-Poppæa, qui
défendait d'épouser les personnes qui avaient
monté sur le théâtre. Selon ces mêmes auteurs,
le courage de Justinien ne mérite aucuns éloges,
puisque ce Prince ne dut ses victoires, et même
la tranquillité de son Empire, qu'à la prudence
et à l'habileté de Bélisaire, auquel il confia le
commandement de ses armées. Pour ce qui est
du grand nombre de lois dont il fut l'auteur,
et des compilations qui furent faites sous ses
ordres, on prétend que tout cela ne fut que
l'effet de la vanité de Justinien, qui renversa
toute la jurisprudence, afin de passer pour le
plus grand des Législateurs. On lui attribue même
beaucoup d'avarice, et l'on veut que ce Prince
se soit prêté à Tribonien, pour accommoder
ses lois aux vues particulières de ceux qui lui
donnaient de l'argent. Enfin, on lui refuse d'être

mort dans la foi de l'Église, puisqu'on allègue
que, quand il mourut, l'an de J. C. 565, à
l'âge de 83 ans, et après un règne de 40 années,
il était sur le point de publier un édit dans
lequel il soutenait que J. C. n'avait pas eu un
corps corruptible, c'est-à-dire, sujet aux infirmités naturelles.

Il est étonnant que plusieurs auteurs anciens
et modernes se soient acharnés à déchirer la
mémoire de cet Empereur, sans remonter à la
source des défauts qu'ils lui ont reprochés, et
sans lui rendre justice sur le reste. Cependant,
pour peu que l'on réfléchisse sur tout ce qui
a été écrit au sujet de Justinien, on voit que
la plupart de ses défauts viennent principalement
de la médiocrité de son esprit, et de sa facilité
à recevoir de bonnes ou de mauvaises impres-
sions. La passion qu'il avait eue pour Théodore,
l'ascendant qu'elle avait pris sur lui, furent la
cause des violences que ce Prince fit à Agapet,
et de la faveur qu'il accorda aux hérétiques,
même après la mort de Théodore, dont il voulut
éterniser la mémoire, soit par l'éloge qu'il en
fait dans plusieurs lois, soit en mêlant son nom
à celui de cette Impératrice, sur tous les monuments qu'il fit ériger pendant son règne.

Quoi qu'on en dise, un grand nombre de

titres du premier livre de son code, et plusieu
de ses novelles seront toujours des garants c
sa piété et de son zèle pour la Religion. 'magnificence éclata dans la grande quantité d'
difices qu'il fit élever à Constantinople et da
les provinces de l'Empire. Son amour pour
justice se manifesta par environ trois cents con
titutions dont il fut l'auteur, et qu'il fit par
suite insérer dans son code. Le soin qu'il prit
faire compiler en cinquante livres de digeste
qu'il y avait de meilleur dans les écrits d
anciens Jurisconsultes; l'attention qu'il eut c
faire rassembler les éléments du Droit en quat
livres d'institutes; les corrections qu'il fit à sc
code; les novelles par lesquelles il suppléa à
qui pouvait manquer à la perfection de s
précédents ouvrages : tout assure à l'Empere
Justinien le premier rang parmi les Législateu
romains. La seule chose qu'on peut lui reproche
est d'avoir supprimé les ouvrages dont il s'e
servi pour composer son digeste; et peut-êt
en cela a-t-il agi contre sa propre gloire. I
conservation de ces écrits nous eût fait connaît
la difficulté de l'entreprise de Justinien, et l'in
possibilité où il se trouva de faire mieux; ma
elle l'eût sauvé du reproche de les avoir su
primés; reproche, au reste, qui n'est point fond

la perte des ouvrages des anciens Jurisconsultes
devant être l'effet de ce qu'on appelle l'injure
des temps.

Parmi les Jurisconsultes dont ustinien se
servit pour travailler aux divers ouvrages qui
portent son nom, Tribonien est certainement
le plus célèbre, soit parce qu'il eut la plus
grande part à ce travail, soit parce qu'il fut
plus en faveur que les autres auprès de cet
Empereur. Tribonien était né à Side en Pam-
philie. Il commença par exercer la profession
d'avocat à Constantinople; et son mérite l'ayant
fait connaître de l'Empereur Justinien, ce Prince
l'éleva pas degrés aux premières charges de l'État.
Il fut maître des Offices, et ensuite Questeur
du Palais. Pendant qu'il exerçait cette dernière
charge, il s'éleva à Constantinople une sédition
si violente, que l'Empereur fut obligé de s'enfuir
de la ville, dont une grande partie fut brûlée.
Il y a lieu de présumer que les exactions de
Tribonien dans sa charge de Questeur, furent
une des principales causes de cette sédition,
puisqu'on ne put l'appaiser qu'en privant Tribonien de la Questure, et en destituant pareillement un nommé Jean de la charge de Préfet
du Prétoire. La populace mutinée chercha même
ces deux magistrats pour les massacrer; mais sa

27

fureur cessa, lorsqu'elle vit qu'on avait donné la charge de Tribonien à Phocas, et que celle de Jean était donnée au Patrice Basilide, qui était très-respecté à cause de sa grande probité. Quelque temps après que les troubles eurent été appaisés, Tribonien fut rappelé et rétabli dans tous ses emplois, dont il s'acquitta de manière qu'il fit oublier la haine qu'on avait eue contre lui, et qu'il fut même revêtu de la dignité de Consul. Il y a cependant apparence que Tribonien se démit, peu de temps après, des mêmes emplois, pour se livrer entièrement à l'étude des lois et aux compilations que Justinien avait projetées dès la seconde année de son Empire; car, lorsque Justinien parle de Tribonien, il lui donne seulement les titres d'*ex-Quæstor* et d'*ex-Consul*; ce qui prouve que ce Jurisconsulte ne possédait plus aucunes charges.

Tribonien ayant donc été chargé de rassembler un code composé tant des propres constitutions de Justinien, que de celles de ses prédécesseurs, ce Jurisconsulte se choisit neuf autres Jurisconsultes, pour travailler avec lui à cette collection. Ces dix hommes se livrèrent à cet ouvrage avec une si grande application, que leur collection, qui fut commencée au mois de février, l'an de J. C. 528, fut achevée et mise au jour

au mois d'avril de l'année suivante 529. Environ
une année après, Justinien ayant chargé Tribonien de choisir plusieurs de ceux qui se distinguaient pour lors dans la science du Droit,
pour composer avec eux un recueil des plus
belles décisions des anciens Jurisconsultes, Tribonien s'associa seize personnes qui se livrèrent
tellement avec lui à ce travail, que les Pandectes
(qui ne furent commencées tout au plus qu'au
mois de janvier de l'année 530) , furent achevées
et publiées au mois de janvier de l'année 533,
c'est-à-dire, dans l'espace de trois années. Pendant que Tribonien travaillait à la collection du
Digeste, Justinien le chargea de composer des
Instituts en quatre livres , et de choisir également quelques-uns des plus célèbres Jurisconsultes de son temps , pour l'aider dans ce travail.
Ayant donc pris avec lui deux des plus versés
dans la science des lois, les Instituts se trouvèrent en état de paraître au mois de décembre
de la même année 533. Tribonien fut ensuite
chargé par le même Empereur de travailler à
la correction du Code qui avait été publié
quelques années auparavant; et ce nouveau Code
fut en état de paraître vers la fin du mois de
décembre de l'année 534. Enfin , Tribonien eut
part à la composition de plusieurs Novelles

jusqu'à son décès, dont on ne sait pas l'époque.
Les sentiments sont fort partagés sur ce que l'on
doit penser de Tribonien. Si l'on en croit Suidas,
Tribonien était un homme tourmenté par l'esprit
d'avarice, en sorte que son avidité pour l'argent
lui faisait faire et défaire les lois, vendre et pros-
tituer la justice : le même auteur le dépeint
comme n'ayant point de Religion, et lui attribue
des flatteries envers Justinien, qui feraient le
plus grand tort à cet Empereur. Il paraît, d'autre
part, que Tribonien avait des principes de
Religion, et que, s'il est vrai qu'il ait aimé
l'argent, il est aussi vrai que, remis en charge
après la sédition dont il fut cause, il mena
désormais une vie irréprochable.

Cujas, qui peut-être plus que personne a
étudié, médité et pesé le mérite des différentes
parties du corps du Droit civil, ne fait aucune
difficulté de regarder Tribonien comme un homme
très-savant, très-studieux, et, en un mot, comme
un second Papinien. Mornac, l'un des auteurs
les plus consommés dans la science des lois et
dans la littérature, qui y a rapport, ne nie pas
que Tribonien n'ait eu beaucoup d'esprit et
d'érudition. Gravina, également célèbre dans le
Droit et dans les belles-lettres, après être con-
venu de l'esprit et de la capacité de Tribonien,

s'élève contre ceux qui ont voulu décréditer les
ouvrages de ce Jurisconsulte, sous prétexte qu'on
y trouve des fautes considérables ; et il fait voir,
en même temps, qu'il était impossible qu'il n'y
en eût pas dans des ouvrages aussi immenses et
d'une exécution aussi difficile que l'étaient ceux
que Tribonien avait entrepris.

Parmi les Jurisconsultes que Tribonien associa
à ses travaux, par l'ordre et avec l'agrément de
Justinien , nous en trouvons un nommé *Théo-*
phile , dont cet Empereur ne nous apprend
autre chose, sinon qu'il était un de ses conseillers
particuliers, et qu'il enseignait le Droit à Constantinople. Il ne faut pas confondre ce Théophile
avec celui qui fit par la suite, en 602, du temps
de l'Empereur Phocas, une paraphrase grecque
des Institutes de Justinien , et qui , de l'aveu
de tous les connaisseurs, est bien plus belle que
les Institutes.

Nous avons des connaissances aussi bornées au
sujet d'un autre Jurisconsulte, nommé *Dorothée*,
qui travailla aussi aux mêmes ouvrages. Nous
ne savons autre chose de lui , sinon qu'il enseignait le Droit à Béryte, lorsque Justinien le
fit venir à Constantinople, pour l'associer au
travail de Tribonien.

Anatolius , fils de Léontius et petit - fils

d'Eudoxius , enseigna le droit à Béryte. Il fut
Avocat du Préfet du Prétoire , ensuite du Fisc,
et , après cela , Juge Pédanée ou des affaires
sommaires. Enfin , il fut fait Consul , et eut
beaucoup de part à la bienveillance de Justinien,
qui l'employa à la compilation du Digeste. Mais
étant arrivé un tremblement de terre à Constantinople , ce Jurisconsulte fut tué d'un morceau
de marbre qui se détacha du haut de la chambre
où il était couché. Anatolius fut le seul , de tous
les Sénateurs , qui périt dans ce tremblement
de terre. La populace qui suivait le convoi de
ce Jurisconsulte , disait qu'il méritait bien le
sort qu'il subissait , attendu qu'il avait dépouillé
plusieurs personnes de leurs biens.

Cratinus, qui fut aussi employé à la collection
du Digeste, était un homme d'un grand mérite.
Justinien lui confia l'emploi de Trésorier de ses
libéralités, et cette charge n'empêcha pas Cratinus
d'enseigner le Droit à Constantinople.

Les autres Jurisconsultes qui secondèrent Tribonien dans les collections dont il fut chargé,
sont le Patrice *Jean* , qui avait été Consul et
Trésorier de la maison de l'Empereur; *Léontius*
et *Phocas* , hommes consulaires , qui étaient
Patrices et Maîtres de la Milice; *Basilide*, qui
était Patrice, et qui avait été Préfet du Prétoire

pour l'Empire d'Orient; *Thomas*, homme consulaire, et qui était Trésorier du Palais de l'Empereur ; *Constantin*, Trésorier des libéralités de
l'Empereur, et Maître des Requêtes ; *Dioscore*
et *Præsentinus*, Avocats exerçant leur profession
en la jurisdiction du Préteur ; *Étienne*, *Menna*,
Prosdocius, *Eutolmius*, *Timothée*, *Léonides*,
Platon, *Jacques*, et un *Constantin*, autre que
celui dont on a parlé plus haut; desquels neuf
derniers Jurisconsultes nous ne savons autre
chose, sinon qu'ils étaient Avocats plaidant au
principal siège de la Préfecture où ressortissaient
toutes les jurisdictions des Préteurs de l'Empire
d'Orient.

XI.

Du Code, du Digeste et des Institutes.

Les Codes Grégorien, Hermogénien et Théodosien, aussi-bien que les Constitutions et les
Novelles des Empereurs qui avaient vécu depuis
Théodose jusqu'à Justinien, formaient un nombre de Constitutions, dont plusieurs étaient
même contraires entre elles. Cette multiplicité
et cette contrariété de lois étaient encore devenues
plus grandes, depuis que Justinien avait publié,

dès son avénement à l'Empire, un grand nombre
de Constitutions, dont plusieurs contredisaient
celles des Empereurs qui l'avaient précédé; de
sorte que la Jurisprudence était devenue si
confuse et si incertaine, que le nombre des
procès augmentait tous les jours dans les Tribunaux, et que les Juges mêmes ne savaient plus
de quelle manière ils devaient prononcer.

Justinien ayant donc été informé du désordre
qui régnait dans l'administration de la justice,
et voulant y remédier, conçut, dès la seconde
année de son Empire, le projet de faire un
nouveau Code, qui serait tiré non-seulement
des Constitutions qu'il avait lui-même publiées,
mais encore des trois Codes Grégorien, Hermogénien et Théodosien, aussi-bien que des Novelles
de Théodose et de ses successeurs. Justinien
confia l'exécution de ce projet à Tribonien, et
lui associa neuf autres Jurisconsultes nommés
Jean, Léontius, Phocas, Basilides, Thomas,
Constantin le Trésorier, Théophile, Dioscore
et Præsentinus. La Constitution par laquelle Justinien donne la mission à ces Jurisconsultes,
est datée des ides de février, l'an de J. C. 528 :
le Code fut achevé dans l'espace d'une année,
et publié aux ides d'avril 529.

On a fait un reproche à ces Jurisconsultes de
ce

ce qu'ils avaient employé trop peu de temps à la compilation de ce Code, qui aurait demandé plusieurs années de travail. Mais, outre que dix hommes, qui ont leurs matières toutes préparées, font bien de l'ouvrage dans l'espace d'une année, d'un autre côté, la confusion de la jurisprudence exigeait un prompt remède, sauf à la mettre, par la suite, dans un plus grand degré de perfection.

Quoi qu'il en soit, le Code, tel qu'il fut donné cette première fois, ne laissa pas que d'être déjà un fort bon ouvrage, puisqu'à cela près de quelques additions et conciliations dont il fut augmenté dans la suite, il fut donné, dès la première fois, dans le même ordre que nous l'avons aujourd'hui, et divisé en douze livres.

Le premier contient cinquante-neuf titres. Il parle de la Foi Catholique, des Églises, des Évêques et de leur jurisdiction, des Ecclésiastiques, des Hérétiques et des Apostats, des Juifs, des Payens et des priviléges attachés aux Églises. Ensuite il y est traité des Lois et des diverses sortes d'Ordonnances des Empereurs, des Sénatus-Consultes, de l'ignorance du fait et du droit, des demandes que l'on pouvait faire au Prince, comment et dans quel cas on pouvait les faire. Enfin, on y trouve le détail des différentes sortes de Magistrats, leurs devoirs et l'étendue de la jurisdiction de chacun d'eux.

Le second comprend aussi cinquante-neuf titres. Il explique la Procédure qui devait se faire au commencement et pendant le cours des procès. Il y parle des Avocats, des Procureurs et autres personnes qui se chargent de poursuivre les intérêts d'autrui. Ensuite il y est fait mention des Restitutions. Enfin, l'on y traite du retranchement des Formules et du serment de calomnie.

Le troisième est composé de quarante-quatre titres. Il traite des fonctions des Juges, relativement à l'instruction et au jugement des procès; de la contestation en cause, des personnes qui pouvaient ester en jugement, des délais, des féries, du dimanche et des fêtes; de la compétence des Juges et de tout ce qui a rapport à l'Ordre judiciaire. Ensuite il parle du Testament inofficieux, des Donations et des Dots inofficieuses, de la demande d'hérédité; des Servitudes, de la Loi Aquilia, des limites des héritages, des consorts ou personnes qui ont intérêt dans un même procès, des actions noxales, de l'action *ad exhibendum*, des jeux, des lieux consacrés aux sépultures, et des dépenses qui concernaient les funérailles.

Le quatrième livre contient soixante-six titres.

Il commence par les actions personnelles qui
descendent du prêt et de quelques autres causes;
des obligations et des actions qui en résultent,
aussi-bien que de leurs effets par rapport aux
héritiers et aux personnes qui en sont tenus.
Il parle ensuite des preuves testimoniale et par
écrit, du prêt à usage, du contrat de gage et
de l'action personnelle qui en dérive, des actions
qui résultent du Commerce de terre et de mer,
des Sénatus-Consultes Macédonien et Velléïen,
de la compensation; des intérêts légitimes et
usuraires, relatifs au Commerce de terre et de
mer; du dépôt, du mandat, de la société, de
l'achat et de la vente, des monopoles et
conventions illicites, du Commerce et des
Marchands, de l'échange, du louage et de
l'emphytéose.

Le cinquième livre renferme soixante-quinze
titres. Il traite des Fiançailles, des Donations
faites avant et dans la vue du mariage, des
Mariages légitimes et illicites, des secondes Nôces;
de la Dot des femmes, de l'action accordée pour
la répétition de la Dot; des Conventions matri-
moniales, tant au sujet de la Dot et des Donations
faites avant le mariage, que par rapport aux
Biens paraphernaux; de la Dot promise et non
payée, des Donations faites entre conjoints l'un

à l'autre, ou qui leur sont faites par leurs
parents; du Divorce, des Biens dotaux, de la
demeure et de l'éducation des enfants après le
divorce des pères et mères; des aliments dus aux
enfants par leurs pères, et aux pères par leurs
enfants; des Concubines; des enfants naturels,
et des manières par lesquelles on peut les légi-
timer. Le même livre traite ensuite des Tutelles
testamentaires, légitimes ou datives; de ceux qui
peuvent donner des Tuteurs ou être nommé
Tuteurs; de l'administration des Tutelles e
Curatelles, et de l'action qui en provient, soi
contre les Tuteurs ou Curateurs, soit contre leur
Héritiers ou Cautions; des causes que l'on pouvai
proposer pour s'exempter d'être Tuteur ou Cu
rateur; de quelle manière un Tuteur ou Curateur
pouvaient cesser de l'être; et, enfin, de l'alié
nation des biens des mineurs.

Le sixième livre comprend soixante-deux titres
Il parle d'abord des Esclaves et des Affranchis
du Vol, du Droit de Patronage, des biens e
des enfants des affranchis; de la Succession Pré
torienne. Il expose ce qui concerne les Testa
ments civils et militaires, les Institutions d'hé
ritiers, les Substitutions, les Prétéritions e
Exhérédations, le droit de délibérer, la répu
diation d'hérédité, l'ouverture des Testaments

ceux qui ont empêché ou forcé quelqu'un de
faire un Testament ; les Codicilles, les Legs, les
Fidéicommis, le Sénatus-Consulte Trébellien, la
Loi Falcidia, le Droit des héritiers siens et légitimes dans les successions, les Sénatus-Consultes
Tertullien et Orfitien, les Biens maternels, et
en général tout ce qui regarde les Successions
ab intestat.

Le septième livre est composé de soixante-
quinze titres. Il commence par traiter des Affran-
chissements ; il explique ensuite ce qui regarde
les Prescriptions, soit par rapport à l'état de
liberté, soit par rapport à ce qui concerne la
Dot, les Héritages, les Créances, les différents
temps pour prescrire, suivant la différente nature
des choses. Après cela, il parle des diverses sortes
de Sentences, de l'Incompétence, du mal jugé,
des Dépens, de l'exécution des Jugements, des
Appellations, des Cessions de biens, de la Saisie des
biens d'un débiteur, et de la vente d'iceux ; et,
enfin, du Privilége du Fisc vis-à-vis des créanciers,
du Privilége de la Dot, et de la Révocation des
biens aliénés en fraude des créanciers.

Le huitième livre contient cinquante-neuf
titres. Il traite d'abord des Jugements possessoires, appelés en Droit interdits ; ensuite, des
Gages et Hypothèques, et de tout ce qui y a

rapport ; Après cela, des Stipulations, des No-
vations et Délégations, des Paiements, des
Acceptilations, des Évictions. Le reste du livre
parle de la Puissance paternelle, des Adoptions,
de l'Émancipation des enfants, du droit de Post-
liminie ou de retour dans la patrie, de l'Expo-
sition des enfants, des Coutumes ou Lois non
écrites, des Donations, de leurs différentes
espèces, de leur révocation, et de l'abrogation
des peines du célibat.

Le neuvième livre renferme cinquante-un
titres. Il parle des Jugements criminels et de la
punition des crimes. Il explique ce qui regarde
les Accusations, la détention des Accusés, les
Prisons publiques et particulières, comment
l'Accusation s'éteint par la mort de l'Accusateur
ou de l'Accusé. Ensuite, il parle des crimes de
Lèze-Majesté, d'Adultère, et autres qui résultent
de conjonctions illicites ; de la Violence publique
et particulière, du Rapt, de la Correction
des Esclaves et des Mineurs. Les autres crimes
qui donnent lieu à l'instruction criminelle, sont
l'Homicide, le Parricide, le Maléfice (qui comprend l'Empoisonnement, la Magie, le Sacrilége,
et les Enchantements), le Sépulcre violé, le
crime des Plagiaires ; ceux de Faux, de Con-
cussion, de Péculat, de Sédition et de Tumulte.

Ce livre traite encore des Procès qui s'intentent
à l'occasion des délits particuliers, tels que sont
l'expoliation d'hoirie, l'enlèvement des choses
mobiliaires, le Stellionat, les Injures, les Libelles
diffamatoires, l'asile que l'on donne aux Criminels, les Interrogatoires et Informations, les
Abolitions, les Calomniateurs. Enfin, il fait le
détail des peines au nombre desquelles est la
Confiscation des biens ; et il finit par parler de
ceux qui, après avoir été condamnés, sont
rétablis dans leur réputation ou dans leurs
biens.

Le dixième livre comprend soixante-seize
titres. Il parle des Droits de Fisc, des Biens
vacants, et de leur réunion au Domaine du
Prince, des Dénonciateurs pour le Fisc, des
Trésors, des Tributs, des Tailles et des Surtaux ;
de ceux qui exigent au-delà de ce qui est ordonné
par le Prince ; des Décurions et des choses qui
les concernent ; de ceux qui, étant nés dans une
ville, vont demeurer dans une autre ; des Habitants des villes, et du Domicile perpétuel ou
passager ; de la Défense de perpétuer les emplois
et les dignités dans les familles ; de l'Acquittement
des charges auxquelles les biens patrimoniaux
sont sujets ; des Charges publiques, et des causes
qui pouvaient en exempter ; des Professeurs et

des Médecins ; des Affranchis , des personnes
déclarées infames ; de ceux qui sont interdits ou
exilés, des Ambassadeurs, des ouvriers et artisants,
des Commis employés à écrire les Registres de
recettes des tributs et impositions publiques, des
Receveurs des mêmes impositions ; du Don que
les villes et les Décurions faisaient au Prince,
sous la dénomination d'*Aurum Coronarium* , et
des Officiers préposés pour veiller à la tranquillité
des provinces.

Le onzième livre est composé de soixante-dix-
sept titres. Il traite, en général, de deux choses:
la première est des Corps et Communautés; la
seconde est des Registres publics, dans lesquels
étaient les noms et les facultés de tous les
citoyens. En particulier, il traite de ceux qui
étaient chargés de transporter par mer, et de
conduire à Rome les tributs en argent et en blé
que l'on tirait des provinces : les Priviléges des
Corps et Communautés y sont expliqués ; et il
contient plusieurs Lois somptuaires , tendantes
à modérer le luxe. La première moitié de ce livre
est presque toute remplie d'Ordonnances de
police sur la distribution des denrées , sur les
Étudiants, les Voitures, les Jeux, les Spectacles,
la Chasse, les Laboureurs , les Fonds, les Terres
et pâturages, le Cens, les Biens des villes, les
Priviléges

Priviléges attachés aux Palais et autres biens-fonds de l'Empereur, et la défense de couper des bois dans certaines forêts.

Enfin, le douzième et dernier livre du Code contient soixante-quatre titres. Il parle : 1°. des différentes sortes de Dignités, selon qu'elles sont détaillées dans les trente-trois premiers titres ; 2°. de la Discipline militaire ; 3°. des Vœux et Présents qu'on offrait aux Empereurs, de plusieurs genres d'Offices subordonnés aux dignités civiles et militaires, des Courriers du Prince, des Postes publiques ; 4°. de tous les Officiers inférieurs, compris sous la dénomination d'*Apparitores Judicum* ; des exactions et gains illégitimes des Officiers subalternes, et entr'autres de ceux qui allaient annoncer la paix ou quelque autre bonne nouvelle dans les provinces.

DU DIGESTE.

Quelques mois après que le Code eut été publié, l'Empereur Justinien conçut le projet de faire rassembler dans un seul corps d'ouvrage les plus belles d'entre les décisions que les anciens Jurisconsultes avaient données sur toutes sortes de matières. Mais l'exécution de cette entreprise était d'autant plus difficile, qu'indépendamment du choix qu'il y avait à faire dans plus de deux

mille volumes , il fallait encore concilier les
opinions de cette prodigieuse quantité de Jurisconsultes, qui avaient tenu, les uns à la secte
des Sabiniens, les autres à celle des Proculéïens.
Pour parvenir à l'exécution d'un dessein si
étendu , Justinien fit, l'an de J. C. 530 , une
Ordonnance adressée à Tribonien, et par laquelle
il le chargea de choisir quelques-uns d'entre
ceux qui se distinguaient pour lors dans la
science du Droit, pour l'aider à faire cette
collection en cinquante livres, de manière qu'il
ne s'y trouvât ni confusion , ni contrariétés.
Justinien voulut que le volume que Tribonien et
ses associés composeraient, fût appelé *Digeste*.....
DIGESTORUM *vel* PANDECTARUM *nomen habere san-*
cimus. Avant cet Empereur, plusieurs anciens
Jurisconsultes avaient donné ce nom à leurs
ouvrages renfermant des décisions et des contro-
verses de Droit, parce que dans ces livres les
matières sont , en quelque sorte , digérées ,
Digestæ. Pour ce qui est du nom de *Pandectæ*
que Justinien donna aussi à cette compilation,
ce mot est pris de deux mots grecs, qui signifient
en latin *omne* et *Complector*; ainsi, par le mot
Pandectæ, on doit entendre un recueil qui
comprend tout.

Justinien défendit à tous Jurisconsultes de

faire des commentaires sur ce recueil, afin de ne pas replonger de nouveau la Jurisprudence dans cette confusion dont il la faisait sortir par ce travail. Il permit seulement d'y faire des paratilles ou sommaires de chaque titre, pour servir de notion générale, et de préliminaires à la lecture du Digeste. Enfin, il ordonna que les mots seraient écrits tout au long dans le Digeste, et il défendit d'y employer les notes et les abréviations qui avaient jeté tant de doutes et d'obscurités dans les écrits des anciens Jurisconsultes.

En exécution de cette ordonnance, Tribonien s'associa seize Jurisconsultes, du nombre desquels furent la plupart de ceux qui avaient été employés à la composition du Code. Ces seize Jurisconsultes sont les deux Constantin, Théophile, Dorothée, Anatolius, Cratinus, Étienne, Menna, Prosdocius, Eutolmius, Timothée, Léonides, Léontius, Platon, Jacques et Jean. Tribonien et ses seize associés travaillèrent avec tant d'ardeur à la collection du Digeste, que cet ouvrage fût fait et publié en moins de trois années ; la commission pour la composition du Digeste étant du 18 des calendes de janvier 530, et la confirmation et publication du même ouvrage étant du 17 des calendes de janvier 533.

Le Digeste parut alors divisé en cinquante
livres, tel que nous l'avons aujourd'hui, excepté
qu'il était exempt de bien des fautes, et d'un
grand nombre de contre-sens, que l'ignorance
des copistes y a mêlés par la suite.

Les bornes de cet abrégé ne permettent pas
de suivre en détail cette division en cinquante
livres; mais comme, indépendamment de cette
division, Justinien jugea encore à propos de
partager le Digeste en sept parties, nous nous
contenterons d'exposer cette division abrégée,
mais bien suffisante pour faire connaître les
matières qui composent cet ouvrage, et dont
l'étymologie du mot *Pandectæ* a déjà donné
une idée.

La première partie fut composée des quatre premiers livres, qui traitent des principes du Droit,
des Juges, des jugements, des personnes qui
sont en procès, et des restitutions en entier. Cette
première partie fut désignée par un mot grec,
qui signifie les principes ou les commencements
du Droit.... La seconde, qui traite des jugements
et de tout ce qui y a rapport, fut intitulée par
cette raison *de judiciis*; et fut composée du cinquième livre, et des autres qui suivent jusqu'à
la fin du onzième.... La troisième partie fut
destinée à renfermer tout ce qui regardait les

choses : *elle* fut nommée *de rebus*; et elle fut composée de huit livres, depuis le commencement du douzième jusqu'à la fin du dix-neuvième.... La quatrième partie, qui fut intitulée *de pignoribus*, fut également composée de huit livres, depuis le commencement du vingtième jusqu'à la fin du vingt-septième.... La cinquième partie, qui fut nommée *de testamentis*, fut composée de neuf livres, commençant par le vingt-huitième, et finissant par le trente-sixième... La sixième partie, à laquelle on donna le titre *de bonorum possessionibus*, fut composée de huit livres, commençant par le trente-septième, et finissant par le quarante-quatrième.... Enfin la septième et dernière partie, qui fut intitulée *de stipulationibus*, fut composée des six derniers livres du Digeste.

Les Glossateurs modernes ont divisé le Digeste en trois parties. La première a été nommée le Digeste ancien, et comprend depuis le commencement du premier livre jusqu'à la fin du second titre du vingt-quatrième livre. La seconde est appelée Digeste inforciat : elle commence au troisième titre du vingt-quatrième livre, et finit avec le livre trente-huitième. La troisième, connue sous le nom de Digeste nouveau, commence au trente-neuvième livre, et va jusqu'à la fin de l'ouvrage.

DES INSTITUTES.

Cet abrégé étant destiné non-seulement à servir d'introduction à l'étude de la Jurisprudence, mais devant même précéder immédiatement la première lecture des Institutes de Justinien, l'on a jugé convenable de faire de l'analyse des Institutes le préambule de ce petit ouvrage, en la faisant même précéder de l'histoire des écoles de Droit établies par Justinien, et de la manière dont on étudiait les lois du temps de cet Empereur.

XII.

Les Empereurs Grecs abolissent les compilations faites par les ordres de Justinien. Du Droit Grec-Romain observé dans l'Orient jusqu'à la destruction de l'Empire Grec.

Justin II, qui occupa l'empire après la mort de Justinien son oncle, laissa subsister les établissements faits par cet illustre prédécesseur. Il y a même lieu de croire que ce fut lui qui commença à faire rassembler les Novelles de Justinien, et qu'il y en ajouta quelques-unes des siennes, qui font encore partie de la compilation des Novelles, telles que nous les avons

aujourd'hui. L'Empereur TIBÈRE, qui succéda à
Justin II, laissa aussi la Jurisprudence dans le
même état, excepté qu'il ajouta aussi quelques
Novelles à celles de Justinien. L'Empereur
MAURICE, son gendre, qui fut son successeur,
ne changea rien aux lois, ni à la manière dont
on les enseignait; et pendant environ quarante
ans que ces trois règnes durèrent, les livres de
Justinien continuèrent d'avoir cours dans les
Académies et dans les Tribunaux. On passa
même, comme auparavant, les actes, et l'on rendit
les sentences en langue latine, par une suite du
respect qu'on avait conservé pour la langue des
Romains, qui avaient fondé par leur courage
un Empire si florissant.

Mais PHOCAS s'étant rendu maître de cet Empire, après avoir fait massacrer Maurice et toute
sa famille, commença à bannir de Constantinople
l'usage de la langue latine, et voulut qu'on se
servît de la langue grecque, tant dans les
Écoles que dans les Tribunaux. Pour cet effet,
il ordonna au Jurisconsulte Théophile de traduire en grec les Institutes de Justinien. Mais
comme cette traduction, si elle eût été littérale,
n'aurait pas empêché que le texte des Institutes
ne fût toujours l'ouvrage de l'Empereur dont il
portait le nom, Phocas ordonna à Théophile de

faire sa traduction en forme de paraphrase, plus claire et plus détaillée que le texte, afin que cette paraphrase décréditât insensiblement les Institutes de Justinien. Le dessein de Phocas eut son exécution en ce point pendant toute la durée de l'Empire Grec, où l'on n'enseigna plus d'autres Institutes que celles de Théophile.

Les Institutes de Justinien ne furent pas le seul ouvrage de Jurisprudence dont on changea le langage, et quelquefois même les dispositions. L'Empereur Phocas fit aussi traduire le Digeste en grec par Thalæléus; mais on ne sait pas si cette traduction fut littérale, ou paraphrasée dans le goût de celle que Théophile venait de donner des Institutes; car l'ouvrage de Thalæléus n'a pas encore été publié. Le même Empereur fit pareillement traduire en grec le Code Justinien, et confia le soin de cette traduction à Théodore Hermopolite, à Anatolius et à Isidore; mais on n'a aucune connaissance que cette traduction grecque du Code nous ait été transmise; aussi ignore-t-on si elle était littérale, ou si c'était une paraphrase, ou seulement un abrégé du Code.

Il paraît que Phocas, Prince lâche et cruel, ayant eu la tête coupée en l'année 610, par l'ordre d'Héraclius qui lui succéda à l'Empire,

la

la Jurisprudence n'éprouva aucunes révolutions en Orient pendant près de deux cents soixante ans. Les lois de Justinien s'observèrent pendant tout ce temps-là, mais on se servit des traductions et paraphrases grecques que Phocas en avait fait faire. Les Empereurs Héraclius, Constantin Pogonate, Constantin Copronyme, Nicéphore, Léon l'Arménien, et autres successeurs de Phocas, firent seulement plusieurs nouvelles constitutions. Tel fut l'état de la Jurisprudence Romaine jusqu'à l'an de J. C. 867, que Basile le Macédonien parvint à l'Empire, et c'est de cette époque qu'il faut dater la véritable chûte des lois et des compilations de Justinien dans l'Empire d'Orient.

En effet, l'Empereur *Basile* trouvant le corps de Droit de Justinien trop long et trop obscur, en fit commencer un abrégé, qui fut poussé jusqu'à quarante livres sous l'Empire de Basile; mais cet Empereur n'ayant pas vécu assez long-temps pour voir cet ouvrage entièrement achevé, *Léon le Philosophe*, son fils et son successeur, fit continuer ce travail, et le publia en soixante livres, sous le titre de *Basiliques*. Enfin, *Constantin Porphyrogenète*, frère cadet de Léon, ayant revu cet ouvrage, et l'ayant mis dans un meilleur ordre, le publia de nouveau dans ce dernier état, l'an de J. C. 910. Depuis ce temps-là le corps de Droit de l'Empereur Justinien cessa entièrement d'être en usage, et les Basiliques furent le fondement du Droit qu'on observa dans l'Orient, jusqu'à la destruction de l'Empire grec. Il fut fait plusieurs abrégés de cet ouvrage.

QUATRIÈME PARTIE,

Contenant les progrès du Droit Romain en Occident, et chez les différents peuples de l'Europe, depuis la mort de Justinien jusqu'à présent.

SOMMAIRES.

I. Du Droit observé en Occident après la mort de Justinien. Du Digeste perdu. Des Lois Gothiques, Lombardes et autres.

II. Histoire du recouvrement du Digeste ou Pandectes. Le manuscrit des Pandectes, transporté de Pise à Florence. Description des Pandectes Florentines ; de leur autorité.

III. De plusieurs autres manuscrits du Digeste qui sont dans différentes bibliothèques tant Françaises qu'étrangères ; avec un catalogue des éditions qui ont été faites du corps de Droit.

IV. De la manière dont le Droit Romain s'est introduit et s'observe dans l'Allemagne, la Hongrie, la Bohême, les Pays-bas, et chez les Suisses. Vies des Jurisconsultes de ces divers pays.

V. Établissement du Droit Romain en Italie ; comment il s'y observe : Quels ont été les plus célèbres Jurisconsultes Italiens.

VI. Comment le Droit Romain est reçu en Pologne, en Suède, en Danemarck, en Angleterre, en Ecosse et en Irlande.

VII. Établissement du Droit Romain dans les royaumes d'Espagne et de Portugal. Jurisconsultes de ces deux royaumes.

VIII. De quelle manière le Droit Romain s'est introduit et s'observe dans le royaume de France. Différentes opinions sur la question de savoir si le Droit Romain y est reçu comme Droit commun.

IX. Notice sur les Jurisconsultes Français qui ont écrit sur le Droit Romain.

I.

Du Droit observé en Occident après la mort de Justinien. Du Digeste perdu. Des lois Gothiques, Lombardes et autres.

QUOIQUE l'intention de Justinien eût été de répandre ses lois dans toute l'Italie, et qu'il eût même établi, à cet effet, une école de Droit dans la ville de Rome, l'exécution des desseins de cet Empereur fut traversée par les incursions que les barbares firent immédiatement après sa mort dans une grande partie de l'Europe. L'Italie fut possédée par les Goths pendant plus de soixante années. Les Lombards qui les en chassèrent au bout de ce temps, y régnèrent ensuite pendant environ deux cents ans ; et parmi tous ces ravages, le corps de Droit de Justinien se perdit en Italie, avant que d'avoir, pour ainsi dire, commencé à y être observé.

L'Espagne et le Portugal ayant été pendant long-temps sous la domination des Romains, en avaient aussi observé les lois, jusqu'à ce que les Visigoths et les Vandales ayant chassé les Romains de ces deux royaumes (qui n'étaient alors que des provinces romaines), y eurent fait recevoir leurs propres lois. Les peuples de l'Espagne et du Portugal étaient cependant demeurés si attachés à la langue et aux lois des Romains, que les Rois des Visigoths avaient été obligés de faire rédiger en langue latine les lois qu'ils voulaient faire recevoir dans ces royaumes, et qui y furent observées pendant trois cents ans, jusqu'à l'an de J. C. 714, que les Maures et les Sarrasins étant entrés en Espagne par le détroit de Gibraltar, en chassèrent les Visigoths, après avoir tué leur Roi, et la plus grande partie de la noblesse de ce royaume.

L'Angleterre avait aussi été soumise aux lois romaines, depuis que l'Empereur Claude en avait chassé les Druïdes, qui jusqu'alors en avaient été les seuls Juges et les seuls Jurisconsultes : mais toutes les îles britanniques n'avaient été véritablement mises au rang des provinces romaines, que sous les Empereurs Vespasien et Domitien. Depuis ce temps-là, dit Tacite, l'Angleterre avait pris les mœurs, les lois, le langage et l'éloquence même des Romains. Dans la suite, l'Empereur Marc-Antonin avait compris la Grande-Bretagne parmi les pays qui devaient observer les lois romaines; et sous l'Empire de Sévère, le célèbre Papinien avait rendu la justice à Yorck en qualité de Préfet du Prétoire.

A l'égard de la manière dont le Droit romain fut observé dans les Gaules, avant que les Français y fussent établis, les auteurs nous apprennent que le Languedoc, la Provence, le Dauphiné et la Savoie, qui en faisaient partie, étaient déjà sous la domination des Romains, avant que Jules-César eût conquis entièrement les Gaules. Il paraît que les Romains avaient occupé cette partie de l'Europe, jusqu'au temps où l'Empereur

Honorius étant inquiété par les Vandales, les Goths et les Alains, avait cédé l'Aquitaine et la Gaule narbonnaise à Athaulphe, Roi des Goths, à condition qu'il ne s'arrêterait point dans l'Italie. Mais les Français ayant en même temps passé le Rhin, environ l'an de J. C. 420, et ayant fixé leur établissement dans les Gaules, Phara- mond et quelques-uns de ses successeurs avaient tellement affaibli la puissance des Romains, et des différents peuples qui s'y étaient introduits, qu'en moins de soixante ans la domination ro- maine et celle des Goths avaient été entièrement détruites en France, principalement par Clovis, qui en fut le premier Roi chrétien. Ce Prince ayant chassé les Romains de son royaume, après avoir tué le Préfet du Prétoire ; et ayant pareil- lement chassé les Goths, après avoir tué leur Roi Alaric, avait laissé à ses sujets la liberté de suivre la loi romaine. Le Roi Clotaire, son fils, avait également autorisé l'observation du Droit romain dans ses états ; mais ce Droit romain n'était pas celui de Justinien. Les lois de cet Empereur s'étant perdues, et n'ayant d'ailleurs jamais été introduites dans ce royaume, on y observait seulement le Code Théodosien, les Institutes de Caïus, et principalement l'Édit perpétuel. La science du Droit romain fut même

si considérée en France dès ces premiers temps
de la Monarchie, que Gontran, fils de Clotaire I,
éleva aux premières dignités de son royaume un
certain Andarchius, qui était fort versé dans la
connaissance du Code Théodosien. Enfin, nous
lisons que, sous le règne de Dagobert, les fils
du Duc d'Aquitaine furent privés de la succession
de leur père, par une sentence rendue dans une
assemblée publique de France, qui les déshérita
selon les lois romaines, parce qu'ils n'avaient
pas vengé la mort de leur père qui avait été
assassiné. Telle est la manière dont le Droit
romain fut observé en France sous la première
race de nos Rois.

La Jurisprudence était dans cet état, lorsque
Charles-Magne, Roi de France, fut élu Empereur. Ce Prince voulut que le Droit romain
fût observé en Italie, en France et en Allemagne.
Pour ce qui est de la France, Charles-Magne
y conserva les lois romaines dans les provinces
qui étaient dans l'habitude de les observer; et,
pour cet effet, il approuva le Code Théodosien.
En Italie, indépendamment de ce Code, Charles-
Magne laissa aux Italiens la liberté de suivre les
lois que les Lombards y avaient apportées; et
en Allemagne, outre le Droit romain, on suivit
les lois saxones, et les coutumes particulières de
cette partie de l'Europe.

Les lois romaines cessèrent d'être exécutées en France , parce que le Code Théodosien et les autres ouvrages se perdirent sur la fin de la seconde race de nos Rois.

II.

Histoire du recouvrement du Digeste ou Pandectes. Le Manuscrit des Pandectes, transporté de Pise à Florence. Notice des Pandectes Florentines; de leur autorité.

En l'année 1130, le Pape Innocent II se voyant troublé par l'Antipape Anaclet II, qui faisait agir contre lui une faction considérable, fut obligé de sortir de Rome et même de l'Italie, afin de venir chercher ailleurs les secours dont il avait besoin pour parvenir à dissiper une ligue qui était aussi puissante qu'illégitime. Parmi les Souverains qu'Innocent II mit dans ses intérêts, on compte principalement l'Empereur Lothaire II; et l'Antipape Anaclet avait, de son côté, engagé dans son parti Roger, Roi de Sicile et de Naples. L'Empereur Lothaire était puissant; mais pour parvenir jusqu'à la ville d'Amalfi, il ne pouvait pas se passer des habitants de Pise, qui en fermaient l'entrée. Il leur demanda donc du secours.

secours. Les habitants de Pise favorisèrent de si
bonne grâce les desseins de Lothaire, que cet
Empereur résolut de leur donner des marques
de sa reconnaissance, quelque événement que
pût avoir cette guerre. Le succès répondit aux
vues légitimes de Lothaire, et au zèle des habitants de Pise. La faction d'Anaclet fut dissipée;
Roger fut vaincu; et Amalfi, après avoir été
pillée, fut obligée de reconnaître le Pape Innocent
II, et de se soumettre à l'Empereur Lothaire.

Ce fut dans le pillage de cette ville, que
quelques soldats comprirent dans leur butin un
livre depuis long-temps oublié dans la poussière,
et qui ne mérita peut-être leur attention, que
parce que la couverture en était peinte de plusieurs couleurs. On examina ce livre, et l'on
trouva qu'il contenait les Pandectes que Justinien
avait autrefois fait extraire des écrits des plus
célèbres Jurisconsultes romains.

L'Empereur Lothaire voulant récompenser les
habitants de Pise des grands services qu'ils lui
avaient rendus, crut ne pouvoir leur faire un
présent plus digne de sa reconnaissance, que de
leur donner les Pandectes dont ils étaient les
restaurateurs. Mais les habitants de Pise ne
connurent jamais mieux le prix du présent qu'ils
avaient reçu de Lothaire, que lorsqu'ils virent

que cet Empereur voulut que ces Pandectes devinssent la loi générale de son Empire. Pour cet effet, Lothaire se servit d'un certain Irnerius, qui enseignait à Boulogne la portion des lois romaines qui se trouvait à Ravenne. Cet Empereur, après l'avoir consulté, fit un Édit par lequel il ordonna aux Juges de se conformer au Droit romain en rendant leurs jugements. Les habitants de Pise se portèrent, avec d'autant plus de zèle, à se soumettre à cet Édit, qu'ils étaient depuis long-temps dans l'usage d'observer le Code Théodosien, et les autres livres qui étaient restés de l'ancien Droit romain, avant le recouvrement des Pandectes, et ils étaient d'ailleurs intéressés à montrer eux-mêmes l'exemple de l'exactitude avec laquelle on devait observer des lois qu'ils avaient tirées des ténèbres. Le Droit romain s'observa à Pise pendant près de trois siècles, à compter du recouvrement des Pandectes.

Mais, après ce temps-là, les Florentins étant venus assiéger la ville de Pise, et s'en étant ensuite rendus maîtres, Ginon Capponi, général de l'armée de Florence, n'oublia pas dans son butin le manuscrit des Pandectes que les Pisans avaient toujours conservé avec soin, depuis le don qui leur en avait été fait par L'Empereur Lothaire.

Dès ce premier moment, les habitants de Florence donnèrent des preuves du respect qu'ils avaient pour ces Pandectes, qui, depuis ce temps-là (1406), ont toujours conservé le surnom de Florentines. Les Magistrats firent construire dans le Palais de la République (nommé à présent le vieux Palais) un petit cabinet ou armoire qu'on orna magnifiquement, et où ces Pandectes furent déposées. On décora ce manuscrit d'une nouvelle couverture de couleur de pourpre, à laquelle on mit des têtes de clous, des bossettes et des agraffes d'argent, avec des plaques du même méal à tous les angles; et l'on y ajouta encore plusieurs autres ornements dont on peut voir le détail dans les auteurs.

Les Pandectes Florentines comprennent deux volumes. Au commencement du premier, on voit sur un des côtés Moïse tenant les tables du Décalogue, qu'il rapporte du Mont Sinaï; et, sur l'autre côté, on aperçoit qu'il y a eu quelques peintures qui sont présentement effacées. Sur le premier feuillet du second volume, on a représenté l'Empereur Justinien assis sur son trône, ayant à sa droite la Justice qui tient la balance et une épée; à la gauche de Justinien, on voit Tribonien qui lui présente le corps de Droit; et l'on a peint à la fin de ce second volume un lis rouge,

que les auteurs disent être les armes de la République de Florence. Il y a encore à chacun
de ces deux volumes les quatre agraffes que les
Magistrats y avaient fait mettre pour les conserver;
mais les portes qui servaient à fermer ces agraffes
n'y sont plus.

Les auteurs disent que ces deux volumes sont
presque carrés ; en sorte que la hauteur n'excède
pas de deux doigts la largeur. Les marges en sont
grandes, et l'ont même été davantage, car ce
manuscrit paraît avoir été rogné. Le papier en
est très-fin ; et, à force d'avoir été manié, il y
a certains endroits qui sont un peu usés et même
déchirés : il y a aussi au commencement et à
la fin quelques feuillets qui sont détachés du
corps de l'ouvrage, mais qui ne se sont pas
perdus ; de sorte que le manuscrit est entier,
n'y manquant rien qui le rende imparfait. Toutes
les pages de ce livre sont partagées en deux
colonnes, composées chacune de quarante-cinq
lignes, qui sont assez droites, mais la plupart
des lettres en sont fort inégales, et tiennent,
en même temps, du grec, du latin et du
gothique. La ponctuation y est altérée en beaucoup d'endroits; ce qui rend souvent le sens
des phrases fort difficile à pénétrer. Il y a plus,
car les mots n'y sont pas bien distingués l'un

d'avec l'autre. Mais , comme ce manuscrit fut
écrit peu de temps après Justinien, il faut moins
attribuer toutes ces imperfections à la négligence
du copiste , qu'à la manière d'écrire de ce
temps-là.

Quoique ce manuscrit ne soit pas regardé comme
exactement correct , plusieurs grands hommes
ont eu la curiosité d'aller le voir, comme un
monument qui avait fait revivre le Droit romain
dans toute l'Europe. Ils s'en sont servis pour
corriger les fautes qui s'étaient glissées dans les
copies qu'on en avait faites. Enfin , ce manuscrit
est le plus ancien et le plus authentique que
nous ayons du Digeste. Lorsque des étrangers
venaient le voir ou le consulter , on le leur
montrait avec des cérémonies singulières ; et le
premier Magistrat de la ville y assistait ayant
la tête découverte ; et des Religieux Bernardins,
ayant aussi la tête nue, tenaient respectueusement
des flambeaux allumés. Aujourd'hui on le montre
sans toutes ces cérémonies.

III.

De plusieurs autres manuscrits du Digeste, qui sont dans différentes bibliothèques tant françaises qu'étrangères ; avec un catologue des Éditions du corps de Droit civil.

Dans le temps que les Pandectes, trouvées à Amalfi, furent portées à Pise, et lors même qu'elles furent transportées de Pise à Florence, l'art de l'imprimerie était encore inconnu : ainsi, toutes les copies qu'on en fit furent manuscrites, la plupart défectueuses et différentes les unes des autres. Quelques personnes voulurent même les faire passer pour des originaux ; mais il a été prouvé que l'ancienneté de tous ces manuscrits ne remonte pas au-delà du douzième siècle, tandis que celui de Florence l'a été dans le sixième, et peu de temps après la mort de Justinien.

De tout ce grand nombre de manuscrits, les uns ont existé dans les bibliothèques des particuliers, les autres sont encore aujourd'hui dans des bibliothèques publiques. Parmi ces derniers on cite d'abord un Digeste ancien et un infortiat à la bibliothèque du Vatican, qui depuis long-temps a fait l'acquisition de l'autre partie du Digeste. Outre cela, dans l'ancienne bibliothèque vaticane, on trouve douze anciens Digestes, huit infortiats et six nouveaux. La bibliothèque urbine contient quatre volumes du Digeste, et la palatine possède onze Digestes anciens, cinq infortiats et dix nouveaux. La célèbre bibliothèque barberine, qui est à Rome, a un exemplaire des trois volumes, et l'otobonienne un Digeste ancien et un infortiat. La bibliothèque de la République de Venise a un Digeste en trois volumes. On trouve encore plusieurs manuscrits du Digeste et même du Code dans quelques bibliothèques d'Italie et d'Allemagne. Mais il est digne de remarque que, dans le seul royaume de France, il y en a plus de cinquante manuscrits, dont quarante-trois se trouvent dans les bibliothèques publiques de Paris et dans celle du Roi.

C'est d'après tous ces manuscrits, que toutes les éditions du corps de Droit ont été données, depuis l'invention de l'imprimerie.

La plus ancienne de toutes les éditions du Droit romain consiste seulement en un Digeste infortiat, qui n'indique ni l'année ni l'endroit où il a été imprimé. Les exemplaires n'en sont pas précieux, quoique rares. Il y en avait un à Paris, dans la bibliothèque de Sorbonne. Cet exemplaire est in-folio, et les caractères en sont fort gros.

1479, *Padoue*. Pierre Maufer publia un Digeste nouveau, in-folio.

1485, *Venise*. Le Digeste nouveau, l'infortiat, les Institutes et les Novelles.

1489, *Venise*. Le Digeste nouveau, in-folio, et en 1498 le Digeste ancien, même format. Immédiatement après, on commença une édition entière du corps de Droit, en 5 vol. in-folio, finie en 1501; et une autre édition en 1506 et 1507.

1508, *Paris*. Corps de Droit civil, in-folio.

1509, *Paris*. Le Digeste ancien et l'infortiat, 2 vol. in-4°.

1511, *Paris*. Corps de Droit, 5 vol. in-4°., chez Josse Badius.

1513, *Paris*. Corps de Droit, 5 vol. in-4°. Il en parut un volume chaque année, depuis 1513 jusqu'en 1516.

1515, *Paris*. Corps de Droit, publié par Rembault, et fini en 1521.

1515, *Lyon*. Corps de Droit, imprimé par Jacques Mareschal.

1516, *Lyon*. Corps de Droit, 5 vol. in-folio, publié par François Fradin, aux frais d'Aimon de la Porte, d'après les Pandectes Florentines.

1523,

1513, *Paris*. Un Digeste ancien et un nouveau, in-folio, imprimé par Chevallon.

1527, *Paris*. Les cinquante livres du Digeste, 5 vol. in-8°., par Robert Étienne.

1528, *Paris*. Corps de Droit, 5 vol. in-folio, chez Chevallon, fini en 1530.

1529, *Nuremberg*. Les cinquante livres du Digeste, par Grégoire Haloander.

1531, *Paris*. Corps de Droit civil, in-8°., chez Regnault.

1534, *Paris*. Corps de Droit, in-folio, chez Claude Chevallon.

1535, *Paris*. Corps de Droit avec Gloses, in-4°.

1536, *Lyon*. Corps de Droit civil, 5 vol. in-folio, publié par François Fradin, aux dépens de Hugues de la Porte.

1536, *Lyon*. Corps de Droit, 7 vol. in-8°., chez Chevallon.

1540, *Paris*. Corps de Droit, sur l'édition d'Haloander, 11 vol. in-8°., chez Guillard.

1540 et 1541, *Lyon*. Corps de Droit, 5 vol. in-folio, chez Hugues et les héritiers de la Porte.

1541, *Basle*. Les cinquante livres du Digeste, revus par Alciat, chez Hervagius.

1547, *Lyon*. Corps de Droit civil, 5 vol. in-folio, Hugues et Héritiers d'Aimon de la Porte.

1548, *Paris*. Corps de Droit civil, corrections

d'Antoine Augustin, 5 vol. in-4°., chez la veuve Chevallon et des Bois ; édition estimée, finie en 1550.

1548, *Paris*. Les cinquante livres du Digeste, corrigés sur le manuscrit de Florence, avec le Code et les Novelles, par Vintimille de Rhodes, Guillard et des Bois, 9 vol. in-8°.

1549, *Lyon*. Corps de Droit, 5 vol. in-folio, chez Hugues de la Porte.

1550, *Lyon*. Corps de Droit, corrigé sur les Pandectes Florentines et le manuscrit d'Avignon, 5 vol. in-folio, chez les frères Senneton.

1551, *Lyon*. Corps de Droit, 5 vol. in-4°., chez Hugues de la Porte et Antoine Vincent.

1551, *Lyon*. Le Digeste, le Code et les Novelles, par Bernard de Castres, imprimés en petits volumes portatifs, par Guillaume Roville.

1552, *Paris*. Corps de Droit civil, 7 vol. in-8°., chez Guillard, la veuve Chevallon et des Bois.

1553, *Florence*. Corps de Droit civil, corrigé par Taurellus sur les Pandectes Florentines, imprimé par Taurellus, son fils, en 3 vol. in-folio, belle édition.

1554, *Lyon*. Le Corps de Droit, avec les Gloses et les Rubriques, 5 vol. in-folio, à l'enseigne de la Salamandre. Cette édition et celle faite dans la même ville en 1580, à l'enseigne du Lion , sont très-estimées.

1556, *Lyon.* Corps de Droit civil, 5 vol. in-folio , chez Hugues de la Porte, fini en 1560.

1561, *Lyon.* Corps de Droit civil, 2 vol. in-folio, avec Sommaires et Notes, chez Roville. Plantin , à Anvers , fit deux autres éditions in-8°. en 1567 et 1570.

1562, *Lyon.* Corps de Droit, 5 vol. in-folio , chez Hugues de la Porte.

1562, *Paris.* Corps de Droit, avec les Notes de Contius et les Sommaires d'Hotman, 9 vol. in-8°.

1565, *Lyon.* Corps de Droit, 5 vol. in-folio.

1569, *Venise.* Corps de Droit, 5 vol. in-4°., chez Bevilaqua , avec des Gloses.

1570, *Basle.* Le Corps de Droit civil , de l'édition d'Haloander, 3 vol. in-folio, chez Guarin.

1572, *Paris.* Le Corps de Droit civil, avec les Notes d'Hotman , 10 vol. in-8°.

1574, *Venise.* Corps de Droit, 5 vol. in-4°.

1575, *Anvers.* Charondas donna une édition du Corps de Droit, imprimée par Plantin , 2 vol. in-folio.

1580, *Arras.* Jules Pacius donna une édition du Corps de Droit, imprimée par Vignon, in-folio, suivie d'une autre édition la même année , en 9 vol. in-8°., même libraire.

1593, *Lyon.* Corps de Droit, avec les Notes de Denis Godefroy, in-4°., chez Vincent, qui en fit une autre édition l'année suivante.

1593, *Genève.* Corps de Droit, avec les Gloses, 4 vol. in-4°.

1598, *Genève.* Seconde édition du Corps de Droit par Denis Godefroy, chez Vignon et Chouet, in-8°.

1620, *Genève.* Corps de Droit, 2 vol. in-4°., corrigé sur le manuscrit de Florence, avec Sommaires, Épitomes et Index de Denis Godefroy.

1625, *Genève.* Corps de Droit, avec les Notes d'Accurse, de Godefroy, etc., 6 vol. in-folio, chez Gamonet.

1663, *Amsterdam.* Corps de Droit, avec des Notes des plus célèbres Commentateurs, chez Blaeu et les Elzevirs, 2 vol. in-folio. Cette édition est la plus citée et la plus suivie.

Telles sont les principales éditions qui ont été faites du Corps de Droit civil, d'après les manuscrits qui se sont trouvés dans les différentes bibliothèques, aussi-bien que sur celui de Florence.

IV.

De la manière dont le Droit romain s'est introduit
et s'observe dans l'Allemagne, la Hongrie, la
Bohême, les Pays-Bas et chez les Suisses. Vies
des Jurisconsultes de ces divers pays.

Aussitôt que l'Empereur Lothaire eut ordonné
que les Pandectes deviendraient la loi de l'Empire, on commença à regarder les lois romaines
comme le Droit commun de l'Allemagne. Il est
vrai que le Droit saxon continua toujours d'avoir
lieu dans les différentes provinces qui l'avaient
adopté avant le recouvrement des Pandectes ;
mais dans ces mêmes provinces le Droit romain
l'emporte sur les lois saxones qui lui sont contraires. Il y a plus ; car, pour être reçu Assesseur
ou Avocat dans la Chambre impériale, il faut
avoir étudié le Droit civil pendant cinq années.

La Hongrie, qui comprend l'ancienne Pannonie
et la Dace, ayant été conquise par Auguste, fut
d'abord assujettie aux lois romaines, qui furent
observées pendant plusieurs siècles. Mais l'Empereur Constantin ayant permis aux Vandales de
s'établir dans cette province, elle passa successivement aux Goths, aux Lombards et aux Huns,

qui, après lui avoir donné le nom de Hongrie, y firent recevoir leurs lois, dont la plus grande partie s'y observe encore aujourd'hui. Mais les Hongrois ayant vécu pendant long-temps sous la domination des Romains, et en ayant même conservé la langue, qui leur est encore aujourd'hui très-familière, il n'est pas surprenant qu'ils aient mêlé dans leurs lois beaucoup de Droit romain, pour lequel ils ont toujours eu bien de la vénération. La Hongrie a même produit plusieurs célèbres Jurisconsultes.

Les lois romaines sont encore plus régulièrement observées dans le royaume de Bohême, puisque tous les Jurisconsultes conviennent qu'elles y sont reçues comme Droit commun, au défaut des lois saxones et des constitutions municipales ; et c'est de cette manière que le Droit romain s'observe dans toute l'Allemagne, dont le royaume de Bohême fait partie.

Pour ce qui regarde les Pays-Bas, la Hollande et les cantons Suisses, on ne peut pas précisément indiquer comment le Droit Romain y est reçu ; mais ce qui fait croire qu'on observe les lois Romaines dans tous ces différents pays, c'est que d'un côté elles y sont enseignées dans plusieurs universités célèbres, et que de l'autre il en est sorti un grand nombre d'habiles Jurisconsultes, qui ont également fait honneur à leurs patries et à la science des lois. Nous allons les faire connaître.

Irnérius (dont le véritable nom est *Warner*) était Allemand de naissance ; mais il n'exerça point ses talents dans sa patrie, parce qu'alors il n'y avait point d'écoles de Droit en Allemagne. Ce Jurisconsulte vivait au commencement du douzième siècle. Lorsque les Pandectes furent retrouvées, il professait les arts à Ravenne, et Pépon enseignait le Droit Romain à Boulogne. Mais l'Empereur Lothaire voulant récompenser le zèle qu'Irnérius avait marqué pour le rétablissement du Digeste, donna à ce Jurisconsulte la place de Pépon, dont les leçons n'étaient pas goûtées. Aussitôt qu'Irnérius fut en possession de la Chaire de Boulogne, il travailla à étendre l'autorité du Droit Romain ; et il obtint de l'Empereur Lothaire que les ouvrages de Justinien seraient cités dans le barreau, et auraient force de loi dans l'Empire, à la place du Code Théodosien qu'on y observait auparavant. Ce changement de Jurisprudence acquit beaucoup de réputation à Irnérius, parce qu'on regarda ce Jurisconsulte comme le seul qui entendit bien le Digeste. On ne se trompait pas; car personne n'ayant encore eu le temps d'étudier cette

portion du Droit Romain, Irnérius pouvait alors
être écouté comme un oracle, quoiqu'il ne fût
pas extrêmement habile. La Jurisprudence lui
a cependant de grandes obligations, car ce fut
lui qui, le premier, rassembla tous les livres du
Code, et qui mit les ouvrages de Justinien dans
l'ordre où nous les avons aujourd'hui. Il y
ajouta même de petites scolies, qui donnèrent
naissance à ces Gloses immenses que l'on fit dans
la suite. Après cela il s'appliqua à soulager le
travail des étudiants, en faisant des abrégés des
Novelles de Justinien; et ce furent ces Novelles
abrégées qu'on appela *Authentiques*. Il mourut
en 1190.

Vers l'an 1500, *Grégoire Haloander*, Allemand, mit en vogue l'étude des lois romaines
dans sa patrie, et surpassa par son érudition
presque tous les Jurisconsultes qui avaient brillé
jusqu'alors en Italie. Il possédait toutes sortes
de sciences, mais il excella principalement dans
les lois. Il rendit de grands services à la Jurisprudence, en publiant cette fameuse édition du
Digeste, à laquelle on a donné le nom de
Norique, parce qu'elle est dédiée au Sénat de
Nuremberg. Il mourut à Venise, en 1532.

Ulric Zazius, qui professa le Droit à Fribourg,
en l'année 1500, laissa plusieurs ouvrages, et
mourut

mourut en 1535, âgé de 74 ans. On lui fit un convoi magnifique, et il fut enterré dans la grande église de Fribourg. Le Sénat même ordonna qu'on mît une épitaphe sur son tombeau. Dumoulin, en citant ce Jurisconsulte, le nomme *Insignis Zazius*. Jean-Ulric *Zazius*, son fils, professa le Droit dans l'Université de Basle.

Jean Fichard, disciple de Zazius, vivait en 1540. La réputation des Jurisconsultes italiens l'ayant attiré à Padoue et à Boulogne, il fut successivement professeur en Droit dans ces deux villes.

Jean Ferrier ou *Ferrari*, contemporain de Fichard, fut long-temps professeur en Droit à Marpurg, et mourut dans cette ville en 1558.

Jean Sichard, autre disciple de Zazius, était né en Franconie de parents assez pauvres. Après avoir enseigné pendant quelque temps les humanités à Munick et ensuite à Fribourg, il alla en 1524 à Basle, où il enseigna la rhétorique pendant cinq années. S'étant acquis pendant ce temps-là l'estime et la faveur de Ferdinand, Archiduc d'Autriche, il en obtint un diplome, en vertu duquel les plus fameuses bibliothèques de l'Allemagne lui furent ouvertes. S'étant fait recevoir Docteur en Droit en 1531, Ulric, Duc de Wirtemberg, qui rétablit alors l'Université de

33

Tubinge, y offrit la chaire du Code à Sichard,
qui l'accepta; et ce Jurisconsulte fut en même
temps décoré du titre de Conseiller du Duc. Il
mourut en 1552, âgé d'environ 52 ans.

Gabriel Mudée, qui vivait dans le même temps,
était né à l'Erecht, village auprès d'Anvers. S'étant
livré de bonne heure aux sciences et aux belles-
lettres, il se fixa ensuite à l'étude de la Jurisprudence et aux exercices du Barreau. Il fut un des
plus fameux Avocats et un des plus habiles
Jurisconsultes de son temps. Ayant été nommé
Professeur en Droit dans l'Université de Louvain,
son érudition et la solidité de ses raisonnements
lui attirèrent un grand nombre d'auditeurs.
Lorsqu'il mourut dans la même ville, en 1561,
il était revêtu d'une charge de Conseiller d'État.

Jean Oldendorp, né à Hambourg, fut Syndic
à Rostok, ville anséatique, et Conseiller du
Landgrave de Hesse : ensuite il enseigna le Droit
à Cologne et à Marpurg. Il mourut dans cette
dernière ville, en 1567.

François Pollet, Jurisconsulte des Pays-Bas,
était un génie très-propre pour la belle littérature
et pour les lois romaines. Il serait sans doute
devenu un des plus habiles interprètes du Droit
romain, si la mort ne l'eût surpris en 1547, à
l'âge de 30 ans.

Josse de Damhoudere, Jurisconsulte de Bruges, qui vivait en 1550, après avoir étudié à Louvain, et ensuite à Orléans où il fut reçu Docteur, retourna dans sa patrie, où il s'éleva par son mérite aux premières charges de la Judicature. L'Empereur Charles-Quint et Philippe II, Roi d'Espagne, l'employèrent successivement à l'administration de leurs finances. Il mourut à Anvers, le 22 Janvier 1581.

Jacques Rævard, son compatriote et contemporain, était né en 1535. il alla étudier à Louvain, et vint ensuite se perfectionner dans l'Université d'Orléans. Après y avoir reçu le bonnet de Docteur, il revint à Bruges sa patrie, où on lui offrit peu de temps après une chaire de Professeur; mais sa mauvaise santé l'obligea de la refuser, pour se retirer dans un village voisin, où il mourut en 1568.

Joachim Hopper, Jurisconsulte de Frise, enseignait alors le Droit à Louvain. Quelque temps après il fut nommé Conseiller au grand Conseil de Malines; et dans la suite Philippe II, Roi d'Espagne, l'ayant attiré auprès de sa personne, l'honora du titre de Chevalier. Il mourut à Madrid en 1576.

Viglius de Zuichem, autre Jurisconsulte de Frise, était d'une famille noble, mais très-pauvre.

Un de ses oncles, qui était Doyen de la Haie, lui
ayant fourni l'argent nécessaire pour ses études,
il fit en peu de temps de grands progrès dans le
Droit, sous les plus célèbres Jurisconsultes de
France et d'Italie; mais les fonds étant venus à
manquer par la mort de cet oncle, Gerard Mulert,
Conseiller de l'Empereur Charles-Quint, y suppléa; de manière que Viglius s'étant rendu très-
habile dans la Jurisprudence, obtint en 1531 une
chaire de Droit à Padoue, où il expliqua avec
beaucoup de succès les Institutes de Justinien. Il
alla ensuite enseigner le Droit à Ingolstad et
ailleurs. Peu de temps après il fut fait Sénateur à
Bruxelles, par Charles-Quint, et ensuite chef du
Sénat; puis Comte Palatin, Chevalier de la Toison
d'or, etc. Il mourut en 1557.

En même temps vivait *Jean Ramus*, né en
Zélande, dans les Pays-Bas. Il professa le Droit
à Louvain, où il eut pour disciple le célèbre
Denis Godefroy. Ramus mourut 1578.

Nicolas Cisner, né à Mosback, ville du Pala-
tinat, après avoir enseigné pendant long-temps
la philosophie et les mathématiques à Heidelberg,
vint en France, pour fuir la peste qui désolait
le pays où il avait fixé son établissement. Il étudia le Droit dans les Universités de Bourges,
d'Angers et de Poitiers; et étant ensuite allé en

Italie, il y étudia encore le Droit pendant quatre
années, au bout desquelles il se fit recevoir Docteur à Pise. De-là il retourna à Heidelberg, et il
y fut aussitôt nommé Professeur des Pandectes
et Conseiller de l'Électeur Palatin. Il occupa
plusieurs autres places distinguées, et mourut
en 1583.

Obert Giffen, connu sous le nom de *Hubert
Gifanius*, vivait dans le même temps : il était né
dans le Duché de Gueldres. Après avoir étudié
en Droit à Louvain, à Paris, et à Orléans où il
fut reçu Docteur, il professa ensuite la Jurisprudence à Strasbourg, à Altorf et à Ingolstad ; d'où
l'Empereur Rodolphe II l'ayant attiré près de lui,
le fit Conseiller et Référendaire de l'Empire. Il
mourut à Prague, en 1604, âgé de 70 ans.

Jean Basius, né à Leuwaarden en Frise,
commença ses études dans le lieu de sa naissance,
et alla les achever à Louvain. Il vint en France,
où il prit le degré de Docteur en Droit. De
retour dans son pays, il s'y rendit très-utile par
ses lumières et par l'usage qu'il en fit. Son mérite
engagea la ville de Delft à l'appeler pour remplir
la place de Secrétaire.

Pierre Vander-Anus, autre Jurisconsulte du
même temps, fut nommé Professeur en Droit à
Louvain, et succéda à Ramus dans la Chaire

Royale des Institutes. Il fut ensuite nommé Assesseur au Conseil souverain de Brabane, et Président du Conseil de Luxembourg, où il mourut en 1594.

Mathieu Wesembeck, né à Anvers d'une famille noble, ayant étudié à Louvain sous Gabriel Mudée, profita si bien et en peu de temps des leçons de cet habile maître, qu'on le reçut Docteur à l'âge de 19 ans. De-là il passa en France, d'où il partit peu de temps après pour aller s'établir en Allemagne, où il enseigna le Droit dans plusieurs villes et entre autres à Wittemberg, où il mourut en 1586, âgé de 55 ans.

Jean Leunclavius ou Leonclaw, qui vivait dans le même temps, savait fort bien la langue grecque, et même celle des Turcs, qu'il avait apprise dans le pays même, où il avait voyagé pendant plusieurs années. Il mourut à Vienne en Autriche, en 1593.

Jacques Typot, Jurisconsulte du Brabant, qui vivait en 1580, joignit un grand fonds de littérature et de politique à la Jurisprudence.

François Modius, autre Jurisconsulte, né dans un bourg près de Bruges, vivait aussi en 1580.

Pierre Peck, ou Peckius, qui fut Conseiller à Malines, brilla en 1586, et enseigna le Droit à Louvain pendant 40 ans.

Pierre Corneille de Brederode, Jurisconsulte qui vivait en 1590, était d'une des plus illustres familles de la Hollande.

Jean Borcholten, qui vivait en même temps que Brederodius, était d'une famille noble de Lunébourg dans la Basse-Saxe. Il professa le Droit romain, avec beaucoup de succès, à Juliers, à Rostoc et à Helmstad, et mourut en 1594, âgé de 57 ans.

Jacques Lect, en latin *Lectius*, né à Genève environ l'an 1558, fut aussi un célèbre Jurisconsulte. Après avoir quelque temps professé le Droit avec Jules Pacius, il fut élu Conseiller du petit Conseil, ensuite quatre fois Syndic de la République de Genève. Il rendit de grands services à sa Patrie, et mourut en 1611.

Conrad Bittershusius, né à Brunswick en 1560, ayant commencé ses études dans l'école de sa patrie, dont Mathieu Berg, son oncle maternel, était alors Recteur, on l'envoya ensuite à Helms-tad, où il s'appliqua à la Jurisprudence, sans négliger cependant les Belles-Lettres. De-là il fut étudier à Altorf, puis à Basle, où il remplit une Chaire de Droit. Il mourut en 1613.

Jérôme Treutler, Jurisconsulte de Silésie, s'acquit en ce même temps une grande réputation. Il remplit plusieurs places éminentes, et mourut en 1607.

Hugues Grotius, ou *de Groot*, naquit à Delft en
1583. Les secours qu'il tira de ses propres dispositions et du soin que prit son père de le faire
instruire, le mirent bientôt en état d'aller à Leyde
pour étudier en philosophie, en théologie et en
Droit. Quelque temps après, Jean Barneveldt,
Avocat-Général des États de Hollande, ayant été
nommé en 1598 pour venir en France en qualité
d'Ambassadeur, Grotius profita de l'occasion pour
voir ce royaume, et il le vit effectivement avec
tous les honneurs et toute la satisfaction que son
mérite devait lui procurer. Le Roi Henri IV lui
fit présent d'un collier d'or et d'une médaille avec
son portrait. Cette réception donna à Grotius
beaucoup de goût pour la France, et ce fut dans
ce voyage qu'il se fit recevoir Docteur en Droit,
n'ayant encore que seize ans. Lorsqu'il fut de
retour dans sa patrie, son père voulut qu'il suivît
le Barreau. Quoique Grotius n'embrassa la profession d'Avocat que par complaisance, et malgré
son inclination qui le portait à la littérature, il
ne laissa pas que de plaider avec tant de succès,
que les États de Hollande, Zélande et Vestfrise
l'élevèrent à la charge d'Avocat-Général, quoiqu'il
n'eût alors que vingt-quatre ans. Il passa en 1613
à Roterdam, pour y prendre possession de la
charge de Pensionnaire de cette ville; et comme
il

il avait écrit quelque chose sur le commerce
des Hollandais dans les Indes, on le choisit
pour aller en Angleterre accommoder les diffé
rents qui existaient alors entre les commerçants
des deux nations. Sa négociation tourna à l'avantage
de sa patrie, et il reçut outre cela des marques
d'estime du Roi Jacques I, et contracta une
étroite amitié avec Isaac Casaubon, avec lequel
il était déjà en relation de lettres. Lorsqu'il revint
en Hollande, il fut enveloppé dans la disgrâce du
fameux Barneveldt, auquel il avait toujours été
fort attaché. Grotius fait prisonnier en 1618, fut
condamné un an après à une prison perpétuelle,
et à la confiscation de tous ses biens. En conséquence de ce jugement, il fut renfermé dans le
château de Louvestain, où on ne lui laissait
d'autre consolation que la compagnie de sa
femme, et des livres qu'on permettait à ses amis
de lui envoyer. Sa femme le retira de cette prison
d'une manière fort périlleuse pour elle. S'étant
aperçue que depuis quelque temps on ne visitait
plus le grand coffre dans lequel elle renvoyait
les livres et le linge sale, elle persuada à son
mari de se mettre dans ce coffre, auquel elle fit
des trous avec un virebrequin à l'endroit où il
avait le devant de la tête, afin qu'il pût respirer.
Grotius la crut, et fut ainsi porté chez un de

ses amis, d'où il alla à Anvers par le chariot ordinaire, ayant passé par la place publique, déguisé en menuisier, tenant une règle à la main. Lorsque la femme de Grotius eut déclaré l'évasion de son mari, on voulut la retenir prisonnière au lieu de lui ; mais elle fut mise en liberté, et louée de tout le monde. Grotius vint ensuite en France, et y demeura quelques années ; au bout desquelles il retourna en Hollande, où il fut condamné à un bannissement perpétuel. Ce Jurisconsulte, obligé de sortir une seconde fois de sa patrie, se réfugia en Suède, où le Roi Gustave-Adolphe le souhaitait depuis long-temps. Ce Prince étant mort, la Reine Christine, qui lui succéda, le fit l'un de ses Conseillers, et son Ambassadeur à la Cour de France, où il demeura onze ans, au bout desquels la Reine de Suède fut si satisfaite de la manière dont Grotius avait rempli cet emploi, qu'elle fit tous ses efforts pour le retenir dans son royaume. Tous les ennemis de Grotius étant morts, et celui-ci n'ayant plus rien à craindre dans sa patrie, il se détermina à y retourner, afin de pouvoir la servir et lui être utile. Son voyage ne fut pas heureux, car le vaisseau où il se mit pour repasser en Hollande, échoua sur les côtes de Poméranie. Cet accident ne rebuta pas Grotius. Il voulut achever le voyage par terre; mais il tomba si dangereusement malade à Rostock, qu'il y mourut le 28 août 1645, âgé de soixante-deux ans.

Jacques Godefroy naquit à Genève en 1587, quoique sa famille fût depuis long-temps établie en France, où elle s'était rendue fort célèbre. Son inclination particulière l'ayant porté à s'appliquer à la Jurisprudence, il y fit en peu de temps de si grands progrès, qu'on lui donna en l'année 1619 une Chaire de Professeur en Droit à Genève. Ensuite, après avoir passé par les premières charges de cette ville, il y mourut le 24 juin 1652, dans sa soixante-cinquième année. Jacques Godefroy possédait toutes les sciences qui sont comprises sous le nom de Belles-Lettres.

Antoine Matthæus, contemporain de Godefroy, était né à Herborn, le 27 novembre 1601. Après avoir étudié le Droit sous son père qui professait la Jurisprudence, il fut appelé en l'année 1628 à Harderwic, où il épousa une fille de Jean-Isaac Pontanus. En 1634 il alla à Utrecht, où il professa le Droit civil. Il mourut le 25 décembre 1654. Parmi les ouvrages de ce Jurisconsulte, on estime singulièrement son Commentaire sur les livres 47 et 48 du Digeste, concernant les matières criminelles, avec une courte explication du Droit municipal. Il eut un fils, qui fut aussi Professeur en Droit, et qui composa plusieurs traités sur différentes matières de Jurisprudence.

Herman Conringius naquit à Norden en Frise, en l'année 1606. La première maladie qu'il eut, fut celle de la peste, dont il fut attaqué à l'âge de cinq ans : c'est ce qui fit qu'il ne commença à étudier que très-tard. Son tempérament s'étant depuis fortifié, il s'appliqua si vivement aux sciences, qu'à l'âge de trente ans il fut en état d'être reçu Docteur en philosophie et en médecine à Helmstadt. La réputation qu'il s'acquit dans la médecine s'étendit si loin, que la Princesse Régente du Duché de Frise l'engagea en 1649 à venir lui donner ses soins dans une maladie qu'elle avait, et elle fut si contente de lui, qu'elle l'honora du titre de son médecin et de son Conseiller. L'année suivante, Christine, Reine de Suède, l'attira dans son royaume dans le dessein de l'y fixer : mais après avoir demeuré quelque temps auprès de cette Princesse, il voulut absolument revenir à Helmstadt, où on lui donna une Chaire de Droit pour le récompenser de son attachement à cette Université. Jusques-là il ne s'était appliqué au Droit que par goût et par inclination. Mais l'emploi de Professeur en cette science l'engagea à s'y livrer avec une nouvelle ardeur. L'habileté et les connaissances qu'il y acquit, le firent bientôt employer dans des affaires de conséquence, et il fut souvent choisi depuis pour régler les différents qui s'élevèrent entre plusieurs Princes de l'Empire et des États voisins. Sa réputation s'étendit jusqu'en France; et le Roi Louis XIV le jugeant digne de ses libéralités, lui donna, en l'année 1664, une pension de mille livres dont il jouit pendant plusieurs années. Sa santé fut toujours excellente; mais enfin le travail et quelques chagrins domestiques altérèrent son tempérament; et après avoir vu ses forces diminuer peu à peu, il mourut le 12 décembre 1681, âgé de 75 ans. Herman Conringius a laissé beaucoup d'ouvrages de Médecine, de Littérature et de Jurisprudence.

Jean Philippi, né en 1607 à Lignitz en Silésie, fut reçu Docteur en Droit à Jéna, en 1637. Son mérite l'ayant fait successivement passer par plusieurs charges, il fut fait Échevin à Leipsic en 1657. Il mourut en l'année 1674. Il reste de lui plusieurs ouvrages.

Samuel de Pufendorf naquit en l'année 1631 dans un village de Misnie, province de la Haute-Saxe. Son père, nommé Élie Pufendorf, était seulement Ministre Luthérien, quoique le titre de *Baron* dont ce Jurisconsulte fut honoré dans

la suite, ait fait croire qu'il était d'une illustre
naissance. Malgré les dispositions que Samuel
Pufendorf avait pour les sciences, son père qui
n'avait pas assez de bien pour lui faire faire ses
études, aurait été obligé de laisser sans fruit tant
de talents, si un Seigneur Saxon ne se fût pas
chargé de l'éducation de cet enfant. Lorsqu'avec
le secours de ce Seigneur, le jeune Pufendorf
eût fini ses premières études à Grim et à Leipsic,
il s'adonna à la Jurisprudence ; et comme cette
science comprend une infinité de parties qui ne
peuvent guère être embrassées par un même
homme, il s'appliqua principalement à celle qui
regarde le Droit public. La profonde étude qu'il
fit, dans la suite, des mathématiques et de la
philosophie, l'ayant rendu plus fort sur la manière
de juger de la justice des lois en elles-mêmes, et
indépendamment des usages des diverses nations,
il retourna à Leipsic dans le dessein d'y chercher
de l'emploi. Comme il fut quelque temps sans
en trouver, un de ses frères qui était au service
du Roi de Suède, l'engagea à aller chercher
fortune ailleurs. Pufendorf suivit ce conseil, et
profita de l'occasion qu'il eut de voyager à la
Cour de Danemarck en qualité de Gouverneur
d'un jeune Seigneur Suédois. Mais il n'y fut pas
long-temps tranquille ; car la guerre ayant recom-

mencé peu de temps après entre la Suède et le Danemarck, il fut arrêté prisonnier avec les Suédois dans la compagnie desquels il était. Comme dans cette prison il n'avait point de livres, il s'occupa à méditer sur ce qu'il avait lu dans le traité de Grotius *de Jure Belli et Pacis* et dans les livres politiques de Thomas Hobbes. Ce fut cette méditation qui l'engagea à composer dans sa prison ses *Éléments de la Jurisprudence universelle* qu'il fit imprimer dans la suite, après y avoir fait beaucoup de changements lorsqu'il eut recouvré sa liberté. Quelque temps après, l'Électeur Palatin à qui il avait dédié son ouvrage, l'attira dans son Université d'Heidelberg, et fonda en sa faveur une Chaire de *Professeur en Droit de la Nature et des Gens*, qui est la première qu'on ait vu en Allemagne. Pufendorf demeura à Heidelberg jusqu'en l'année 1670, que le Roi de Suède, Charles XI, l'appela à Lunden pour y professer le Droit dans l'Université que ce Prince venait d'y fonder. Par la suite, le même Prince continua de lui donner des marques de son estime et de sa bienveillance en le faisant son historiographe, et en lui donnant le titre de *Baron*. Mais Pufendorf ne jouit pas long-temps de cette dernière dignité; car il mourut dans le cours de la même année, c'est-à-dire en 1694, âgé de

soixante-trois ans. Nous avons de lui plusieurs
ouvrages sur l'Histoire ancienne et moderne, sur
la Critique, sur le Droit d'Allemagne, sur la
Politique et sur le Droit public.

Jean de Someren, contemporain de Pufendorf,
était né à Utrecht, le 20 septembre 1634. Après
avoir fait ses études dans sa patrie, il vint en
France où il prit le degré de Docteur dans l'Université d'Angers, le 20 novembre 1654. Étant
retourné dans sa patrie en 1662, il y remplit
successivement plusieurs charges importantes, et
mourut Président de la Cour, à l'âge de 72 ans,
le 26 mars 1706.

Henri Cocceius, ou *de Coccei*, brillait alors
en Allemagne. Ce Jurisconsulte était né à Brême,
en Saxe, le 25 mars 1644. Après avoir fini son
Droit à Leyde, il voyagea en Angleterre, en
France et dans les différentes parties de l'Allemagne : comme l'objet de ses voyages était de
faire connaissance avec les gens de Lettres de ces
pays, il se lia avec les plus célèbres d'entr'eux,
et principalement avec ceux qui étaient en réputation pour le Droit public et la philosophie.
Étant à Heydelberg, l'Électeur Charles-Louis lui
donna une Chaire de Professeur en Droit naturel
et des Gens. Plusieurs Princes ayant voulu l'attirer dans leurs Etats, Philippe-Guillaume, successeur

cesseur de Charles-Louis, se l'attacha et le retint
en le faisant Conseiller privé d'État, en l'année
1682. La prise d'Heidelberg, en 1688, l'ayant
déterminé à sortir de cette ville, il se rendit à
Utrecht où l'accueil favorable qu'on lui fit tem-
péra un peu la douleur que lui causait la perte
qu'il avait faite de sa bibliothèque, lors de la prise
d'Heidelberg. En 1690 il fut appelé à Francfort
sur l'Oder, où il remplit une chaire de Professeur
en Droit. Ce Jurisconsulte ayant souvent été
employé dans les affaires d'État, l'Empereur,
pour le récompenser de ses services, l'honora en
1713 de la qualité de Baron de l'Empire. Il
mourut à Francfort le 18 août 1719, dans la
soixantième année de son âge.

Godefroy-Guillaume de Léibnitz, homme illustre
que les Belles-Lettres, l'Histoire, la Philosophie,
les Mathématiques et la Jurisprudence se font
également honneur de réclamer, était né à Léipsic le 23 juin ou le 4 juillet 1646. Il était fort
jeune lorsqu'il perdit son père; mais sa mère
ayant pris un soin particulier de son éducation,
il fit en peu de temps de grands progrès dans les
langues grecque et latine, aussi-bien que dans
l'histoire. A quinze ans il commença ses études
académiques, et fut reçu Maître-ès-Arts en
l'année 1664. Quoiqu'il distribuât son génie sur

plusieurs sciences, celle de la Jurisprudence fut cependant sa principale étude, et il fut reçu Bachelier à Léipsic en l'année 1665. Mais les partisans de la philosophie d'Aristote, dont il faisait peu de cas, l'ayant empêché d'être reçu Docteur dans la même Faculté, il alla à Altorf où il soutint une thèse avec tant d'érudition qu'on lui donna le degré de Docteur dans cette ville, et qu'on lui offrit même une chaire de Professeur extraordinaire en Droit, qu'il n'accepta pas. Après avoir été successivement Conseiller de la chambre de révision de la Chancellerie de l'Électeur de Mayence ; membre de l'Académie Royale des sciences de Paris ; Président perpétuel de celle de Berlin ; Conseiller Aulique de l'Empereur ; enfin Conseiller intime de Justice du Czar, il mourut le 14 novembre 1716, d'une goutte remontée, à laquelle se joignirent les douleurs de la pierre.

Gerard Noodt naquit à Nimégue en l'année 1647 ; après avoir fait ses études dans l'école latine de cette ville, on le mit à l'Académie lorsqu'il n'avait encore que 16 ans. Son inclination naturelle qui le portait à la Philosophie et aux Mathématiques, ayant été combattue par les conseils d'un de ses amis, il résolut de s'adonner uniquement à l'étude de la Jurisprudence. Il

commença par étudier le Droit à Nimégue, pendant trois ans. Il alla ensuite à Leyde d'où il
passa à Utrecht et de-là à Franeker en Frise, où
il prit le degré de Docteur en Droit, en 1669.
De retour à Nimégue, il fut élu Professeur ordinaire en Droit, dans cette ville, quoiqu'il n'eût
encore que 24 ans; et deux ans après il publia
son ouvrage intitulé *Probabilium Juris*, qui est
un chef-d'œuvre d'érudition. L'attachement qu'il
avait pour l'Université de Nimégue l'engagea à
refuser une chaire de Professeur dans l'Université
de Doësbourg; mais il se rendit aux sollicitations
que lui fit la province de Frise, d'accepter une
chaire de Droit à Franeker, d'où le Magistrat
d'Utrecht vint enfin à bout de le tirer pour lui
donner une place de Professeur dans cette ville.
Après avoir demeuré à Utrecht pendant près de
quinze ans, il changea encore de domicile et
alla s'établir à Leyde, où il professa le Droit
jusqu'à sa mort, qui arriva le 15 août 1725; il
était alors dans sa soixante-dix-huitième année.
Gerard Noodt passa avec raison pour un des plus
savants hommes qu'il y ait jamais eu dans le Droit.

Le manque de mémoires suffisants sur les
vies et les ouvrages de plusieurs autres grands
jurisconsultes d'Allemagne, oblige notre auteur
à terminer ici l'article de ces Jurisconsultes.

V.

Établissement du Droit romain en Italie ; comment il s'y observe. Quels ont été les plus célèbres Jurisconsultes italiens.

A peine les Barbares eurent-ils été chassés de l'Italie, que les lois romaines s'y établirent comme dans leur ancienne patrie d'où elles étaient exilées depuis long-temps. Mais, comme le long séjour des Goths et des Lombards y avait introduit des lois auxquelles plusieurs provinces s'étaient accoutumées par l'usage, les Italiens laissèrent subsister quelques-unes de ces coutumes particulières, pour y avoir recours seulement dans les cas que le Droit romain n'avait pas prévus; et ces cas exceptés, les lois romaines devinrent le Droit général de l'Italie. Ainsi, quoique quelques-unes des villes qui composent les divers états de l'Italie aient des statuts particuliers qui ont rapport à leurs différents usages, les lois romaines y sont regardées comme Droit commun.

Parmi les diverses nations qui s'appliquèrent à l'étude des lois romaines, on peut dire que l'Italie fut celle qui se distingua le plus, par le

grand nombre de Jurisconsultes qu'elle produisit
pendant plusieurs siècles. En effet, à peine l'école
de Boulogne fut-elle ouverte, que l'on vit paraître
Martin et *Bulgare*, qui se mirent bientôt en état
de succéder à Irnérius, dont il a été parlé dans
le § précédent, sous lequel ils avaient étudié la
Jurisprudence.

Martin, dont le nom de famille était *Gosia*,
naquit à Crémone dans le douzième siècle. Attiré
à Boulogne par la réputation d'Irnérius, il y
étudia sous ce Jurisconsulte. Les progrès rapides
qu'il fit dans la science des lois lui ayant inspiré
beaucoup de prévention et de hardiesse, il se
mit à proposer une infinité de questions singulières, qu'il décidait d'un air si absolu, qu'il s'attira
bientôt pour antagonistes ceux qui préparaient
avec plus de réflexion les décisions qu'ils avaient
à donner. Parmi ces Jurisconsultes, un nommé
Bulgare, natif de Boulogne, se déclara ouvertement contre lui. Comme ces deux rivaux avaient
chacun un grand nombre de disciples, chaque
école prit parti pour son maître, et la dispute
ne tarda guère à devenir aussi vive entre les
sectateurs, qu'entre les auteurs des deux sectes.
Cependant le parti de Martin était moins nombreux que celui de son adversaire, et il y a
apparence que ce Jurisconsulte n'aurait pu

soutenir long-temps ses opinions, si l'Empereur
Frédéric Ænobarbus, qui l'honorait de sa faveur,
ne les eût publiquement approuvées par l'autorité
qu'il leur donna dans l'étendue de l'Empire.
Martin avait de grands talens, et la jalousie que
les autres Jurisconsultes conçurent contre lui,
fut principalement fondée sur la supériorité de
son mérite. La fin tragique qu'on prétend qu'il
éprouva en est une preuve : car on dit qu'ayant
vaincu Azon dans une dispute qu'il eut avec lui
sur un point de Droit, Azon entra dans une si
grande fureur, qu'il assomma Martin avec les
clefs de l'Auditoire. Mais plusieurs auteurs dou-
tent de la vérité de ce fait, qui ne paraît fondé
sur aucune preuve. Quoi qu'il en soit, Martin
mourut à l'âge de soixante-dix-huit ans.

Bulgare, son adversaire, était pour le moins
aussi savant que lui, et joignit d'ailleurs à cela
le don de la parole et un langage brillant qui lui
mérita le surnom de *Bouche d'or*. En effet, pendant
tout le temps qu'il professa le Droit à Boulogne,
il eut un concours prodigieux d'Auditeurs, et
ses maximes furent regardées comme des lois
dans toute l'Italie. Mais le grand crédit que ses
décisions acquirent dans le public, lui furent
préjudiciables dans une occasion dont voici l'histoire. Bulgare avait soutenu que la dot n'étant

qu'un pécule provenant du père de la femme,
cette dot devait revenir au père, lors même que
la femme laissait des enfants lors de son décès.
Martin prétendit au contraire que la dot devait
appartenir à la femme comme un patrimoine
qu'elle transmettait à sa postérité. Pendant qu'on
discutait sur ce point de Droit, la femme de
Bulgare mourut. Sur cela le beau-père de Bulgare
ayant consulté Martin, ce Jurisconsulte répondit
que s'il se trouvait dans le cas de Bulgare, il ne res
tituerait point la dot; mais que Bulgare étant d'un
sentiment contraire, s'était condamné lui-même,
et par conséquent obligé de rendre la dot. Bulgare qui se douta, ou qui fut informé de la
décision de son antagoniste, offrit lui-même de
rendre la dot, et préféra ainsi sa doctrine à ses
intérêts.

Roger, *Othon* et *Hugolinus* étaient contemporains de Martin et de Bulgare. Les deux premiers
facilitèrent l'étude des lois par les abrégés qu'ils
en donnèrent.

Pyleus, dont on parle avec estime, acheva
l'Abrégé du Code que Placentinus, Jurisconsulte
français, avait commencé.

Jean Bossianus, contemporain de Pyleus, fit
un abrégé des Novelles. Ce fut lui qui imagina
de faire une table en forme d'arbre, contenant

tous les différents genres d'actions suivant lesquelles on peut procéder selon le Droit civil. Il
mourut en l'année 1197.

Azon, dont les ouvrages ont été fort estimés
par les Jurisconsultes, commença par enseigner
le Droit dans la ville de Boulogne, sa patrie.
Un grand nombre d'envieux l'ayant obligé de
quitter l'Italie, il prit le parti de venir en France;
et comme son nom y était déjà fort connu, on
ne fit aucune difficulté de lui donner la chaire
que Placentinus venait d'occuper dans l'Université de Montpellier. Sa réputation augmentant de
jour en jour; toute la jeunesse d'Italie accourut
à Montpellier pour l'entendre, de sorte que les
habitants de Boulogne furent obligés de le rappeler pour repeupler leur école. Depuis ce temps
il fut très-estimé dans sa patrie. Sa mort, arrivée
à Boulogne en 1200, fut accompagnée de beaucoup de regrets, et les écoles restèrent long-temps
fermées, afin de rendre plus sensible la perte
que l'on venait de faire. On lui érigea un superbe
monument, qui, ayant été ruiné par le temps,
fut rétabli en 1416, afin, sans doute, que la
postérité ne pût ajouter aucune foi à la fable
qu'Alciat a débitée lorsqu'il a dit qu'Azon avait
été pendu pour avoir tué le Jurisconsulte Martin.

François Accurse était né à Florence. On dit
qu'il

qu'il ne commença à étudier le Droit qu'à l'âge
de quarante ans. Après avoir professé à Boulogne,
il se retira pour travailler à l'explication et à la
concordance des lois. Les sept années qu'il employa à cet ouvrage n'étaient certainement pas
suffisantes pour bien traiter une matière aussi
vaste et aussi difficile que l'est celle du Droit
romain, et c'est peut-être là une des principales
causes des négligences et des erreurs grossières
que l'on trouve dans les commentaires d'Accurse,
quoiqu'ils contiennent d'ailleurs d'excellentes
décisions. Le fréquent usage que l'on fait des
Gloses qui portent le nom de ce Jurisconsulte,
n'empêche pas que l'on n'en juge d'une manière
qui fait bien connaître que ceux qui les consul-
tent n'en comprennent pas beaucoup l'esprit ni
le dessein. En effet, il règne un préjugé qui
est, que ce qu'on appelle la grande Glose, est
entièrement l'ouvrage d'Accurse ; et de-là on
conclut que tout ce qu'il y a de bon et de
mauvais dans cette grande Glose, doit être at-
tribué à ce Jurisconsulte, en quoi l'on se trompe,
puisqu'il n'a fait que compiler les meilleures
décisions d'Irnérius, de Bulgare, de Martin, de
Placentinus, de Pyleus, de Joannes et des autres
Jurisconsultes qui vivaient avant lui ; il est vrai
qu'Accurse y a joint quelquefois son sentiment ;

36

mais pour l'ordinaire il ne parle que d'après les autres, et c'est en quoi il est blâmable; car la plupart des auteurs qu'il cite sont tombés dans de grandes absurdités. Sans nous arrêter à rapporter ce que l'on a dit pour et contre ce Jurisconsulte, nous nous bornerons à dire que ses ouvrages sont trop estimés par les uns, et trop méprisés par les autres.

Parmi les nombreux Jurisconsultes d'Italie qui précédèrent Bartole, nous nous bornerons à indiquer les noms de Jacques Ardizon, de Vérone; Odefroy, de Boulogne; Jacques de Aréna, de Parme; Dinus, de Mugello; et Cinus de Pistoye, qui tous se distinguèrent dans la carrière de la Jurisprudence.

Bartole, naquit en l'année 1300 à Sassoferrato dans l'Ombrie. Ses progrès dans différentes sciences furent si rapides, qu'à l'âge de quatorze ans il fut en état de consacrer son temps à l'étude du Droit civil. Après avoir étudié sept ans à Perouse, il reçut le bonnet de Docteur à Boulogne, n'étant encore âgé que de vingt-un ans. Il se livra ensuite aux exercices du barreau jusqu'au temps où il fut revêtu d'un office d'Assesseur Criminel; mais sa trop grande sévérité lui ayant attiré la haine du peuple, il se retira dans une maison de campagne pour se soustraire aux insultes et aux

traits calomnieux qu'on lançait contre lui. Après
quatre ans passés dans cet espèce d'exil, on le fit
venir à Pise pour y enseigner le Droit. Il retourna
ensuite à Perouse pour y fixer son domicile : sa
réputation lui attira un si grand nombre d'auditeurs, que l'école de Perouse fut alors plus
fréquentée que toutes les autres écoles de l'Italie.
Ce succès renouvela la jalousie que les autres
Docteurs avaient conçue contre lui ; mais cela ne
fit que redoubler son émulation et son application
infatigable. Les infirmités même ne purent diminuer le désir qu'il eut d'apprendre de nouvelles
choses, et il avait perpétuellement dans la bouche
cette pensée du Jurisconsulte Salvius Julianus,
que, quand même il aurait déjà un pied dans le
tombeau, il ne cesserait pas pour cela de s'instruire. Peu de temps avant sa mort il étudia les
mathématiques et la langue Ébraïque. Ces sciences
achevèrent de rendre son nom célèbre auprès
des différents Princes de l'Europe, qui ne purent
se lasser d'admirer tant de talens réunis dans une
même personne. L'Empereur Charles IV lui
donna une place dans son conseil, et lui permit de
porter les armes de Bohême ; mais Bartole n'ayant
point eu de fils, cette marque de distinction ne
put se perpétuer dans sa famille. Il mourut en
1355, âgé de cinquante-six ans. Ce Jurisconsulte

a travaillé sur les institutes, sur quelques livres du Code, sur une bonne partie du Digeste, et outre cela il a fait un livre de Conseils. Ses ouvrages sont remplis d'une érudition solide.

Balde, fils de François Ubalde, médecin de Perouse, fut de tous les disciples de Bartole celui qui lui fit le plus d'honneur. En effet, lorsque Balde s'absentait des écoles, elles étaient toutes languissantes, et il semblait que Bartole n'eut plus d'auditeurs. Sa présence au contraire animait tout l'auditoire. Paul de Castro a remarqué que Balde, quoique fort jeune, proposait quelquefois des questions si embarrassantes, que Bartole ne rougissait point de demander du temps pour y répondre. Après qu'il eut suffisamment fait ses preuves, on lui donna une chaire de Professeur dans l'Université de Pavie. On raconte que la première fois qu'il parut dans cette chaire, les Étudiants qui se l'étaient figuré comme un homme de bonne mine, furent si étonnés de le voir petit et mal fait, qu'ils s'écrièrent : *minuit præsentia famam*; à quoi Balde sans se déconcerter répondit aussitôt, *augebit cætera virtus.* Effectivement il eut à peine professé quelques mois dans cette Université, qu'il s'attira l'admiration générale tant des Étudiants que du reste du public. Personne n'est jamais disconvenu que

Balde ne fût très-habile; mais on lui a reproché trop de variation dans ses sentiments : car il oublie souvent ce qu'il avait dit d'abord, et rapporte ensuite des choses qui y sont entièrement opposées. Après avoir poussé ses travaux jusqu'à une vieillesse fort avancée et même décrépite, il mourut au commencement de l'année 1400 ; d'une morsure venimeuse qu'un petit chien qu'il aimait beaucoup lui fit à la lèvre.

Jean-Pierre Ferrarius, contemporain de Balde, natif de Pavie, a laissé un très-bon ouvrage connu sous le nom de *Practica Ferrarii*, qui est très-estimée et souvent citée par les Docteurs. Il la composa en l'année 1400; l'on dit qu'il avait alors 86 ans.

Raphaël Fulgose, natif de Plaisance, possédait parfaitement le Droit civil et le Droit canonique : Le Duc de Milan l'attira dans l'Université de Pavie, où il enseigna le Droit canonique pendant six ans. Il assista, comme Avocat, au Concile de Constance, ouvert en 1414 et conclu en 1418; ses avis furent très-utiles pour y décider plusieurs difficultés. Fulgose professa le Droit à Plaisance et ensuite à Padoue où il mourut.

Paul de Castro s'acquit une réputation très-brillante dans toute l'Italie, malgré les obstacles qui s'étaient opposés à son avancement dans les sciences. En effet, il était très-pauvre, et d'une naissance si obscure qu'il n'osa jamais porter le nom de sa famille : car au nom de Paul qui était celui de son baptême, il ajouta celui de *Castro*, nom d'une petite ville du royaume de Naples où il avait reçu la naissance. Après avoir gagné quelque chose en qualité de domestique, il vint à Pavie où il eut l'emploi d'accompagner les enfants de Balde lorsqu'ils allaient prendre les leçons de leur père dans son école. Paul de Castro voulant au moins mettre à profit un emploi qui n'était pas honorable par lui-même, ne manquait jamais, aussitôt qu'il était revenu à la maison, de mettre par écrit tout ce qu'il avait entendu dire à son maître, de peur que cela ne lui échappât. Sa misère fut la cause des progrès qu'il fit dans la Jurisprudence; car n'ayant point d'argent pour acheter les ouvrages des commentateurs, il étudia tellement le texte, et conféra tellement les lois les unes avec les autres, qu'il parvint à en connaître le sens, les rapports et la liaison, mieux que la plupart des autres Jurisconsultes qui l'avaient précédé. Sa profonde érudition l'ayant encouragé à s'exposer dans des disputes publiques, il s'y attira tant d'admiration que l'Archevêque de Florence lui procura une Chaire de Professeur dans cette ville. Après y

avoir séjourné assez long-temps, il alla enseigner
le Droit à Boulogne et ensuite à Pavie où il
mourut en l'année 1438. Ses ouvrages sont très-
clairs et fort instructifs; Cujas en a jugé la lecture
si utile, qu'il a dit : *qui non habet Paulum de
Castro, tunicam vendat, et emat.* Paul de Castro
laissa un fils nommé Ange, qui fut aussi Jurisconsulte.

Matthieu Mathesilani, son contemporain, naquit à Boulogne, où il s'acquit par la suite une
grande réputation. Il s'appliqua principalement
à faire remarquer les contradictions de Bartole.
Il a laissé plusieurs ouvrages, et plusieurs auteurs
lui ont donné le titre de Docteur subtil.

Le quinzième siècle a fourni un trop grand
nombre d'autres Jurisconsultes Italiens, pour
qu'il soit possible de les parcourir tous : voici
quels ont été les plus célèbres.

Louis Pontanus, surnommé *Romanus*, parce
qu'il avait fait ses études à Rome, quoiqu'il fût
né à Spolette, capitale de l'Ombrie, après avoir
étudié le Droit à Rome pendant l'espace de sept
années, et ensuite sous les plus habiles Professeurs de Perouse et de Boulogne, fut reçu
Docteur dans l'Université de cette dernière ville.
Il professa le Droit à Sienne, et alla ensuite
exercer les fonctions d'Avocat à Florence. De

retour à Rome, le Pape Eugène IV le fit Protonotaire; ayant été envoyé en qualité de Légat au Concile de Basle, il y mourut à peine âgé de 30 ans.

François Accolti, communément nommé *Aretin*, parce qu'il était né à Arezzo en Toscane, étudia le Droit à Sienne sous Louis Pontanus. S'étant rendu très-habile dans la Jurisprudence, il l'enseigna à Sienne, à Pise et à Ferrare; il s'acquit beaucoup de réputation dans ces trois villes, par la manière dont il associa les Belles-Lettres avec le Droit. Parvenu à un âge fort avancé et ne pouvant plus vaquer à ses emplois, il fut honoré du titre de Chevalier, et jouit, le reste de sa vie, des appointements qu'il avait eus lorsqu'il était en état d'enseigner dans les écoles. Il mourut vers l'an 1470.

Alexandre Tartagni, surnommé *d'Imola*, parce qu'il était de cette ville d'Italie, vivait en même temps. Après avoir professé le Droit à Padoue, à Ferrare et à Boulogne, il mourut dans cette dernière ville, en l'année 1477, âgé de cinquante-trois ans. On lui érigea, dans l'église des Dominicains où il fut inhumé, une statue de marbre, comme un monument de l'estime singulière qu'on avait pour lui. Les auteurs se sont accordés à combler d'éloges la personne et les ouvrages d'Alexandre Tartagni.

Socin.

Socin. Nous allons parler, sous ce nom, d'une famille entière de Jurisconsultes.

Marien Socin, dit l'ancien, était de Sienne. Il étudia le Droit dans le lieu de sa naissance et ensuite à Padoue; il le professa successivement dans ces deux villes avec un grand succès. La science des lois et les occupations qu'elle lui procura jusqu'à la fin de ses jours, ne l'empêchèrent pas de cultiver les talents qu'il avait pour l'Histoire, la Poësie, la Musique, les Instruments, la Peinture et la Sculpture. Ses ouvrages en ce genre périrent pendant les guerres civiles qui ravagèrent son pays. Quoique ce Jurisconsulte fût très-habile dans le Droit civil, presque tous ses ouvrages de Jurisprudence roulent sur le Droit Canonique. Il mourut à Sienne l'an 1467, âgé de 67 ans. On avait fait faire sa statue d'airain pour être mise sur son tombeau; mais ce projet n'ayant pas été exécuté, cette statue resta dans la famille de Socin, où on la conserva comme un monument de l'estime qu'on avait pour ce grand homme.

Il eut deux enfants : *Alexandre et Barthélemi Socin.* Le premier ne fut pas Jurisconsulte; mais il eut un fils, nommé Marien Socin comme son aïeul, qui se distingua dans la science des lois, et mourut en 1556.

Pour ce qui est de *Barthélemi Socin*, après
avoir étudié sous son père, et sous Thomas
Doctius, Alexandre Tartagni, André Barbatius
et François Aretin, il fut reçu Docteur à Sienne
où il enseigna le Droit. De-là il alla à Pise où
il eut Philippe Dèce pour disciple. Quelques
années après il fut appelé à Ferrare pour y professer la même science ; mais Laurent de Médicis
l'ayant engagé à revenir à Pise pour y faire la
leçon du soir, il ne put souffrir qu'on lui donnât
Jason Mainus pour concurrent. Il s'éleva entr'eux
une dispute qui ne finit que par la séparation
de ces deux rivaux, dont l'un fut appelé à Pise
et l'autre à Padoue. Socin, après s'être fait quelques mauvaises affaires et avoir perdu tout son
bien au jeu, mourut dans un faubourg de Sienne,
en l'an 1507, ne laissant pas seulement de quoi
fournir aux frais de son enterrement. Mais le
public y suppléa, et ce Jurisconsulte fut inhumé
dans le tombeau de ses ancêtres.

Barthélemi Capola, de Vérone, étudia à Boulogne sous Paul de Castro et autres savants
Professeurs de Boulogne où il reçut le Bonnet
de Docteur en l'année 1446. Étant allé à Padoue,
et y ayant expliqué le titre du Digeste de *Ædilitio
Edicto*, les jours de fêtes, en présence d'un grand
nombre d'Auditeurs, cette explication lui valut

une Chaire de Droit dans la même ville, la qualité de noble et le titre de Comte Palatin. Ces
dignités ne l'ayant pas empêché de continuer ses
exercices de Jurisprudence, il fut pendant quelque temps émule d'Alexandre Tartagni dans les
leçons ordinaires du Droit. Il alla ensuite à Rome
où il exerça la profession d'Avocat avec beaucoup
de succès. On dit que ce Jurisconsulte mourut
en l'année 1477.

Jean-Marie Riminaldi, disciple de Tartagni,
fut pourvu, en 1473, d'une Chaire de Droit dans
l'Université de Ferrare, remplit cette place
pendant 24 ans, au bout desquels il mourut
en l'anné 1497. *Jacques* Riminaldi, son fils,
enseigna le Droit après lui à Ferrare : il se fit
estimer par ses talents supérieurs dans la plaidoirie, et par sa grande piété. Il laissa plusieurs
ouvrages qu'*Hercule Riminaldi*, son fils, ne
donna qu'après sa mort. *Hypolite Riminaldi*,
neveu de ce dernier, exerça la profession d'A-
vocat, et enseigna le Droit civil et canonique. Il
. laissé de savants commentaires sur les Institutes
et sur le Code.

Jason Mainus. Dans le temps que le premier
des quatre Riminaldi commençait en sa personne
cette généalogie de Jurisconsultes dont je viens
de parler, Jason Mainus se faisait une réputation

bien plus étendue dans toute l'Italie. Il était né
à Pezaro, en 1433. Après avoir fait ses premières
études à Milan, il alla à Pavie pour y étudier en
Droit : mais étant dans cette ville, il s'abandonna
au jeu avec tant de fureur, qu'il y perdit tout
son argent, tous ses livres et tous ses écrits. L'état
d'indigence où il se trouva réduit, l'ayant fait
rentrer en lui-même, il se remit à l'étude de la
Jurisprudence, et y fit en si peu de temps de si
grands progrès, qu'il fut bientôt en état d'enseigner le Droit à Pavie, à Boulogne, à Pise et à
Padoue, où il eut un nombre prodigieux d'Auditeurs. Quelque temps après, Louis XII, Roi
de France, étant venu en Italie pour recouvrer
le Duché de Milan qui lui appartenait du chef
de Valentine de Milan, son aïeule, et d'où il
chassa Louis Sforce qui l'avait usurpé, ce Monar-
que fit l'honneur à Jason de l'entendre expliquer
le Droit à Pavie. Pancirole observe que le jour
où Jason expliqua le Droit en présence du Roi,
ce Jurisconsulte, vêtu d'une robe d'étoffe d'or,
accompagna et conduisit le Roi dans l'Université,
et que quand il fut question d'y entrer, Sa Ma-
jesté, qui était accompagnée de cinq Cardinaux
et cent autres personnes d'une qualité distinguée,
voulut absolument que Jason entrât le premier,
comme lui servant de Précepteur en cette occa-

sion. Ce Jurisconsulte prit ce jour-là pour sujet
de sa leçon, que la dignité de Chevalier, conférée
par le Prince pour récompenser la valeur de celui
qui était sorti du combat avec avantage, passait
aux enfants, et il prouva fort bien cette proposition contre le sentiment de plusieurs Docteurs.
Lorsqu'il fut descendu de Chaire, le Roi l'embrassa, et lui donna un château qu'on nomme
Propera. Le mérite de Jason et les distinctions
dont il fut honoré lui attirèrent l'envie de plusieurs Jurisconsultes, principalement de Philippe
Dèce et de François Curtius l'aîné. Il harangua
un jour si éloquemment l'empereur Maximilien,
que ce Prince lui fit présent d'une grosse somme
d'argent, et l'honora de la qualité de Chevalier,
à laquelle il joignit celle de Comte Palatin et de
Patrice. Jason mourut à Pavie en l'année 1519,
âgé de quatre-vingt-quatre ans.

Philippe Dèce, qui vivait en même temps que
Jason est encore plus estimé. Ce Jurisconsulte
naquit à Milan en l'année 1454. Il devint en peu
de temps si subtil dans la dispute, qu'il embar-
rassa plusieurs fois ses Professeurs. Il proposa et
soutint si bien en public plusieurs thèses contre
Lancelot Dèce, son frère, qui était lui-même un
des plus grands Jurisconsultes de son temps, que
celui-ci, l'ayant admiré en présence de toute

l'assemblée, dit tout haut que ce jeune homme
le surpasserait bientôt. Il paraît que Philippe
Dèce se rendit par la suite si redoutable dans la
dispute, que les Professeurs de plusieurs autres
Universités où on voulut l'attirer, appréhendèrent
de l'avoir pour collègue. Il n'y eut qu'Antoine
François, surnommé le Docteur, avec lequel il
vécut en bonne intelligence, lorsqu'en l'année
1502 ils enseignèrent conjointement le Droit à
Padoue. Environ trois années après, Louis XII,
qui était alors en Italie pour le sujet dont j'ai
parlé plus haut, l'attira à Pavie où il eut pour
auditeurs cinq Professeurs et neuf autres grands
personnages : mais pendant les sept années qu'il
enseigna le Droit dans cette ville, il eut de fréquentes disputes avec Jason, qui y professsait
aussi dans le même temps. Les guerres l'ayant
obligé à quitter l'Italie, il vint en France où le
Roi le fit Conseiller au Parlement de Grenoble,
et lui donna une pension de deux cents cinquante
écus d'or. Plusieurs années après, le Roi François
I.er, successeur de Louis XII, ayant soumis le
Milanais, voulut envoyer ce Jurisconsulte à Pavie
pour y enseigner le Droit Canonique ; mais Philippe Dèce voyant qu'on ne lui payait pas ses
appointements et que la ville de Milan était
assiégée, alla à Pise et de-là à Sienne où il mourut

en l'année 1535, âgé de quatre-vingt-un ans.

Charles Ruinus, autre célèbre Jurisconsulte de l'Italie, était natif de Reggio ; il avait d'abord étudié le Droit à Boulogne. Quoiqu'il fût d'une famille honnête, son père qui s'était ruiné au jeu, l'avait laissé dans une si grande indigence, que, pour se faire recevoir Docteur, il avait été obligé de vendre un petit héritage qui lui restait ; mais peu de temps après ayant hérité d'un de ses oncles du côté paternel, il se vit en état de mener une vie plus commode. Après avoir expliqué pendant quelque temps les Institutes de Justinien à Ferrare, il alla professer le Droit à Pavie, et de-là à Padoue, où il fut souvent aux prises avec Jason et Philippe Dèce. Mais dans la suite ayant été attiré à Boulogne, il y enseigna le Droit jusqu'à son décès arrivé dans la même ville en l'année 1530.

André Alciat naquit à Milan, le huit mai 1492, d'une honnête et riche famille. A peine sorti de l'enfance, il se consacra à la Jurisprudence et suivit exactement les leçons des plus habiles Docteurs de l'Italie, entr'autres de Jason Mainus et de Ruinus. A l'âge de 22 ans il entreprit de réformer la Jurisprudence, en y introduisant les lettres grecques et latines, par le secours desquelles on entre beaucoup mieux dans l'esprit des anciens Jurisconsultes, et dans le génie des différents siècles où les lois ont été composées. Il proposa d'abord ce nouveau système dans plusieurs Universités d'Italie; mais les Professeurs qui prévirent bien que la méthode d'Alciat allait rendre leurs écoles désertes, se déchaînèrent si vivement contre sa doctrine et sa personne, qu'ils l'obligèrent de quitter l'Italie, par les persécutions et les calomnies dont ils l'accablèrent. Alciat se réfugia donc en France, où le Roi François I.er régnait alors. Ce Prince, qui aimait beaucoup les gens de lettres, prit Alciat sous sa protection et lui donna une pension considérable, pour l'engager à se fixer en France. Mais ce Jurisconsulte, après avoir enseigné quelque temps le Droit à Avignon et à Bourges, fut obligé de retourner dans sa patrie, parce que le Duc de Milan le menaça de confisquer ses biens s'il n'y revenait pas. Par la suite il alla enseigner le Droit à Boulogne et à Ferrare; et pendant le séjour qu'il fit dans la dernière de ces deux villes, le Pape Paul III qui y passa, lui offrit plusieurs bénéfices qu'il ne voulut point accepter, se contentant de la qualité de Protonotaire. Il revint après cela à Pavie où il mourut en l'année 1550, âgé de 58 ans. Il fut enterré dans l'église de Saint Épiphane de la même ville, où François Alciat, son parent,

composa

composa une épitaphe qu'il fit placer sur son tombeau.

C'est sans fondement que quelques auteurs ont avancé qu'André Alciat avait vécu dans le célibat ; car ce Jurisconsulte parle de sa femme dans une de ses lettres, où il témoigne qu'il l'avait laissée à Milan pendant qu'il professait le Droit à Avignon. Il ne paraît pas cependant qu'il en ait eu des enfants ; car sa mère étant morte dans un âge fort avancé, il eut envie d'employer son bien à fonder un Collége à Pavie ; mais ayant été insulté par quelques écoliers de cette Université, il abandonna ce dessein, et choisit pour son héritier François Alciat, son parent éloigné, qui parvint dans la suite au Cardinalat. Ce fut ce François Alciat qui, n'étant encore que Jurisconsulte lors de la mort de son bienfaiteur, lui fit l'épitaphe dont il vient d'être parlé. Il n'y a aucun Jurisconsulte à qui les amateurs de la belle Jurisprudence aient autant d'obligations qu'à André Alciat, car il est le premier qui entreprit d'associer le Droit et la Littérature. Il est aussi le premier des interprètes du Droit, qui ait séparé les citations d'avec le corps du discours, et qui les ait mises à la marge. Nous avons de ce Jurisconsulte un grand nombre d'ouvrages dont il y a eu plusieurs éditions. On

38

en compte cinq, dont celle donnée à Basle en 1571, en six volumes in-folio, est la plus étendue ; elle contient trente-deux traités différents.

Les ouvrages de ce Jurisconsulte ont tellement été admirés dans les divers pays de l'Europe, que plusieurs de ses traités ont été traduits en différentes langues.

Gabriel Saraina, natif de Vérone, fut un des plus célèbres disciples d'Alciat. Ce Jurisconsulte demeura assez long-temps à Paris. Ce fut dans cette ville qu'il publia un recueil des lois et constitutions de la Sicile. Nous avons de lui plusieurs ouvrages.

Jean Névizan, natif d'Ast en Piémont, professa le Droit dans l'Université de Turin, et ce fut dans les fonctions de cet état qu'il passa toute sa vie. L'ouvrage le plus connu de ce Jurisconsulte, est celui qui a pour titre *Sylva Nuptialis*, composé de six livres : les deux premiers roulent sur la thèse *qu'il ne faut point se marier*; et les deux suivants sur la thèse contraire. Le cinquième et le sixième sont étrangers aux quatre autres. L'auteur y examine les règles qu'un Juge doit suivre dans ses jugements. Le tout est rempli de plaisanteries, de citations, de pensées singulières et de diverses

opinions erronées. François de Billon rapporte
que les dames de Turin, choquées de ce qu'avait
dit Névizan contre le sexe dans sa *Sylva Nuptialis*,
allèrent le prendre, et le chassèrent de la ville à
coups de pierres ; et qu'il n'obtint la liberté d'y
revenir, qu'après leur avoir demandé pardon à
genoux, ayant sur le front ces mots latins :
*Rusticus est verè qui turpia dicit de muliere ; nam
scimus quod omnes sumus de muliere.* Quelques
auteurs ont regardé cette histoire comme sup-
posée.

Lælius Taurellus, contemporain de Névizan,
rendit des services plus importants à la Jurisprudence, par des travaux plus sérieux et plus
utiles. Après avoir enseigné pendant plusieurs
années la Jurisprudence, il profita de l'estime
que Côme I.er, Grand Duc de Toscane, avait
pour lui, pour l'engager à lui confier le célèbre
manuscrit des Pandectes Florentines. Il les eut
en sa possession pendant plus de dix ans, et s'en
servit, avec tout le succès possible, pour mettre
au jour, en l'année 1553, sous le nom de
François Taurellus, son fils, une excellente
édition de ces Pandectes : ce fut le Grand Duc
de Toscane qui en fit les frais.

Guy Pancirole, né à Reggio en 1523, commença à étudier le Droit à l'âge de 14 ans, sous

Albert Pancirole, son père. Il suivait les leçons
de Marien Socin le jeune, d'Alciat et de Marcus
Mantua, quand le Sénat de Venise, à qui l'on
avait vanté sa capacité, le nomma second Professeur des Institutes à Padoue. Après avoir
occupé cette place pendant sept ans, il parvint
à celle de premier Professeur, qu'il aurait
remplie toute sa vie, si le Duc de Savoie ne
l'avait attiré à Turin à force de libéralités ;
mais, dans la suite, l'air du Piémont lui étant
devenu funeste au point de lui faire perdre un
œil, il retourna à Padoue où il professa pour
la seconde fois jusqu'en l'année 1599, époque
de sa mort survenue à l'âge de 76 ans. Il a fait
plusieurs ouvrages qui servent infiniment à
éclaircir la Jurisprudence Romaine.

Je me bornerai à indiquer ici les noms de
quelques Jurisconsultes qui se livrèrent seulement
à la pratique des lois, sans en chercher les origines, et dont les ouvrages ne sont pas d'un
grand usage dans les Barreaux, ni dans les
Universités. Tels furent :

Matthæus de Afflictis; *Marc-Antoine Peregrini*;
Julius Clarus ; *Jean-Paul Lancelot*; *Robert
Lancelot*, son frère ; les cinq *Alphanus*, dont
quatre professèrent le Droit à Pérouse ; et le

cinquième à Naples; *Jérôme Buccaferrèi*; *Laurent Pignorius*; *Gabriel Palæotus*, et *Jean Cefalo*.

Alberic Gentilis naquit dans la marche d'Ancône, vers l'an 1550. Il reçut le bonnet de Docteur à Pérouse, n'ayant encore que 21 ans. Obligé de quitter l'Italie pour cause de religion, il passa en Angleterre où son nom était déjà si connu, que l'Université d'Oxfort lui donna, en 1582, une chaire de Droit. Il fut depuis Avocat perpétuel des Sujets du Roi d'Espagne, pour les causes qu'ils auraient en Angleterre. Il mourut à Londres en 1608, âgé de 58 ans. Il a laissé plusieurs ouvrages de Droit, de Littérature et d'Histoire.

Scipion Gentilis, son frère, fit précéder l'étude du Droit de celle de la Langue Grecque, de la Poësie et des Belles-Lettres. Lorsqu'il se sentit assez avancé dans la connaissance du Droit pour pouvoir l'enseigner aux autres, il se fit recevoir Docteur à Basle en l'année 1589. Revêtu de ce titre, il passa à Heidelberg pour tâcher d'y trouver de l'emploi; mais une certaine jalousie qui s'éleva entre lui et Jules Pacius qui y enseignait la Jurisprudence, lui ayant procuré quelques chagrins, il se retira à Altof où Hugues Doneau, qui y professait le Droit, le prit sous sa protection. Depuis ce temps, *Scipion Gentilis* se

fixa dans l'Académie d'Altorf où il mourut en
1616 , âgé de 53 ans, après y avoir professé
pendant plus de vingt années. Il a laissé un grand
nombre d'ouvrages tant de Droit que de Littérature.

Jules Pacius, son concurrent, réunissait les
qualités de Philosophe et de Jurisconsulte. Il
était né à Vicenze en Italie en l'année 155o. Il
joignit à son nom celui d'un petit titre , et se fit
appeler *Julius Pacius à Beriga*. Quelques désagréments que lui fit éprouver son Évêque, le
déterminèrent à se retirer en Suisse , où il enseigna différentes sciences avec tant de succès ,
qu'on l'attira bientôt dans l'Université d'Heidelberg pour y professer la Philosophie. Il passa
ensuite en Hongrie , où il enseigna le Droit
pendant quelque temps. De-là le Duc de Bouillon
l'ayant engagé à venir professer dans la nouvelle
Université de Sedan , ce Jurisconsulte la mit
en grande réputation. Mais les guerres ayant
obligé Pacius à sortir de cette ville, il se réfugia
à Nîmes en Languedoc, d'où on le tira quelque
temps après pour lui donner une chaire de Droit
dans l'Université de Montpellier. Le célèbre M.r
de Peiresc qu'il eut occasion de connaître dans
cette ville , ayant obtenu de lui qu'il irait
enseigner le Droit à Aix, il y fut; mais il n'y

séjourna pas long-temps , parce que l'Université
de Valence lui offrit les plus grands avantages,
qu'il accepta. La réputation de Pacius s'étant
répandue dans toute l'Europe, on lui offrit des
chaires de Droit à Leyde , à Pise et à Padoue.
S'étant déterminé pour cette dernière ville, il y
mena son fils avec lui; on les reçut avec de si
grandes marques d'estime dans plusieurs villes
d'Italie , que la République de Venise se fit
honneur de donner au père le Collier de l'Ordre
de S.ᵗ Marc , et d'accorder une chaire de Professeur au fils. Mais la famille de Pacius , qui
était restée à Valence , ayant engagé ce Jurisconsulte à y revenir , il y reprit ses exercices
ordinaires jusqu'à son décès arrivé dans la même
ville en l'année 1635. Pacius avait alors 85 ans.
Parmi les nombreux ouvrages qu'il a laissés tant
sur la Jurisprudence que sur la Philosophie,
celui qui a pour titre *Analysis Codicis*, est
d'un grand usage dans les Tribunaux.

Ménochius, qui vivait au même temps, était
né à Pavie; la réputation qu'il s'acquit dans la
science des lois lui fit bientôt surmonter l'obscu-
rité de son origine. On crut ne pouvoir rien
dire de plus glorieux pour lui que le nommer le
Balde et le Barthole de son siècle. La postérité
en a porté un autre jugement; car on cite plus

souvent les ouvrages de Ménochius que ceux de
Balde et de Barthole. Il enseigna le Droit pendant
23 ans dans l'Université de Padoue. De-là il alla
à Pavie, où il remplit une chaire vacante
par la mort de Nicolas Gratiani. Philippe II,
Roi d'Espagne, le fit Conseiller et puis Président au Conseil de Milan. Ce Jurisconsulte a
rendu son nom célèbre par divers ouvrages, et
notamment par son traité *De Præsumptionibus*,
que l'on cite souvent dans les Tribunaux. Il
mourut à Pavie, le 10 août 1607, âgé de
75 ans.

Ici M. Terrasson se borne à indiquer les noms
de quelques autres Jurisconsultes d'Italie, tels
que *Polidore Riva*, *Jérôme Lampugnani* et *Eu-
sèbe Caïmo*, afin de donner des bornes à ce
paragraphe déjà trop long, qu'il termine par les
trois notices suivantes.

François Mantica naquit à Udine; dès qu'il
eut reçu le bonnet de Docteur à Padoue, il y
enseigna les Institutes de Justinien. Il fit ensuite
dans la même ville les leçons de Jurisprudence,
tantôt le matin et tantôt le soir, et ce fut parmi
ces exercices qu'il composa son excellent traité
de Conjecturis ultimarum voluntatum, qui lui
procura de grands avantages, car il fut peu de
temps après nommé Auditeur de Rote, et ensuite
Cardinal

Cardinal par le Pape Clément VIII. Il mourut à Rome, le 28 janvier 1614, âgé de 80 ans.

Prosper Farinacio, connu sous le nom de *Farinacius*, qui vivait en même temps que Mantica, était né à Rome de parents pauvres et d'une condition fort médiocre. Il fit ses études à Padoue, et s'étant rendu très-habile dans le Droit civil et canonique, il revint à Rome, où il exerça pendant plusieurs années la profession d'Avocat. Parvenu, à force d'intrigues, à se faire pourvoir d'une charge dans la même ville, il s'y comporta avec tant de dureté, qu'il excita contre lui de grands murmures et même les plaintes les plus graves, tant par ses procédés qu'à l'occasion de sa conduite qui était très-vicieuse. Il mourut en 1618, âgé d'environ 64 ans. Parmi ses ouvrages on estime principalement ses traités sur les matières criminelles.

Janus ou *Jean-Vincent Gravina* était du Diocèse de Consenza en Calabre. On ignore les circonstances de sa jeunesse et de ses études. Tout ce qu'on sait de sa personne et de ses emplois, est que le Pape Innocent XII, qui le connaissait pour un homme d'un rare mérite, lui donna une chaire de Droit à Rome. Après la mort d'Innocent XII, Gravina trouva un nouveau protecteur dans la personne du Pape Clément

XI qui lui donna toujours des marques de son estime et de sa considération. Gravina lui dédia ses ouvrages sur ce titre : *Jani-Vincentii Gravinæ originum Juris*, *libri tres*, qui sont regardés comme un trésor de Littérature et de Jurisprudence. Il fit paraître en 1717, à Léipsick, une édition complette de tous ses ouvrages en un volume in-4°. Les traités contenus dans cette édition sont au nombre de 17. Après l'avoir donnée, Gravina eut envie d'aller enseigner le Droit à Turin, mais ce dessein demeura sans exécution, ce Jurisconsulte étant mort à Rome, le 6 janvier 1718, n'étant encore âgé que de cinquante-six ans. Il y a peu d'ouvrages de Jurisprudence qui aient aussi universellement réuni l'estime et l'approbation que ceux de Gravina. Son style, loin de rebuter le lecteur par cette sécheresse qu'on trouve ordinairement dans les commentaires, l'attire au contraire par une belle latinité qui rend ses ouvrages dignes du siècle d'Auguste.

V.I.

*Comment le Droit romain est reçu en Pologne,
en Suède, en Danemarck, en Angleterre, en
Écosse et en Irlande.*

On n'a point de preuves certaines que les
provinces, qui composent depuis long-temps le
Royaume de POLOGNE, aient été autrefois sous la
domination des Romains; il paraît positif que
ce Royaume a toujours eu ses lois particulières.
Mais au défaut des statuts et des coutumes du
pays, les Juges n'ont pas la liberté de décider
selon leurs lumières, et ils sont obligés alors de
recourir au Droit romain. Dans ce sens on peut
dire que les lois romaines sont reçues en Pologne,
puisque on les y observe au défaut tant du Droit
municipal que des statuts; et que, d'un autre
côté, ce Droit municipal et ces statuts sont en
partie tirés des lois romaines, qui y sont même
très-souvent citées.

Les peuples du DANEMARCK n'ont pas marqué
moins d'estime pour le Droit romain, quoiqu'ils
n'aient également eu aucune raison qui les ait
obligés à s'y conformer, puisqu'ils n'ont jamais
été vaincus par les Romains. Il paraît que l'idée

avantageuse que les Danois conçurent des lois
romaines et le désir qu'ils eurent de les apprendre,
remontent à l'époque où ces peuples firent quelques incursions dans les Gaules, du temps de Justinien. Les Danois s'empressèrent de venir étudier
le Droit civil en France et en Italie, dès qu'on y
eut établi des Universités.

Pierre Scavenius, né à Roschild en Séelande
le 27 août 1623, et mort le 10 juin 1685, est le
plus estimé des Jurisconsultes Danois qui ont
écrit sur le Droit.

Malgré la conformité que quelques auteurs ont
voulu trouver entre les Danois et les habitants du
royaume de Suède, par rapport à l'origine, aux
mœurs et même aux lois de ces deux nations,
il existe cependant une différence considérable
en ce qui concerne l'observation du Droit romain.
En effet, les Suédois disent que Zamolxis, disciple de Pytagore, fut le premier auteur des lois
qu'ils observent, et qu'elles y furent toujours
exécutées, sauf les modifications ou changements
qu'y apportèrent quelques uns de leurs Souverains. Ainsi, quoique le Droit romain soit cité
quelquefois en Suède, cela arrive si rarement,
que les Allemands reprochent aux Suédois de
mépriser les lois romaines qui donnent la méthode pour expliquer toutes les autres.

Les habitants de l'Angleterre sont à l'abri du même reproche, puisque le Droit romain fut observé chez eux jusqu'à la descente que les Danois firent dans cette isle vers la fin du huitième siècle. Alors il ne fut plus question des lois romaines en Angleterre, et elles y furent tellement oubliées qu'on ne pensa pas même à les y rétablir après l'expulsion des Danois. Mais la découverte des Pandectes de Justinien s'était faite à Amalfy, sous le règne d'Henri I.er : ce Prince, instruit de l'empressement avec lequel la plupart des peuples de l'Europe venaient d'adopter ces Pandectes, voulut aussi les faire observer dans son royaume, et, pour cet effet, il y attira tout ce qu'il put rassembler de Jurisconsultes habiles dans le Droit romain. Le Roi Étienne, son successeur, entrant dans les mêmes vues, fit enseigner publiquement les lois de Justinien à Oxford, par Vacarius qui le premier professa les lois dans l'Université de cette ville.

Vacarius était né en Lombardie, il avait étudié le Droit à Boulogne sous Irnérius. Pendant tout le temps qu'il professa en Angleterre, on admira en lui ce noble désintéressement qui caractérise le véritable Jurisconsulte, et ses plus grands soins furent toujours d'abréger les procès. Ce fut lui qui enseigna aux Anglais la manière d'ensei-

gner et d'étudier les lois romaines, et il composa,
sur le Droit, neuf livres dans lesquels il renferma
tout ce que le Code et le Digeste contiennent
de plus équitable et de plus positif. Quelque
temps après, les Ecclésiastiques d'Angleterre ne
pouvant voir, sans envie, les progrès du Droit
romain dans ce royaume, obtinrent du Roi
Étienne un Édit qui défendit de l'enseigner.
Alors on imposa silence à Vacarius; et pour le
récompenser de ses travaux, on lui donna l'Ab-
baye du Bec en Normandie où il mourut, après
avoir refusé l'Archevêché de Cantorbéry, vacant
par la mort de Théobalde.

Thomas Becket, Chancelier d'Angleterre, ne
contribua pas peu au rétablissement des lois
romaines en Angleterre, sous le règne d'Henri
II, et il y affermit si bien l'étude du Droit romain, que ce royaume ne tarda guère à produire
de grands Jurisconsultes; tels que *Aldric* ou
Aldricus dont les ouvrages sont cités par Accurse;
Richard et *Dororéda*, qui professèrent à Oxford;
Alanus; *Guillaume*; *Severlée*; *Statanus* et *Mylius*.

Ce qui acheva d'affermir l'étude des lois
romaines en Angleterre, fut la protection ouverte
que plusieurs Rois accordèrent tant à ces lois
en elles-mêmes, qu'à ceux qui se chargèrent du
soin de les enseigner.

L'IRLANDE ayant adopté les mêmes lois que l'Angleterre, il est inutile de donner aucun autre détail sur l'introduction du Droit romain dans ce royaume.

L'ÉCOSSE reconnaît aussi les lois romaines, elles cèdent pourtant aux lois particulières de ce royaume dans les choses où elles diffèrent entr'elles; mais dans les cas omis, et lorsque les lois d'Écosse ne s'expriment pas d'une manière précise, les Juges sont obligés de se conformer au Droit romain.

L'Écosse a produit plusieurs grands Jurisconsultes, parmi lesquels on cite *Henri Scrimger*, qui vivait dans le seizième siècle, et *Guillaume Barclay*, issu d'une des plus illustres maisons de ce royaume. Il fut disciple de Cujas, et professa le Droit dans plusieurs Universités de France.

VII.

Établissement du Droit romain dans les Royaumes d'Espagne et de Portugal. Jurisconsultes de ces deux Royaumes.

LORS du recouvrement des Pandectes, l'ESPAGNE et une partie du Portugal étaient encore sous la domination des Sarrasins et des Maures qui y

demeuraient depuis plusieurs siècles, après en
avoir chassé les Goths, qui en avaient eux-mêmes
chassé les Romains. L'Espagne et le Portugal
avaient par conséquent été soumis à différentes
lois.

Pour ce qui est d'abord de l'Espagne, depuis
qu'Auguste l'avait rendue tributaire de l'empire,
on n'y avait connu que les lois romaines pendant
plusieurs siècles. Mais les Goths, en ayant chassé
les Romains, y avaient introduit leur Droit,
sans en bannir les lois romaines; elles continuèrent d'y être observées conjointement avec le
Droit gothique, pendant l'espace de trois siècles.
Les choses restèrent en cet état jusqu'en l'année
714 de J.-C., époque à laquelle les Maures et
les Sarrasins s'étant introduits en Espagne en
chassèrent les Goths. Le règne des Sarrasins et
des Maures dura, dans plusieurs parties de l'Espagne, pendant plus de 700 ans; et, dans cet
intervalle, la découverte des Pandectes à Amalfy
ayant occasionné le rétablissement du Droit romain dans plusieurs états de l'Europe, Alphonse
IX et Alphonse X, Rois d'Aragon, introduisirent
dans leur royaume les lois de Justinien, qu'ils
firent même traduire en langue Espagnole. Ce
fut vers l'année 1492, que les Rois d'Espagne
abandonnèrent le Droit gothique pour s'en faire
un

un particulier , qui fut composé tant de leurs
ordonnances que du Droit Romain et des anciennes coutumes : ce fut ce qu'on appela le
Droit Royal d'Espagne.

Les Lois Romaines sont observées de la même
manière dans le royaume de PORTUGAL.

Ce n'est que vers la fin du seizième siècle
que l'Espagne et le Portugal ont commencé à
produire de célèbres Jurisconsultes.

Antoine Govéa, portugais, est le plus ancien
de ceux qui ont écrit sur le Droit Romain. Ses
parents l'envoyèrent en France pour y apprendre
les éléments de Droit sous Émile Ferret qui les
enseignait alors d'ans l'Université de Valence.
Comme Émile Ferret avait apporté en France la
méthode qu'Alciat avait introduite en Italie pour
l'étude des lois, Govéa goûta fort cette méthode,
et conçut dès lors le dessein d'expliquer par les
antiquités les questions de Droit les plus épi-
neuses ; il exécuta ce dessein avec d'autant plus
de facilité, qu'il était très-habile dans les Belles-
Lettres, la Philosophie, les Lettres Grecques
et Latines. Il s'exerça d'abord dans les disputes
publiques. Lorsque sa capacité fut entièrement
connue , on lui offrit plusieurs chaires de Droit.
Il en accepta une à Cahors ; ensuite il alla professer successivement dans les Universités de

40

Valence , de Toulouse et de Grenoble. Enfin ;
s'étant laissé attirer en Piémont par les libéralités
de Philibert, Duc de Savoie, il mourut à Turin
en l'année 1565, âgé d'environ 60 ans. Nous
avons de lui plusieurs ouvrages en différents
genres. Cujas , qui craignait que la réputation
de ce Jurisconsulte ne nuisît à la sienne, avoue
que Govéa était celui qui avait donné plus juste
dans le sens de Justinien.

Antoine-Augustin, contemporain de Govéa ,
naquit à Saragosse en l'année 1516. Son père ,
Vice-Chancelier du royaume d'Aragon, lui permit
d'aller en Italie pour y étudier le Droit sous
Alciat et les autres grands maîtres qui y professaient alors. Ayant fini ses études, il passa à
Florence, et y conféra l'édition des Pandectes ,
faite par Haloander, avec le manuscrit original
que l'on conserve en cette ville. Ce fut ce qui lui
donna occasion de faire son ouvrage intitulé
Emendationes et Opiniones Juris Civilis : il n'avait
encore que vingt-cinq ans. Cet ouvrage lui ayant
acquis la réputation d'un des plus savants hommes
de son temps, plusieurs Souverains de l'Europe
se disputèrent sa possession, et mirent tout en
usage pour l'attirer auprès d'eux. Le Pape Paul III
le retint quelque temps en Italie par une place
d'Auditeur de Rote. Jules III, qui succéda à ce

Pontife, l'employa dans plusieurs négociations; et Paul IV, qui occupa, peu de temps après, le Saint Siége, lui donna l'Évêché d'Alife dans le royaume de Naples. Antoine-Augustin étant ensuite retourné en Espagne, Philippe II le nomma à l'Évêché de Lérida, pour le récompenser de plusieurs services importants qu'il lui avait rendus. Mais, quoiqu'il n'eût accepté cet Évêché qu'avec beaucoup de peine, on ne laissa pas que de le nommer, 16 ans après, à l'Archevêché de Taragone, où il demeura jusqu'à sa mort, qui arriva en l'année 1586 : il avait alors plus de soixante neuf ans. On convient communément qu'Antoine-Augustin a été un des plus grands hommes que l'Espagne ait produit. Nous en avons des preuves dans une prodigieuse quantité d'ouvrages qu'il a laissés sur toutes sortes de matières. Ce grand homme fut très-libéral, très-humain, et si doux que pendant plus de vingt ans on ne le vit pas une seule fois en colère. Contius, Cujas, Mornac et autres Auteurs en font le plus grand éloge.

Diégo Covarruvias, son contemporain, est mis dans la classe des premiers Interprètes du Droit Romain. Il était né à Tolède en l'année 1512. A peine eut-il fini ses études à Salamanque, qu'il fut choisi pour y enseigner le Droit Canonique. Après qu'on l'eut fait passer par divers emplois, le Roi Philippe II lui donna l'Évêché de Ciudad-Rodrigo, qu'il accepta, quoiqu'il eût refusé l'Archevêché de Saint-Domingue, auquel l'Empereur Charles-Quint l'avait nommé quelques années auparavant. Appelé au Concile de Trente, Hugues Boncompagno, qui fut depuis Pape sous le nom de Grégoire XIII, eut pour lui une estime particulière et une amitié intime dont il lui donna des preuves. Lorsque Covarruvias fut de retour en Espagne, le Roi Philippe II le nomma à l'Évêché de Ségovie, et ensuite à celui de Cuença; mais il mourut en l'année 1557, avant d'avoir pris possession de ce dernier Évêché. Il avait alors près de 66 ans.

Pour ne point grossir ce paragraphe, je me bornerai à indiquer ici les noms de plusieurs Jurisconsultes, tant Espagnols que Portugais, dont la vie ne présente aucune circonstance bien saillante. Tels sont :

Fernand Vasquez, disciple de Covarruvias; *Antoine Gomez*; *Arrius Pinellus*, Portugais; *Jean Garcias*; *Roderic Xuarés*; les deux *Barbosa*, dont le premier, prénommé *Pierre*, naquit à Viane, diocèse de Brague, en Portugal, et le second, *Emmanuel*, naquit à Guimaranés, même diocèse; *Antoine Pichardo*, dit *Veneusa*, de Ségovie ; *François Amaïa* ; *Jean Caldas de Pereira* ; *Édouard Caldera*, Portugais ; *Jean-del-Castillo-Soto-Major*, de Madrid ; *Alphonse Carranza* ; et *Pérézius*, dont le vrai nom était *Antonio Pérez*. Parmi plusieurs excellents ouvrages qu'a laissés ce Jurisconsulte, on cite principalement celui qu'il a fait sur les Institutes et sur le Code.

VIII.

De quelle manière le Droit Romain s'est introduit et s'observe en France. Différentes opinions sur la question de savoir si le Droit Romain y est reçu comme Droit commun.

DE toutes les preuves qui sont données par les Auteurs sur l'ancienne observation des Compilations de Justinien dans le Royaume de France, celle qui me touche le plus, est la mention que quelques-uns de nos plus célèbres Jurisconsultes ont faite d'une traduction française qui parut du Code Justinien, du vivant même de l'Empereur Lothaire. Suivant la date que les Auteurs donnent à cette traduction, il s'ensuit qu'elle fut faite dans le temps que Louis le jeune régnait en France ; et ce qui contribuerait à me faire

croire que les Compilations de Justinien furent
dès lors observées dans le Royaume, est que
Placentin les enseigna publiquement à Montpellier à peu près dans le même temps. il y a
apparence qu'on les enseigna aussi dans d'autres
villes, puisqu'il est certain qu'un grand nombre
d'Ecclésiastiques et même de Religieux abandonnèrent, en ce temps-là, l'étude de la Théologie, pour se livrer à celle du Droit Civil ; de
manière que le Concile de Tours, auquel présidait le Pape Alexandre III, en l'année 1180,
fut obligé de défendre aux Religieux Profès de
sortir de leurs Cloîtres pour aller étudier, soit
en Médecine, soit en Droit Civil, qu'on quali-
fiait alors de Lois mondaines. Or, cette défense,
par laquelle on fut forcé d'arrêter le goût des
Ecclésiastiques pour les Lois Romaines, prouve,
d'une manière bien précise, le grand usage qu'on
faisait, déjà depuis long-temps, de ces lois dans
le Royaume, avant l'année 1180. Mais cette
défense n'ayant produit aucun effet, le Pape
Honorius III crut devoir la renouveler, en l'année
1225, par la fameuse Décrétale *Super specula*,
en conséquence de laquelle il fut pendant long-
temps défendu, sous peine d'excommunication,
d'enseigner le Droit Civil dans l'Université de Paris.

Ferrière donne une infinité de raisons, pour

prouver que cette Décrétale ne concerne que les Religieux et les Ecclésiastiques, et qu'Honorius n'a pas voulu étendre sa prohibition jusqu'aux Laïques, comme l'ont prétendu certains Auteurs. Et, si l'on consulte le préambule de l'ordonnance de Philippe-le-Bel, du 23 mars 1302, on verra que le vrai motif de cette Décrétale ne fut pas de bannir le Droit Civil de Paris, mais d'y rendre l'étude de la Théologie plus tranquille et plus fréquente.

Au surplus, elle ne porta aucune atteinte à l'observation des Lois Romaines en France, puisqu'on voit que, du temps de Saint-Louis, le Droit Civil de l'Empereur Justinien s'observait depuis long-temps dans le Royaume et même à Paris. On en trouve la preuve incontestable dans le Code qui fut rédigé en l'année 1270, et que l'on connaît sous le titre d'*Établissements de Saint-Louis*, dans lequel on cite continuellement le Code et le Digeste de Justinien.

Il paraît que le Droit Romain commença à avoir cours en France immédiatement après la découverte des Pandectes à Amalfi, vers l'année 1137, et qu'il continua d'y être reçu et observé sous les Rois, successeurs de Saint-Louis.

L'observation du Droit Romain en France fut regardée comme si certaine, vers le milieu du seizième siècle, qu'on n'éleva aucunes disputes à ce sujet. La seule chose qui fut mise en question, fut de savoir si le Droit Romain devait y être observé comme Droit commun, ou s'il devait seulement y être regardé comme raison écrite. M. Pierre Lizet, premier Président au Parlement, en l'année 1554, prétendit que le Droit Romain était le Droit commun du Royaume, et que tout ce qui lui était contraire devait être réputé du Droit étroit. M. Christophle de Thou, qui, plusieurs années après, fut premier Président au Parlement, soutint, au contraire, que les Ordonnances et les Coutumes sont le Droit commun du Royaume, et que le Droit Romain n'y a lieu que comme raison écrite. Si les motifs qui engagèrent ces deux grands hommes à embrasser des sentiments si opposés, étaient parvenus jusqu'à nous, on y trouverait vraisemblablement de quoi lever tous les doutes qui peuvent naître sur cette matière.

Sans entrer dans tous les détails que donne M. Terrasson sur la manière dont le Droit Romain fut observé en France depuis cette époque, je me bornerai à dire que Me. Charles Dumoulin, auteur non suspect sur cette matière, établit, dans sa préface sur le titre premier de la Coutume de Paris, que ce Droit est si juste et si conforme

à

à la raison , que presque tous les Peuples Chrétiens l'ont reçu et approuvé comme Droit commun.

IX.

Vies et Ouvrages de ceux d'entre les Juris-consultes Français , qui ont écrit sur le Droit Romain.

La réputation des Lois et des Compilations de Justinien s'étant répandue en France , comme dans les autres parties de l'Europe , aussitôt après le recouvrement des Pandectes , un habitant de Montpellier , nommé *Pierre Placentin* , sortit exprès de sa patrie pour aller étudier les Lois Romaines en Italie , qui était alors la seule partie de l'Europe où elles fussent enseignées. Arrivé à Boulogne , il y suivit les leçons d'Irnérius , et rapporta , quelques années après , dans sa patrie , le fruit de ses travaux. A peine Placentin fut-il de retour à Montpellier , qu'il y établit une École de Droit dans laquelle il enseigna lui-même les Lois Romaines dès l'année 1166. Un concours prodigieux de personnes accourues de toutes les provinces pour entendre ce Jurisconsulte , lui donna de l'émulation. Il entreprit de rendre

41

l'École de Montpellier supérieure à celle de Boulogne, qui était déjà en grande réputation depuis
Irnérius, et que les commentaires de Martin,
Bulgare et Roger avaient rendue plus célèbre
encore. Placentin, avide de gloire, voyait avec
chagrin celle dont Roger était en possession : il
s'enferma quelque temps dans une maison de
campagne, où il se mit à méditer sur le corps
de Droit, afin de devenir capable de composer
des ouvrages qui fissent entièrement oublier ceux
de Roger et des autres Jurisconsultes qui l'avaient
précédé. Il vint à bout de son dessein, car il
n'eut pas plutôt publié son abrégé des Institutes et
des 9 premiers livres du Code, qu'on ne voulut plus
lire ceux que Roger avait donnés quelques années
auparavant. Ce succès ayant augmenté l'émulation
et le courage de Placentin, il se hasarda à aller
combattre les Jurisconsultes d'Italie; et l'on assure
que les Magistrats de Boulogne l'ayant alors engagé à enseigner le Droit dans leur ville, il y
remplit une Chaire pendant quatre années, pendant lesquelles il dépeupla tellement les Audi-
toires des autres Professeurs, qu'ils entrèrent
contre lui dans une grande jalousie qui ne servit
qu'à augmenter sa gloire. De retour dans sa patrie,
il composa un abrégé du Digeste et des trois
derniers livres du Code, et quelque temps après

il donna l'ouvrage entier sous le titre de *Summa*. On lui reproche d'avoir montré trop d'ostentation dans la publication de cette *Somme*; car la préface n'est employée qu'à en vanter le mérite et à décrier celui de Roger. Il composa d'autres ouvrages et mourut à Montpellier l'an 1192.

Bagarot, son contemporain, étudia le Droit en Italie, et l'enseigna ensuite à Boulogne, où il fixa son établissement, de sorte que sa patrie ne profita point de ses lumières. Tout ce qu'on sait de lui, c'est qu'il vivait en 1200, et qu'il composa trois traités. Le premier a pour titre *de Dilatoriis exceptionibus*; le second *de Reprobationibus Testium*, et le troisième *Cavillationes*.

Jean de Blanasque, ou *de Blanay*, né à Autun, fit ses études en Italie; une Chaire de Droit, qu'il obtint à Boulogne, l'engagea à se fixer dans cette ville. Il vivait en 1256. On a de lui un commentaire sur le titre *de Actionibus*, un traité *de Ordine Judiciorum*, et un livre *Variarum Quæstionum*.

Guillaume Durand naquit dans le Diocèse de Riez en Provence. Après avoir étudié le Droit à Lyon en 1250, sous Henri de Suze, il alla enseigner le Décret de Gratien à Modène, et fut fait, au bout de quelque temps, Auditeur de Rote.

Après s'être acquitté avec distinction de plusieurs emplois considérables, il revint en France, où il fut fait Doyen de l'Église de Chartres, et nommé ensuite à l'Évêché de Mende. Quelques auteurs attribuent la mort de Guillaume Durand à une cause assez singulière. On prétend que ce Jurisconsulte s'étant attaché à une demoiselle, en l'honneur de laquelle il composa plusieurs beaux poëmes en langage provençal, il arriva que cette demoiselle tomba dans une si grande défaillance qu'on la crut morte, de manière qu'elle fut ensevelie et portée à l'église, où elle fut enterrée dans un caveau, et que Durand en fut si touché, qu'il mourut quelques heures après : qu'au contraire, cette demoiselle étant revenue de sa léthargie, et ayant fait quelque mouvement dans le caveau, elle en fut tirée et reportée chez elle, où, après avoir recouvré une santé parfaite, elle fut si affligée de la mort de Durand, qu'elle voulut mourir au monde, en se jetant dans un cloître où elle mourut religieuse à l'âge de soixante ans. Quoi qu'il en soit de cette histoire, il paraît que Durand n'était âgé que de 31 ans à l'époque de sa mort. Il avait mis au jour, en 1261, son ouvrage intitulé *Speculum Juris*, qui lui attira le surnom de *Speculator*.

Gui Foucaut, ou *le Gros*, naquit à St Gilles sur le Rhône : après avoir porté les armes pendant quelques années, il s'adonna à l'étude des lois, et se rendit si habile dans cette science, qu'il fut en état de composer plusieurs traités sur le Droit ; l'un intitulé *Quæstiones Juris*, et l'autre *de Recipiendarum Causarum ratione*. Sa réputation fut cause que le Roi St Louis le fit son secrétaire. Quelque temps après, Gui Foucaut, ayant perdu sa femme, embrassa l'État Ecclésiastique. Il fut Archidiacre, puis Évêque de Puy en Velay, et ensuite Archevêque de Narbonne. Le Pape Urbain IV lui envoya le chapeau de Cardinal en 1261, le fit Évêque de Sainte Sabine, et l'envoya Légat en Angleterre. A son retour il fut élu Pape à Perouse sous le nom de Clément IV, le 5 février 1265. Il n'occupa le Saint Siège que pendant quatre ans, et mourut à Viterbe au mois de novembre 1268.

Jacques Ravennas était de la Lorraine ; il vivait en l'an 1300. Il enseigna le Droit à Toulouse, et fit des ouvrages sur le Code. Les auteurs ne sont pas d'accord sur le mérite de ce Jurisconsulte.

Pierre de Belle-Perche, dont on ignore le lieu de la naissance, était disciple de Ravennas. Il enseigna le Droit à Toulouse et à Orléans, suivant

Valentin Forster. Il fut fait Doyen de l'Église
de Paris, et ensuite nommé à l'Évêché d'Auxerre.
Le Roi Philippe-le-Bel l'ayant envoyé alors à
Rome pour différentes affaires, il passa par Boulogne, où, se ressouvenant de ses anciennes
études, il expliqua une loi du Code en présence
d'un grand nombre d'auditeurs. Il mourut à Paris
en l'an 1300. Les ouvrages de ce Jurisconsulte
sont très-rares; on ne les retrouve même plus
complets.

Guillaume Cumo vivait en 1310. Ce Jurisconsulte était très-savant dans le Droit civil et
canonique. Son esprit était fort délié, et il possédait parfaitement le talent de la parole. Il se fit
une grande réputation dans l'Université d'Orléans,
où il enseigna le Droit. Nous avons de lui des
commentaires sur le Digeste ancien et sur le
Code. Il composa aussi des traités *de Exemptio-
nibus*, *de Muneribus*, *de Securitate*, qui sont
souvent cités par les auteurs. Ses écrits sont
devenus extrêmement rares.

Jean Faber, né près d'Angoulême, composa
des commentaires sur les Institutes et sur le Code;
il mourut en 1340.

Aymar du Rival, Conseiller au Parlement de
Grenoble.

Jean Feu, connu sous le nom de *Joannes*

Igneus, enseigna le Droit à Orléans, et composa divers ouvrages qui lui méritèrent la charge de second Président au Parlement de Rouen. On dit de lui après sa mort : *Heu! Cinis est hodiè, qui fuit Ignis heri.*

Celse-Hugues Descousu, en latin *Dissutus*, naquit à Châlons-sur-Saone. Après avoir étudié quelque temps le Droit à l'Université de Bourges, il passa en Italie, étudia dans plusieurs Universités, et reçut le Bonnet de Docteur à l'âge de vingt-deux ans. Il fut Assesseur du Podestat de Milan. De retour en France, il professa le Droit canon à Montpellier, et passa ensuite en Espagne, où il exerça la profession d'Avocat consultant à Barcelonne, depuis l'année 1522 jusqu'à 1532. Ses ouvrages consistent principalement en des notes sur les écrits de quelques Jurisconsultes de son temps, ou qui l'avaient précédé.

Guillaume Budé naquit à Paris en 1467, d'une famille distinguée. Il passa sa jeunesse d'une manière fort dissipée, n'étant occupé que de la chasse et des autres plaisirs. Pendant les trois années qu'il employa à prendre ses Degrés à Orléans, il ne fut jamais possible de lui donner du goût pour l'étude, et son penchant pour la fainéantise dura encore quelques années par-delà. Cependant la disposition qu'il avait pour les

sciences prit le dessus, et Budé conçut alors
autant d'amour pour l'étude qu'il avait eu d'aversion pour elle. Il n'épargna ni peines ni dépenses
pour se procurer toutes les facilités et les secours
nécessaires pour se rendre habile dans la littérature. Son application lui attira souvent de
grandes maladies qui mirent sa vie en danger;
mais tout cela ne le rebuta point. Ce fut au
célèbre Jean Lascaris que Budé s'adressa pour
acquérir une parfaite connaissance de la langue
Grecque, et il mit si bien à profit les leçons de
ce grand maître, qu'il fut bientôt en état de
donner les *Commentaires sur la langue Grecque*
que nous avons de lui. Il est impossible que
quelqu'un, qui a du goût pour la littérature, ne
prenne pas en affection les Lois Romaines, parce
qu'elles sont d'un grand secours pour l'intelligence de l'histoire de l'ancienne Rome. Budé se
mit à les étudier avec d'autant plus de satisfaction,
que la grande connaissance qu'il avait de l'histoire et des langues anciennes, lui facilita infiniment son étude et la lui rendit plus agréable.
Ce fut alors qu'il composa son ouvrage intitulé
Annotationes in Pandectas, et celui *de Asse*,
dans lesquels il fit paraître une grande érudition.
François I.er attira Budé auprès de lui, le fit
d'abord son Bibliothécaire, et lui donna ensuite
une

une charge de Maître des Requêtes, à laquelle
il joignit beaucoup de gratifications. L'année
1540 étant devenue fort dangereuse par les cha_
leurs excessives, le Roi voulut aller sur les côtes
de Normandie pour y chercher un peu de fraî-
cheur. Budé fut du voyage; mais ayant été attaqué
d'une grosse fièvre, il revint à Paris où il mourut
âgé de 73 ans. Il fut enterré de nuit et sans
pompe, ainsi qu'il l'avait ordonné par son testament.

François de Connan, sieur de Coulon et de
Rabesten, naquit à Paris en l'année 1508; son
père, qui était Maître des comptes, lui voyant
de l'esprit et des talens, ne négligea rien pour
cultiver des dispositions si heureuses. Il fut
d'abord à Orléans pour y étudier le Droit sous
Pierre de l'Étoile, et ensuite à Bourges sous le
célèbre Alciat, qui, ayant reconnu en lui beaucoup de vivacité et un jugement solide, le prit
en affection, et n'oublia rien pour le rendre
habile. Il suivit pendant quelque temps le Barreau
à Paris, et s'y distingua par son éloquence et
son érudition. Il se fit recevoir Maître des
comptes, et, pendant qu'il eut cette charge, il
entreprit un travail extrêmement difficile, qui
consistait à arranger et à mettre par ordre ce
nombre prodigieux de lois qui se trouvent confu-

42

sément ramassées dans le corps de Droit, en
sorte qu'on en pût faire une science certaine et
méthodique. La charge de Maître des requêtes,
dont François I.er l'honora en 1544, ne lui fit
point abandonner son entreprise; il mourut au
mois de septembre 1551, âgé seulement de quarante-trois ans.

Jean Copus, natif de Paris, dédia au Roi
François I.er un traité *de Fructibus*, cité avec
éloge par Brodeau.

Pierre Costalius, Jurisconsulte du Dauphiné,
composa, sur les vingt-cinq premiers livres du
Digeste, un ouvrage intitulé *Adversaria*.

Eguinard Baron naquit dans le Diocèse de St.
Paul-de-Léon en Bretagne. Il professa le Droit à
Bourges, où il eut de fréquentes disputes avec
Duaren. L'émulation qui régna entre ces deux
Jurisconsultes, dégénéra ensuite en une basse
jalousie de la part de Baron. Celui-ci, se sentant
inférieur à Duaren du côté de l'érudition, voulut
du moins lui tenir tête par la vivacité dans la
dispute. Il en vint effectivement à bout, car le
seul titre d'adversaire de Duaren lui donna quelque réputation. Quoiqu'on ne puisse le mettre
au rang des plus célèbres Jurisconsultes, on
trouve de très-bonnes choses dans ses commentaires sur les Instituts et sur quelques autres

livres du Droit. Il mourut à Bourges en 1550, âgé de cinquante-cinq ans.

Duaren était fils d'un Juge de St. Brieu en Bretagne. Il exerça pendant quelque temps le même office, après la mort de son père. Mais étant allé à Paris en 1536, un Professeur en Droit le prit pour son Substitut, et ce fut en cette qualité que Duaren dicta publiquement quelques commentaires sur les Pandectes. Comme il avait été ami intime et disciple du savant Budé, il crut que la reconnaissance exigeait de lui qu'il instruisît les enfants de ce grand homme, auquel il avait l'obligation de tout ce qu'il savait, et les soins qu'il prit à ce sujet ne furent point infructueux. Comme Duaren avait été disciple d'Alciat, on le choisit pour remplir la place que son maître avait occupée dans l'Université de Bourges. Cet emploi lui ayant déplu, il alla fréquenter le Barreau de Paris pendant deux ou trois années, au bout desquelles il retourna à Bourges où Baudouin, à qui l'on avait donné sa place, lui céda le rang de premier Professeur qu'il occupait alors. Cette déférence aurait dû engager Duaren à conserver quelque reconnaissance pour Baudouin ; mais il laissa, au contraire, échapper contre son bienfaiteur des sentiments de jalousie, qui sont toujours peu convenables quand ils dépassent les bornes de l'émulation. Il vit aussi avec des yeux d'envie le mérite de Cujas; mais la postérité, qui juge sans autre intérêt que celui de son instruction, a préféré les ouvrages de Cujas à ceux de Duaren, qui sont néanmoins fort estimés. Ce Jurisconsulte mourut à Bourges en 1559, âgé d'environ 50 ans.

André Tiraqueau était né à Fontenai-le-Comte en Poitou. François I.er, informé de la manière distinguée avec laquelle il avait rempli la charge de Lieutenant-Général dans le lieu de sa naissance, le fit Conseiller au Parlement de Bordeaux.

Henri II l'attira ensuite à Paris, et le fit Conseiller au Parlement : il y fut reçu le 22 novembre 1541. L'on prétend que le Roi l'ayant mis d'abord à la Grand'Chambre, contre l'usage ordinaire, plusieurs anciens Conseillers lui cédèrent la préséance. Tiraqueau partagea le reste de sa vie entre les fonctions de sa charge et la composition d'un grand nombre d'ouvrages, dont quelques-uns ont rapport à la Jurisprudence Romaine. Il eut trente enfants, tous d'un légitime mariage; et, comme il fit souvent imprimer des ouvrages, on a dit de lui qu'il donnait tous les ans à l'État un livre et un enfant. Il mourut en 1559, âgé de 80 ans.

Charles Dumoulin naquit à Paris, vers la fin

de l'an 1500, de Jean Dumoulin, Avocat au Parlement, et de Perrette Chaussidon. Sa famille était noble, et l'on prétend même qu'il était parent d'Élisabeth, Reine d'Angleterre, par Anne de Boulon, sa mère; et que cette Princesse l'avoua pour tel, en parlant de lui à François de Montmorenci, Maréchal de France, lorsqu'il fut en Angleterre en 1572. Après que Charles Dumoulin eut fini ses études d'Humanités et de Philosophie dans l'Université de Paris, il alla étudier en Droit à Orléans et à Poitiers jusqu'en l'année 1521 qu'il revint à Orléans, où il fit des leçons publiques sur plusieurs matières, principalement sur l'Arbre de Consanguinité. L'année d'après, il se fit recevoir Avocat au Parlement, et suivit les audiences du Châtelet pendant trois années, pendant lesquelles il plaida même quelques causes qui ne lui attirèrent pas beaucoup de réputation, attendu que le bégaiement qu'il avait apporté en naissant, ôtait toute la grâce aux plaidoyers qu'il prononçait. Persuadé que le défaut de sa langue serait toujours un obstacle à ses progrès dans la plaidoirie, Dumoulin prit le parti d'y renoncer, et se borna à la consultation et au travail de cabinet. Son assiduité à l'étude lui faisant regarder comme perdu le temps qu'il était obligé de donner à

ses propres affaires, il fit une donation de tous
ses biens à Féri Dumoulin, son frère cadet,
afin d'être dispensé des soins que la conservation
de ces mêmes biens aurait pu lui donner. Mais
Charles Dumoulin ayant eu à se plaindre de son
frère, se maria en 1538 avec Louise de Beldon,
et fit révoquer cette donation pour cause de
survenance d'enfants. Il fit paraître en 1552 son
Commentaire sur l'Édit des petites dates : cet
écrit lui attira des chagrins, soit par la censure
qu'en fit la Faculté de Théologie, soit par une
émotion populaire que les ennemis de ce Jurisconsulte excitèrent contre lui ; de manière que
le danger où il se vit alors, l'obligea de sortir
du Royaume, et de se réfugier en Allemagne chez
le Landgrave de Hesse. De là il passa à Basle
où on lui offrait de l'emploi ; mais l'envie qu'il
avait de revenir en France pour se justifier
en présence du Roi même, l'empêcha d'accepter
aucun établissement ailleurs. Il se rendit à Paris
au mois de septembre de la même année; mais
la brigue de ses adversaires se trouva si forte,
qu'ayant seulement séjourné trois jours dans sa
maison, qui fut alors pillée pour la seconde
fois, il se vit obligé de retourner en Allemagne.
Il alla d'abord à Genève et ensuite à Strasbourg
où il demeura très-peu de temps, n'ayant pu

résister aux instances de Christophe , Duc de Wirtemberg, qui l'attira à Tubinge en le faisant son Conseiller , et premier Professeur en Droit dans cette ville , où son imprudence lui attira de nouveaux désagréments. Il en sortit en 1555 pour revenir en France. Sa route ne fut pas heureuse ; car ayant été retenu à Montbelliard par le Comte George qui avait besoin de ses conseils pour quelques affaires domestiques, il y fut arrêté prisonnier, parce qu'il ne voulut pas signer une consultation contraire à la vérité, dans une mauvaise cause que ce Comte voulait soutenir. Mais l'appel qu'il interjeta , et l'acte par lequel sa femme protesta de poursuivre cet appel , furent cause de sa mise en liberté le 27 mai 1556, moyennant un désistement par écrit de son appel. Dumoulin vint ensuite à Dole ; mais les principaux Officiers de Besançon étant venus l'y trouver , pour l'attirer dans leur ville, ils le déterminèrent à y aller. Son séjour n'y fut pas de longue durée, car il y reçut, le 6 janvier 1557, la triste nouvelle de la mort de sa femme. Il ne laissa pas , malgré sa douleur, de faire des leçons publiques les trois jours suivants, comme il l'avait promis ; mais , à la dernière, il annonça cette mort à ses auditeurs, et partit pour Paris où il arriva onze jours après. Il trouva

sa maison pillée pour la troisième fois après la
mort de sa femme. Alors il se remit à ses exercices
ordinaires de l'étude et des affaires du Palais.
L'aversion qu'il avait pour les affaires du
ménage, l'ayant déterminé à un second mariage,
il épousa le dernier juin 15.8, Jeanne du
Vivier, dans laquelle il trouva les bonnes qualités
qui lui avaient rendu la première si chère ;
il n'eut point d'enfants. Depuis ce mariage,
Dumoulin resta tranquille à Paris pendant environ quatre ans ; mais les troubles de religion
l'ayant obligé d'en sortir avec sa famille en
1562, il se rendit le 30 juin de la même année,
à Orléans, où s'étant avisé de faire des leçons
de Théologie, les Ministres Calvinistes, dont il
avait abandonné depuis quelque temps les sentiments, l'accablèrent de tant de persécutions,
qu'il fut obligé de se retirer en Beauce dans
une Châtellenie, nommée Allone, qui appartenait à ses enfants, et de là il alla à Villereau ;
ne s'y trouvant pas en sûreté à cause des
troupes qui rodaient dans le pays, il retourna
à Orléans, et y continua ses études ordinaires.
Cette ville ayant été bientôt après assiégée par le
Duc de Guise, il attendit la levée du siége
pour retourner à Allone ; et ne trouvant pas de
sureté à revenir à Paris, il se rendit à Lyon pour

y

y faire imprimer quelques ouvrages. Le premier
qu'il y publia, fut un Catéchisme latin et français,
qui irrita tellement contre lui les Ministres Calvinistes de cette ville, qu'ils le firent arrêter
prisonnier le 19 juin 1563, sur une accusation
calomnieuse; il obtint son élargissement le 20.^e
jour de son emprisonnement. Il revint à Paris au
mois de janvier 1564 ; mais son Conseil sur le
fait du Concile de Trente, lui ayant attiré des
affaires au Parlement qui l'envoya prisonnier
à la conciergerie, le 7 juin suivant, Simon
Bobé, son gendre, obtint du Roi des lettres
patentes du 21 juin 1564, conformément auxquelles le Parlement le fit élargir le 5 juillet
suivant. On lui donna pour prison sa maison de
Paris, ensuite celle qu'il avait à la campagne;
il obtint enfin sa liberté entière, dont il jouit
paisiblement jusqu'au 27 décembre 1566, qu'il
mourut à Paris, âgé de 66 ans. Les désagréments
que Dumoulin éprouva continuellement pendant
sa vie, ne l'empêchèrent pas de composer un grand
nombre d'ouvrages, tant sur la Jurisprudence
Romaine, que sur le Droit Canonique et sur les
Coutumes. Jamais Jurisconsulte n'a été plus universellement comblé d'éloges que Dumoulin,
puisque les Auteurs de toute l'Europe ont rendu
les témoignages les plus avantageux à son mérite.

43

Jean Crespin, ou *Crispin*, mit si bien à profit l'avantage qu'il avait eu de travailler sous Charles Dumoulin, qu'il devint lui-même très-habile dans la science des lois, se fit recevoir Avocat au Parlement, et composa plusieurs ouvrages.

Guillaume Fournier et *Raoul Fournier*, son fils, professèrent, l'un et l'autre, le Droit dans l'Université d'Orléans.

Jean de Coras, connu sous le nom de *Corasius*, était né à Toulouse d'une famille ancienne. Ses parents, qui le destinaient à la Magistrature, l'élevèrent de bonne heure dans le goût de l'étude du Droit. Il alla en Italie prendre des leçons des habiles Jurisconsultes qui y professaient alors, et il employa si bien son temps, qu'à son retour il fut en état d'enseigner le Droit à Orléans, à Paris, à Angers, à Valence et à Toulouse, avec beaucoup de réputation, et avec un grand concours d'étudiants. Fatigué des travaux scholastiques, il se fit recevoir Conseiller au Parlement de Toulouse. On rapporte qu'il fut si troublé, lors de sa réception, qu'il ne put rien dire, et qu'après même qu'on lui eut donné le temps de se remettre, il ne satisfit que très-médiocrement le Parlement; de sorte qu'il ne donna pas, dans cette occasion, une grande idée de son mérite, qui, heureusement pour lui, était connu d'ail-

leurs : il donna même, dans la suite, des preuves
de son talent et de son érudition dans plusieurs
rapports. Ce fut lui qui rapporta, en 1560, le
fameux procès de Martin Guerre et Arnaud
Duthil, sur lequel il fit de savantes remarques
qui sont venues jusqu'à nous. Ayant été fait,
quelque temps après, Chancelier de Navarre,
il embrassa le Calvinisme avec tant d'entêtement,
qu'il fut chassé de Toulouse en 1562, et qu'ayant
été ensuite rétabli dans l'exercice de sa charge,
par la protection de M. le Chancelier de l'Hôpital,
qui l'honorait de son amitié, il fut égorgé à
Toulouse en l'année 1572 ; et son corps, revêtu
de sa robe de Conseiller, fut pendu à un arbre,
dans la cour du Palais de cette ville. Il a laissé
plusieurs ouvrages réunis en deux vol. in-fol.

François Baudouin, ou *Balduin*, qui brillait dans le même temps, était né à Arras en
1530. Son père, qui était Procureur du Roi dans
la même ville, l'envoya à Louvain où il apprit
le latin et le grec : ensuite il y étudia le Droit,
et il joignit à cette étude celle de la Théologie
et de l'Histoire. Quelques années après, il obtint
une Chaire de Droit dans l'Université de Bourges,
où il enseigna, pendant sept années. Il alla ensuite professer à Strasbourg, à Heidelberg, à
Douay, à Besançon, à Paris, et enfin à Angers,

d'où Henri III, qui venait d'être élu Roi de Pologne, le fit revenir pour l'attacher à sa personne par une charge de Conseiller d'État. Il ne jouit pas long-temps de cet honneur, car lorsqu'il partit pour la Pologne, avec ce Prince, il fut attaqué d'une fièvre chaude dont il mourut, à Paris, en 1573, âgé de 53 ans. Nous avons de lui un assez grand nombre d'ouvrages remplis d'une grande érudition soutenue de beaucoup d'esprit. On reproche à ce Jurisconsulte d'avoir été d'un caractère fort inconstant.

Berenger Fernand, qui vivait dans le même temps, contribua beaucoup à augmenter la réputation de l'Université de Toulouse, dans laquelle il professa le Droit pendant plusieurs années. Il mourut à Toulouse vers l'an 1572 ou 1574. Il avait travaillé sur toutes les matières du Droit, principalement sur les testaments, les successions, les substitutions, les transmissions, les donations et autres qui sont le plus en usage dans les Tribunaux. On lui reproche seulement d'être trop sec et trop praticien, et d'avoir négligé les ornements littéraires, qui servent souvent à démêler les origines des lois.

Antoine Contius, ou *le Conte*, fils d'un Prévôt de Noyon, en Picardie, brillait dans les Universités de Bourges et d'Orléans, en même temps que Berenger Fernand se distinguait dans celle de Toulouse. Quoique naturellement il n'aimât pas le travail, il se sentit une si grande disposition pour le Droit, qu'il ne put pas résister à sa vocation, qui le destinait à devenir un grand Jurisconsulte. Effectivement, Cujas dit que Contius avait plus de talent que lui pour la Jurisprudence ; mais qu'il s'était fait tort en fuyant le travail, et en se livrant trop à ses plaisirs. Quoi qu'il en soit, ses dispositions extraordinaires, jointes à quelques études, le mirent bientôt en état d'enseigner le Droit, avec succès, dans les Universités de Bourges et d'Orléans, qui furent les théâtres de plusieurs disputes célèbres que ce Jurisconsulte eut à soutenir contre Duaren, Hotman et quelques autres. Ces illustres antagonistes augmentèrent tellement l'émulation de Contius, qu'il se mit à composer plusieurs ouvrages, dans lesquels on remarque beaucoup d'érudition. Il mourut à Bourges en 1586, âgé d'environ 60 ans.

François Hotman était né à Paris ; son père, Conseiller au Parlement, le destinant à remplir sa charge après lui, l'envoya d'abord à Orléans pour y étudier le Droit. On prétend qu'étant revenu aussitôt après à Paris, il y fit des leçons publiques de Droit, n'étant alors âgé que de 25 ans. Après avoir été chargé de plusieurs députations par le Roi de Navarre, il alla enseigner le Droit à Valence, et ensuite à Bourges, où il eut de fréquentes disputes avec Cujas ; mais pendant son séjour dans cette ville, il se déclara si vivement en faveur des Calvinistes, qu'il aurait été compris dans le massacre de la S.t Barthélemi, si ses écoliers ne l'en eussent préservé. Ayant évité ce danger, il renonça pour jamais à la France, et alla s'établir à Genève où il professa le Droit pendant quelques années. De Genève il alla à Basle, ensuite à Montbelliard ; et étant revenu à Basle, il y mourut en 1590, âgé de 65 ans. Nous avons de lui un grand nombre d'ouvrages, qui sont remplis d'une prodigieuse érudition.

Jacques Cujas tient, sans contredit, le premier rang parmi les interprètes du Droit. Un Auteur moderne dit que si Cujas était venu au monde quelque temps auparavant, il aurait tenu lieu de tous les autres Commentateurs ; en effet, continue cet Auteur, on connaît parfaitement l'esprit du Droit romain, et l'on n'ignore de rien, lorsqu'on sait ce qui est contenu dans les ouvrages de Cujas ; au lieu qu'il est impossible de bien entendre les Lois romaines, et même de sortir de l'ignorance, sans le secours des livres de ce Jurisconsulte.

Jacques Cujas ne tira pas son mérite d'une illustre naissance. Il naquit à Toulouse, où son père, qui se nommait *Cujaus*, exerçait le métier de Foulon ; mais comme le nom du père était trop dur à prononcer, le fils crut dans la suite devoir supprimer le second *u*, et se faire appeler *Cujas*. Il réussit à apprendre les langues Grecque et Latine, sans le secours d'aucun maître ; je ne sais si l'on ne pourrait pas dire qu'il étudia presque de la même manière les Lois Romaines. Lorsqu'il se crut en état de rendre ses talents utiles à sa patrie, il sollicita une Chaire de Professeur en Droit qui était vacante dans l'Université de Toulouse ; mais il eut le chagrin de voir qu'on lui préféra Étienne Forcadel, qui égayait alors la Jurisprudence par les titres plaisants et singuliers qu'il donnait à ses ouvrages. Cette injuste préférence ayant indisposé Cujas contre sa patrie, il s'écria : *ingrata patria, non habebis ossa mea.* Aussitôt il quitta Toulouse pour aller à Cahors, et de-là à Bourges. Il eut tout le temps de se repentir de ne s'être pas rendu aux instantes prières des habitants de Toulouse, qui le sollicitaient d'y revenir, car il ne fut pas plutôt installé à Bourges, que Duaren et Doneau virent avec peine sa réputation s'augmenter de jour en jour. Ils essayèrent d'abord de le vaincre dans les disputes

publiques; mais voyant que leurs efforts étaient
inutiles, ils employèrent toutes sortes de moyens
pour le perdre. Ils animèrent leurs écoliers contre
lui; ils lui tendirent des pièges; enfin, ils lui
firent tant de vexations, qu'il fut contraint de
se retirer. M. de Lhôpital, qui le protégeait,
fut indigné d'un procédé si injuste, et fit cesser
toutes ces persécutions par plusieurs lettres très-
vives qu'il écrivit à Duaren. Cujas fut remis en
possession de sa place, et sa réputation s'étendit
dans toute l'Europe. Plusieurs Universités lui
offrirent des appointements considérables pour
l'engager à se rendre à leurs instances; mais
cédant aux sollicitations de Bertrand de Simiane,
il préféra l'Université de Valence. Il y fut à peine
établi, que le Roi lui permit de siéger au Parlement de Grenoble en qualité de Conseiller.
Quelques années après, il fut attiré à Turin
par Emmanuel-Philibert, Duc de Savoie, qui
lui donna toutes sortes de marques d'estime et
de bonté. Il retourna ensuite à Bourges, où il se
dévoua totalement à la composition de ses ouvrages
et à l'instruction de la jeunesse. On dit même
qu'il allait souvent manger avec ses écoliers,
pour leur inspirer le goût du travail, et qu'il
leur prêtait de l'argent et des livres, afin de
surmonter tous les obstacles qui auraient pu
nuire

nuire à leur avancement. Après toutes les preuves qu'il avait données de sa prudence au milieu des troubles qui agitaient alors le Royaume, il semble qu'il aurait dû finir ses jours dans le repos; mais, comme Henri IV, n'étant encore que Roi de Navarre, avait toujours protégé Cujas, on soupçonna ce Jurisconsulte d'avoir voulu lui faciliter la prise de la ville de Bourges, de sorte qu'il pensa lui en coûter la vie; il eut beaucoup de peine à se soustraire à la fureur des habitants de cette ville. Ce soupçon ne paraît point fondé. Cujas se contentait de gémir en lui-même sur les malheurs de l'État, et l'on prétend que, malgré la force de son tempérament et de son esprit, il prit tellement à cœur les calamités publiques, qu'il en mourut de chagrin à Bourges, le 25 septembre 1590, dans la soixante-huitième année de son âge. La mort de Cujas répandit une grande consternation dans l'Université de Bourges. Les funérailles de ce Jurisconsulte furent des plus solennelles. Cujas avait été marié deux fois; il eut de son premier mariage un fils qui mourut jeune, et du second une fille qui était très-habile dans le Droit et dans les Lettres. Son assiduité à assister aux répétitions particulières que son père faisait chez lui, fut la cause de l'injuste reproche qu'on lui fit d'avoir

44

reçu trop gracieusement les écoliers de son père. Cujas a laissé un nombre prodigieux d'excellents ouvrages.

Jean Robert, natif d'Orléans, avait de grands talents et beaucoup d'érudition. S'étant aperçu que la réputation de Cujas diminuait un peu la sienne, il voulut montrer que ce génie si vaste se laissait quelquefois éblouir par les opinions nouvelles dont il était l'auteur. Pour cet effet, Jean Robert donna, en 1567, deux livres sous le titre de *Receptarum Lectionum*, dans lesquels il accusa Cujas d'avoir corrigé mal à propos plusieurs Lois. Cujas, qui avait le faible de ne pas aimer à convenir qu'il pouvait se tromper quelquefois, répondit à Jean Robert d'une manière fort vive et fort méprisante, affectant même de retourner le nom de *Joannes Robertus*, pour y trouver ces mots : *Serò in orbe natus*, voulant dire par là que Robert s'y était pris trop tard pour lui apprendre quelque chose. Cette dispute donna lieu à plusieurs écrits de part et d'autre; et, quoique Robert eût raison sur quelques articles, il fut obligé de céder à la réputation et au mérite du plus célèbre de tous les Jurisconsultes qui ont écrit sur le Droit Romain.

Hugues Doneau, antagoniste de Cujas, avait

été disciple de Duaren. Il enseignait le Droit à
Bourges, lorsque Cujas fut pourvu d'une Chaire
dans l'Université de cette ville. Ce fut là que
Doneau, qui avait l'esprit naturellement inquiet,
chercha dispute à son collègue, qui aurait peut-
être succombé sous la jalousie de ses adversaires,
sans la protection de M. de Lhôpital. Doneau
alla ensuite professer à Orléans. S'étant avisé,
en l'année 1572, de s'expliquer en faveur des
Calvinistes, il aurait été enveloppé dans le
massacre de la Saint-Barthélemi, sans le secours
de ses écoliers, qui, après l'avoir habillé à
l'allemande, l'escortèrent jusques hors la ville.
Après avoir séjourné quelque temps à Lyon et
à Genève, il fut nommé premier Professeur en
Droit à l'Université d'Heidelberg. Les Calvinistes
ayant été maltraités dans cette ville, il se retira
à Leyde. Dans la suite, ce Jurisconsulte s'étant
mêlé dans la faction de Leicester qui voulait
assujettir la Hollande à l'Angleterre, il fut obligé
de se retirer en Allemagne, où on lui donna
une Chaire dans l'Université d'Altorf, où il
mourut, le 4 mai 1591, âgé de 64 ans. Doneau
était très-habile dans la Jurisprudence et dans
les Belles-Lettres. On reproche à ce Jurisconsulte
la basse jalousie qu'il avait conçue contre Cujas,
dont il ne parlait jamais qu'avec mépris. Il a

laissé un grand nombre d'ouvrages, dont la lecture est également instructive et agréable.

Étienne Forcadel, ou *Forcatulus*, autre antagoniste de Cujas, était de Béziers. Le plus beau trait de sa vie est d'avoir été préféré à ce célèbre Jurisconsulte, pour remplir une Chaire de Droit dans l'Université de Toulouse. Mais, s'il fut glorieux pour Forcadel d'avoir contraint Cujas de quitter sa patrie, ce choix ne fit pas honneur à ceux qui en furent les auteurs. En effet, il ne faut que comparer les ouvrages de ces deux Jurisconsultes, pour être convaincu que ces deux hommes n'ont jamais été faits pour être rivaux.

Pierre du Faur, ou *Faber*, après avoir employé sa jeunesse à l'étude du Droit et des Belles-Lettres, fut d'abord Conseiller au grand Conseil. Quelque temps après, il fut pourvu d'une charge de Maître des Requêtes, et, par la suite, il fut fait premier Président du Parlement de Toulouse. Il mourut en l'année 1600, âgé de 60 ans. Grotius et Cujas en parlent avec éloge.

Jacques Labitte, disciple de Cujas, composa, à la sollicitation de ce grand Maître, un ouvrage sur le Digeste, dont l'objet général fut de faire mieux connaître le sens des Lois, en réunissant ensemble tout ce que le Digeste renferme de fragments d'un même Jurisconsulte. Cet ouvrage,

dont on a vanté le mérite et l'utilité, renferme
plus d'exactitude que de science.

Barnabé Brisson, dont les ouvrages seront
toujours en vénération dans la république des
Lettres, était fils de François Brisson, Lieutenant
au Siège royal de Fontenay-le-Comte, en Poitou.
Il exerça à Paris la profession d'Avocat avec
tant de distinction, que le Roi Henri III le fit
Avocat-Général au Parlement. Cette charge lui
ayant donné occasion de faire voir toute l'étendue
de son génie, le Roi le fit Président à Mortier,
en l'année 1580. Dans la suite il fut chargé de
plusieurs négociations importantes, dont il s'acquitta avec tant de prudence, que le Roi disait
qu'il n'y avait sur la terre aucun Prince, qui
pût se glorifier d'avoir auprès de lui un homme
comparable à Brisson. Ce qu'il y a de surprenant
dans ce vaste génie, est que ses occupations
littéraires et les fonctions pénibles de sa charge
ne se nuisirent jamais entre elles ; car au milieu
de tout ce grand détail d'affaires, qui faisaient
l'objet de son devoir et de son application, il ne
laissait pas que de trouver du temps pour travailler sur l'ancien Droit. Ce fut dans ces précieux
intervalles qu'il pénétra les secrets les plus cachés
de la Jurisprudence Romaine, et qu'il eut lui-
même celui de nous remettre devant les yeux ce

fameux Barreau de Rome, et ces formules mys-
térieuses dont on retrouvait à peine quelques
vestiges. Son ambition causa sa perte. On dit
qu'ayant été nommé par la Ligue pour remplir
la place de premier Président, en l'absence
d'Achilles de Harlay, qui était prisonnier à la
Bastille, il désavoua par avance tout ce qu'il
pourrait faire de préjudiciable aux intérêts du
Roi; et que, le Parlement ayant renvoyé absous
un particulier que les seize de Paris accusaient
de favoriser le parti du Roi, les plus emportés
de cette faction se jettèrent sur Brisson, le conduisirent au petit châtelet le 15 novembre 1591, et
le pendirent, le même jour, à une poutre de la
chambre du conseil de cette prison, malgré le
beau discours et les efforts qu'il fit pour conserver
sa vie.

Nous avons de lui plusieurs ouvrages en différents genres.

Jean Bodin, Angevin de naissance, fut un
célèbre Jurisconsulte; mais ses ouvrages n'ayant
qu'un rapport indirect avec le Droit Romain, je
n'insisterai pas d'avantage sur sa vie.

Pierre Ayrault nous a fait voir que la plupart
de nos Lois Françaises étaient tirées des Lois
Romaines. Il naquit à Angers et fut disciple de
Cujas. Après avoir exercé la profession d'Avocat

à Paris, il retourna à Angers pour y remplir la charge de Lieutenant criminel au Présidial de cette ville. Quoique les diverses fonctions attachées à cette charge ne paraissent pas avoir beaucoup de rapport avec la littérature, Pierre Ayrault fit voir qu'il n'y a aucun emploi où les Lettres ne soient d'un grand secours, et au lieu de se borner à la seule pratique criminelle, il chercha dans l'antiquité les véritables sources de toutes ces procédures et des diverses manières d'instruire et de punir les différents crimes. Ce Jurisconsulte mourut à Angers, le 21 juillet 1601, âgé de soixante-cinq ans.

Denis Godefroy naquit à Paris en 1549; après y avoir long-temps exercé une charge de Conseiller au Parlement, les guerres civiles l'obligèrent à quitter le Royaume pour aller en Allemagne, où il enseigna le Droit à Heidelberg avec un grand succès. Après la mort de Cujas, on jeta les yeux sur Godefroy, comme étant le seul qui pût remplacer un si grand homme dans l'Université de Bourges; mais rien ne put le déterminer alors à quitter l'Allemagne, où il s'était établi. Cependant il vint, dans la suite, en France, comme envoyé de l'Électeur Palatin auprès du Roi Louis XIII, qui lui marqua son estime en lui faisant présent de son portrait et d'une médaille d'or. Il mourut à Strasbourg en 1622, dans sa soixante-treizième année. Ses ouvrages, quoique très-estimés, n'approchent pas de ceux de Jacques Godefroy, son fils.

Pierre Pithou était né à Troyes en Champagne, d'une famille très-ancienne. S'étant rendu très-habile dans la Littérature, il alla à Bourges étudier le Droit sous Cujas, et il fit de si grands progrès en peu de temps dans la science des Lois, qu'à l'âge de 17 ans il fut en état de parler sans préparation sur les questions les plus difficiles de la Jurisprudence Romaine. Son maître même ne se fit pas un deshonneur d'enseigner publiquement ce qu'il tenait de son écolier, et cela donna occasion à Nicolas le Fèvre de dire que Cujas avait enlevé à son disciple l'honneur d'être le premier Jurisconsulte; mais que son disciple l'avait empêché d'être le seul. Henri III voulant établir une chambre de Justice en Guyenne, Pithou en fut fait Procureur-Général, dignité qu'il n'accepta que parce qu'Antoine Loysel, son ami intime, fut fait Avocat-Général de la même chambre. Dans la suite s'étant laissé séduire au Calvinisme, il aurait été compris dans le massacre de la Saint-Barthélemi, s'il ne s'était pas sauvé chez un Avocat nommé Nicolas le Fèvre, et ensuite chez son ami Loysel. Là, s'étant appliqué

à

à examiner la religion qu'il professait, il l'abjura de bonne foi et se réunit à l'Église. Après avoir rempli plusieurs fonctions publiques, à son retour d'Angleterre, où il avait suivi le Duc de Montmorency, il mourut des suites d'une maladie contagieuse à Nogent-sur-Seine, le premier novembre 1596, âgé de 57 ans. Il a laissé plusieurs ouvrages relatifs au Droit Romain.

Charles Labbé, Avocat au Parlement, et *Guillaume Maran*, Professeur en Droit à Toulouse, peuvent être rangés dans la classe des célèbres Jurisconsultes, contemporains de Pierre Pithou.

Antoine Mornac, célèbre Avocat au Parlement, publia d'excellents commentaires sur le Digeste et sur le Code, auxquels il donna le titre modeste d'*Observations*. N'ayant pas assez vécu pour mettre en ordre tous ses ouvrages, François Pinson, Avocat au Parlement, se chargea de ce soin, et en donna une édition entière. On convient assez généralement que Mornac est un des plus habiles hommes qu'il y ait eu dans les sciences, tant des Lois Romaines et des Belles-Lettres que du Droit Français.

Jacques Lechassier, né à Paris en 1550, se distingua par d'excellents plaidoyers, et quelques ouvrages relatifs au Droit Romain. Il mourut le 28 avril 1625, âgé de 75 ans.

45

Antoine Favre, ou *Faber*, était né à Bourg-
en-Bresse, de parents nobles. Il exerça long-temps
la charge de Juge-Mage. C'est, dit Ferrière, celui
des Jurisconsultes modernes qui a porté le plus
loin ses idées sur le Droit. C'était un esprit vaste
qui ne se rebutait pas des difficultés. Mais on
l'accuse, avec raison, d'avoir décidé un peu trop
hardiment contre les opinions communes, et de
s'être donné souvent trop de liberté de retrancher
ou d'ajouter dans les lois. Il mourut en 1626,
âgé de 67 ans.

Jacques Guthier vivait sous le règne de Louis
XIII. Il fit plusieurs traités sur le Droit historique.
Quoique ses ouvrages ne passent ordinairement
que pour des traités de Littérature, on peut
cependant les placer parmi les livres du Droit,
puisque le Code, le Digeste, les Novelles et le
Code Théodosien même, y sont perpétuellement
conférés avec l'Histoire. Il mourut en 1638.

Janus à Costa, natif de Cahors, a laissé un
savant commentaire sur les Institutes.

Didier Hérault est connu par quelques ouvrages de Droit qu'il publia lui-même pendant
les années 1640 et 1650.

Edmond Merille était de Troyes en Champagne.
Il professa le Droit à Cahors et ensuite à Bourges.
Les occupations de son état ne l'empêchèrent pas

de composer différents traités où il releva les
contradictions dans lesquelles Cujas était tombé,
et les licences que ce grand Jurisconsulte s'était
données en changeant plusieurs termes des lois.
Quoique Merille n'ait pas raison dans tous les
articles de critique de Cujas, il est cependant
vrai qu'il le relève quelquefois fort à propos. Il
mourut en 1647, âgé de 68 ans.

Charles-Annibal Fabrot naquit à Aix, en Provence, en 1581. Il professa le Droit plusieurs
années, et à différentes reprises, dans l'Université
d'Aix. Il alla à Paris, en 1637, pour y faire
imprimer les notes qu'il avait faites sur la paraphrase des Institutes de Théophile, qu'il dédia à
M. le Chancelier Seguier, qui l'obligea de rester
à Paris pour y travailler à la traduction des
Basiliques, et lui fit donner, dans cette vue, une
pension de deux mille livres. Les occupations de
Fabrot ne lui permirent pas d'accepter les places
qu'on lui offrait avec empressement dans les Universités de Valence et de Bourges. L'application
qu'il donna à une nouvelle édition des OEuvres
de Cujas, lui causa une maladie dont il mourut,
à Paris, le 16 janvier 1659, dans la soixante-
septième année de son âge. Il a laissé plusieurs
ouvrages concernant la Jurisprudence Romaine.

Jean Doujat naquit à Toulouse d'une illustre

famille, en 1609. L'exercice de la profession
d'Avocat au Parlement de Paris, l'ayant mis à
portée de donner des preuves de son éloquence
et de son savoir, il fut reçu à l'Académie Française le 20 août 1650, et l'année suivante il fut
honoré d'une Chaire de Professeur en Droit
Canon au Collège Royal. Dans la suite ayant été
choisi par M. de Périgny, pour donner à M. le
Dauphin les premières teintures de l'Histoire et
de la Fable, il composa un abrégé de l'Histoire
Grecque et Romaine. Il mourut le 27 octobre
1688, âgé de 79 ans. Il n'a laissé que deux ouvrages sur le Droit Romain.

Jean Domat est né à Clermont en Auvergne le
30 novembre 1625. Après avoir pris ses degrés à
Bourges, où Edmond Merille professait alors, il
retourna à Clermont et suivit le Barreau pendant
neuf ou dix ans. Il fut ensuite pourvu d'une
charge d'Avocat du Roi au Présidial de la même
ville. MM. les Présidents de Novion, le Pelletier
et Talon, qui pendant la tenue des Grands Jours
à Clermont, en l'année 1665, furent à portée de
connaître tout le mérite de Domat, lui confièrent
le soin de plusieurs affaires importantes, dont il
s'acquitta toujours à leur satisfaction. Au milieu
de toutes ces occupations, il avait formé le projet,
et jeté les fondements du grand ouvrage qu'il

donna dans la suite, et qu'il intitula *Lois civiles dans leur ordre naturel*. Pour pouvoir donner à ce travail toute l'application qu'il demandait, il se retira dans le cabinet. A la sollicitation de ses amis, il alla à Paris pour en montrer quelques cahiers aux premiers Magistrats. M. le Pelletier fut si content de ce qu'il en lut, qu'il en parla au Roi dans des termes si avantageux, que le Roi, pour engager l'Auteur à rester à Paris pour y continuer son ouvrage, le gratifia d'une pension de deux mille livres. L'ouvrage de Domat n'est pas un de ces recueils qui soient aisés à faire. L'Auteur y a montré le système et la liaison des Lois entre elles, et en les présentant selon cette idée, il entre plutôt dans leur esprit qu'il ne s'attache à les traduire servilement. Son intention n'est pas qu'on se passe de recourir aux textes : il veut faciliter l'étude sans l'abréger ; il veut mettre à portée d'étudier, et non pas en dispenser. Au reste, l'estime que le public a paru faire jusqu'à présent des *Lois civiles dans leur ordre naturel*, se manifeste de jour en jour par le désir qu'on a que quelque main habile achève de mettre cet ouvrage dans le degré de perfection, où son Auteur était peut-être lui-même seul capable de le conduire. Domat mourut à Paris le 14 mars 1696.

Claude de Ferrière naquit à Paris le 6 février 1639. Il se livra dès l'âge de 18 ans à l'étude des Lois, et se fit recevoir Docteur à la Faculté de Paris, afin que si la profession d'Avocat, qu'il avait en même temps embrassée, était trop ingrate ou trop tardive à répondre à ses vœux, l'école du Droit pût l'en dédommager, ou du moins le mettre en état d'attendre. Ce ne fut pourtant qu'en 1695 que Ferrière obtint une Chaire de Professeur en Droit Civil et Canon dans l'Université de Rheims ; M. Bouchelat lui accorda, à la même époque, celle de Professeur en Droit Français, alors vacante dans la même Faculté. Ferrière, ainsi pourvu de ces deux Chaires, cessa de promener ses désirs sur d'autres objets ; il passa le reste de sa vie dans ces deux emplois jusqu'au mois de juin de l'année 1715, qu'ayant voulu se faire saigner par précaution, il fut la victime de l'ignorance d'un Chirurgien qui lui coupa l'artère. Il mourut, à Rheims, de cet accident, le 11 du même mois. On reproche à Ferrière d'avoir fait un trop grand nombre d'ouvrages et de ne les pas avoir assez travaillés. Il est cependant vrai que les plus sévères critiques des mêmes ouvrages ne s'en servent pas moins que ceux qui s'en sont toujours déclarés partisans. On regarde les écrits de cet Auteur comme très-utiles pour les Étudiants, en ce qu'on y trouve les définitions assez nettement présentées.

Les ouvrages de cet Auteur ont acquis un peu plus d'exactitude par le soin que *Claude-Joseph de Ferrière*, son fils, Doyen des Professeurs de la Faculté de Paris, a pris de les revoir.

FIN.

TABLE

DES SOMMAIRES.

PREMIÈRE PARTIE,

*Contenant l'origine et le progrès des Lois,
depuis le commencement du monde jusqu'à
l'expulsion des Rois de Rome.*

SOMMAIRES.

SECONDE PARTIE,

*Contenant le progrès des Lois pendant toute la
durée de la République.*

SOMMAIRES.

TROISIÈME PARTIE,

Contenant le progrès des Lois, depuis le commencement de l'Empire d'Auguste jusqu'à la destruction de l'Empire Romain dans l'Orient.

SOMMAIRES.

QUATRIÈME PARTIE,

Contenant les progrès du Droit Romain en Occident, et chez les différents Peuples de l'Europe, depuis la mort de Justinien jusqu'à présent.

SOMMAIRES.

FIN DE LA TABLE.

ERRATA.

FIN.

www.ingramcontent.com/pod-product-compliance
Lightning Source LLC
Chambersburg PA
CBHW061120220326
41599CB00024B/4107